Shirley MacLaine
Die Reise nach innen

Shirley MacLaine

DIE REISE NACH INNEN

Mein Weg zu spirituellem Bewußtsein

Aus dem Amerikanischen
von Hans Jürgen Baron von Koskull

Goldmann Verlag

Die Originalausgabe erschien unter dem Titel
»Going within«
bei Bantam Books, Inc., New York

Der Goldmann Verlag ist
ein Unternehmen der Verlagsgruppe Bertelsmann

2. Auflage 1989

Published by arrangement with Bantam Books, a division
of Bantam Doubleday Dell Publishing Group, Inc., New York

Satz: IBV Satz- und Datentechnik GmbH, Berlin
Printed in Germany · Mohndruck, Gütersloh
ISBN 3-442-30546-2

Für Sachi, Mutter, Kathleen und Bella
und alle anderen Frauen und Männer,
die das spirituelle Weibliche in sich suchen.

INHALT

Vorwort 11

1. Das Seminar 15
2. Die Ursprünge des New Age 37
3. »Realitäts«-Erfahrungen und ihre Bewältigung im Alltag 51
4. Meditiere – und du wirst finden, was du suchst 81
5. Bewußtseinserweiterung und das Höhere Selbst 81
6. Das neue Zeitalter und das rationale Denken 95
7. Ausdrucksformen göttlicher Energie 109
8. Chakra-Meditationen 127
9. Arbeit mit Kristallen 149
10. Laut-Meditationen 161
11. Sexualenergie und Chakras – Die Kunst des Tantra 171
12. Vergangenheit und Zukunft werden zur Gegenwart 185
13. Spirituelle Abenteuer 205
14. Das Licht von innen 219

15. Unser Körper besteht aus Atomen des Bewußtseins 237

16. Kindliche Spiele:
Begegnung mit Stephen Hawking 263

Schlußakkord 279

Stürze nicht ab.
Du kennst den Weg;
Schwebend über dem Abgrund
Und tanzend im Licht,
Wie im Spiel
Führt dich dein Weg nach innen.

VORWORT

Ich erlebe seit nunmehr sieben Jahren ein außergewöhnliches Abenteuer. Man könnte es ein Abenteuer mit dem kosmischen Bewußtsein nennen, und ich würde dem zustimmen, aber hinzufügen, daß es den Vorzug hat, eine äußerst pragmatische und konkrete Bedeutung für das praktische Leben zu besitzen.

Ich erkenne immer deutlicher, daß es meine persönliche Entscheidung ist, die Welt in einem optimistischeren und positiveren Licht zu sehen – weil ich erkenne, daß es auch meine Entscheidung ist, *mich selbst* so zu sehen. Jeder Tag lehrt mich von neuem die alte Weisheit, daß die Verwandlung der Welt, die wir sehen, damit beginnt, daß wir jene Verwandlung in uns selbst wahrnehmen. Alles beginnt bei uns selbst und mit den persönlichen Entscheidungen, die wir treffen.

Wenn ich so etwas früher hörte, hatte ich immer das Gefühl, es seien gefährliche egozentrische, ichbezogene Phantasien. Heute glaube ich das nicht mehr. Diese Vorstellung ist für mich zu einer tiefen Wahrheit geworden. »Erkenne dich selbst« – und alles andere ergibt sich aus dieser Erkenntnis. Ich weiß jetzt, daß es mir unmöglich ist, etwas von der Welt, von ihren Bewohnern, ihren Leiden, ihren Konflikten, von der ganzen Mannigfaltigkeit des Lebens selbst zu verstehen, solange ich diese gleichen Strömungen und Wahrheiten nicht auch in mir selbst wahrnehme. Andere zu verstehen und zu lieben beginnt damit, daß man sich selbst versteht und liebt.

Das sind spirituelle Fragen, die mit unserem Verstand und unserer Physis nichts zu tun haben. Als ich anfing, nach dem spirituellen Aspekt meines Wesens und des Wesens aller anderen Menschen su suchen, stieß ich mit der Zeit auf die noch fehlenden Antworten zu den vielen Fragen nach dem Sinn des menschlichen Lebens.

Diese Untersuchungen erforderten Arbeit, Disziplin und Konzentration bei dem Bemühen, die uralten Techniken dessen zu enträtseln, was ich als *spirituelle Technologie* bezeichne. Je intensiver ich mich der Werkzeuge dessen bediente, was ich untersuchte, desto deutlicher erlebte ich, wie meine eigene Erfahrung, meine Haltung und meine Wahrnehmung mein Leben in ein positiveres und friedlicheres Abenteuer verwandelten.

Während wir uns der Jahrtausendwende nähern und ein neues Jahrhundert heraufzieht, wird unser Leben immer komplexer, und wir werden vor neue Herausforderungen gestellt. Millionen Menschen in der ganzen Welt suchen ihr Leben neu zu gestalten und ihm einen neuen Sinn zu verleihen. Sie sind sich schmerzlich der Tatsache bewußt, daß die Antworten auf die Frage, was eine veränderte Welt von uns verlangt, nicht außerhalb unserer selbst zu finden sind. Die Antworten liegen in unserem Inneren.

Das ist das Thema dieses Buches: Es zeigt, wie wir unsere Fähigkeit zur inneren Wahrnehmung wecken können. Sie gibt uns eine Art persönliche Wegekarte an die Hand, der wir folgen können, um jene spirituelle Klarheit zu erreichen, welche unsere innere Haltung verwandelt und die äußere Wirklichkeit in einem positiveren Licht erscheinen läßt. Vielleicht werden die Methoden, Techniken und neuen Betrachtungsweisen, die ich auf meinem Wege angewendet habe, denen helfen, die ebenso wie ich danach streben, Konflikte, Ärgernisse, Verwirrung und Streß in ihrem Leben zu bekämpfen und zu verringern.

Dieses Buch ist das Ergebnis einer Reise durch die Vereinigten Staaten, einer Reise, die ein Jahr dauerte und auf der ich Seminare über das Thema der inneren Verwandlung abgehalten habe. Nie zuvor habe ich eine so wertvolle Zeit mit so vielen Menschen zugebracht, deren Bestreben es war, einen inneren Wandel herbeizuführen. Der intensive, direkte Kontakt und das gemeinsame tiefe, starke und ehrliche emotionale Ringen in unserer gefährlich komplexen Welt haben mir geholfen, meinen eigenen spirituellen Weg zu artikulieren und zu gestalten. Gemeinsam ist es uns gelungen, die Techniken der Meditation und der Visualisation zu vertiefen und zu verbessern. Gemeinsam sind wir zu einem tieferen Verständnis unserer intuitiven Veranlagungen und der esoterischen körperlichen Energiezentren und ihrer Bedeutung für die körperliche und emotionale Heilung gekommen. Gemeinsam haben wir unsere Überzeugung gestärkt, daß jeder von uns dafür verantwortlich ist, eine unseren geistigen Vorstellungen entsprechende Welt zu schaffen.

Ich erwarte nicht, daß es uns allen gelingen wird, uns noch in diesem Leben so weit zu verwandeln, daß wir den Zustand friedlicher Glückseligkeit erreichen. Aber jeder von uns *kann* dazu beitragen, unseren Kindern eine bessere Welt zu hinterlassen, eine Welt, die stärker darauf vertraut, daß in einem jeden von uns starke Kräfte schlummern, die uns lehren, zu lieben und uns im positiven Sinn zu verwandeln. Wir alle leben in der Tat in einer schwierigen und manchmal bedrohlichen Zeit. Aber wenn wir uns entscheiden, die Dinge richtig zu sehen, schaffen wir günstige Voraussetzungen, innerlich zu wachsen. Die dringende Notwendigkeit, einen Wandel herbeizuführen, wird die Metamorphose beschleunigen, deren wir bedürfen, wenn wir uns in dem folgenden Jahrhundert und in dem folgenden Jahrtausend bewähren wollen.

Auch der längste Weg beginnt mit dem ersten Schritt. Der längste Weg ist vielleicht der Weg nach innen. Es ist nie zu spät, den Anfang zu machen.

1. KAPITEL

DAS SEMINAR

Wer über sich lachen kann,
wird nie aufhören, sich zu amüsieren.

Ich betrat den großen Ballsaal, ging den Mittelgang zwischen den Sitzreihen nach vorn, berührte mit den Fingerspitzen das drahtlose Mikrofon am Ausschnitt meines Pullovers, räusperte mich, richtete mich auf und stieg die Stufen zum Rednerpult hinauf.

Dann wendete ich mich den 1500 Menschen zu, die mich erwartungsvoll anblickten, denn sie waren gekommen, um gemeinsam mit mir während eines Wochenendes spirituelle Erfahrungen zu erleben.

Nun würde ich etwa 18 Stunden auf diesem Podium stehen, und ich würde erst dann eine klarere Vorstellung von den emotionalen und spirituellen Bedürfnissen und Fragen der Versammlung haben, wenn sich die einzelnen spontan zu ihren Problemen geäußert hatten. Da ich aus meiner Berufserfahrung wußte, daß das Publikum niemals das gleiche ist, spürte ich, daß ich es hier nicht mit einer gewöhnlichen Zuhörerschaft zu tun hatte. Dies war eine Versammlung von Individuen, die alle eine eigene Lebensgeschichte und ein besonderes persönliches Problem hatten, das ihn oder sie veranlaßte, gerade hierher zu kommen. Niemand konnte sagen, was geschehen würde. Da stand ich nun vor diesen Leuten und überlegte mir, wie sie sich verhalten würden.

Während ich die Menge überblickte, drängte sich mir plötzlich die bestürzende Frage auf, wie und weshalb mich mein Leben bis an diesen Punkt geführt hatte. Einen Augenblick lang sah ich mich als dreijähriges kleines Mädchen mit einem komischen kleeblattförmigen Hut auf dem Kopf und einem Apfel in der Hand vor einem anderen Publikum stehen, dem ich das Lied »Ein Apfel für den Lehrer« vorsingen sollte. War das der Beginn meiner Laufbahn als Schauspielerin gewesen, in deren Verlauf ich die Kunst der Kommunikation so weit hatte vervollkommnen müssen, daß ich 50 Jahre später den Versuch unternehmen konnte, anderen die komplexen Begriffe der Spiritualität mit einfachen Worten verständlich zu machen? War alles nur die Vorbereitung auf diesen Augenblick gewesen? Ich holte tief Atem.

Ich habe immer gewußt, daß ich meiner Veranlagung nach eine Schauspielerin bin, die ihrem Publikum etwas zu sagen hat. Das heißt, die Bühne bedeutet für mich eine größere Herausforderung als die abgeschirmte Atmosphäre eines Filmstudios. Ich brauche den persönlichen Kontakt mit anderen. Ich will wissen, wie ich auf mein Publikum wirke. Und nun wollte ich die Reaktionen der anderen »fühlen«, die auf dem gleichen Weg waren wie ich. Die Briefe, Telefonanrufe und persönlichen Gespräche als Reaktionen auf meine Bücher und meine Miniserie *Zwischenleben* genügten mir nicht mehr. Jetzt mußte ich tiefer eindringen, und zwar sowohl in mein eigenes Inneres als auch in das der anderen, die ihr Interesse erforschen wollten. Es verlangte mich nach einem Austausch, der allen Beteiligten helfen konnte.

Ich betrachtete die Gesichter dieser Menschen und überlegte mir, was uns alle hierhergebracht hatte. Ich sollte jetzt eine Reihe von Wochenendseminaren in vielen amerikanischen Städten abhalten. Für diese Methode der Kommunikation hatte ich mich entschieden, weil sie mir die Möglichkeit gab, persönliche Kontakte zu knüpfen. Ich wollte mit Menschen zusammenarbeiten, die sich selbst auf der Suche befanden. Außerdem konnte ich einen Teil der Erkenntnisse weitergeben, welche mir von Persönlichkeiten vermittelt worden waren, die mir in ihrer spirituellen Entwicklung voraus sind. Zudem wollte ich endlich feststellen, ob es wirklich möglich war, solche esoterischen Konzepte in einer geordneten Weise verständlich zu machen und in menschlichen Begegnungen ganz konkret über spirituelle Fragen zu sprechen.

Dieses Problem hatte Zweifel in mir geweckt, und ich fürchtete sogar, daß ich bei der Darstellung meiner Gedanken auf die gewohnten professionellen Methoden würde verzichten müssen.

Damit meine ich, daß ich bisher vor jedem Auftritt das Gefühl haben mußte, gut vorbereitet zu sein und meine Rolle zu beherrschen, meinen Text auswendig zu können. Bevor ich ein Lied sang oder in einer Szene auftrat, mußte ich genau wissen, was ich zu singen oder zu sagen hatte. Bisher hatte ich meine Shows mit allem, was dazugehört, dem Orchester, den Tanzgruppen, den Kostümen und der Beleuchtung, immer sehr sorgfältig vorbereitet, denn das sind die Bausteine solcher Veranstaltungen. Meistens führte die Reaktion des Publikums dazu, daß ich improvisieren mußte – doch das machte mir nichts aus, denn die Spontaneität in solchen Situationen ergab sich wie von selbst daraus, daß ich wußte, was ich tat.

Aber hier hatte ich nichts als eine leere Bühne und konnte meinem Publikum nichts anderes bieten als mich selbst, die Erkenntnisse, die ich im Lauf der Jahre gewonnen hatte, und meine eigenen Gedanken über Esoterik, schwer vermittelbare Gedanken, die auf starken persönlichen Erfahrungen gründeten.

So stand ich nun da. Ich fühlte mich nackt und verwundbar vor der Masse meiner Zuhörer, und das einzige, woran ich mich festhalten konnte, war das fünfundzwanzig Seiten starke Vortragsmanuskript in meiner Hand. Ich beobachtete, wie jede Bewegung im Raum erstarrte und die Menschen schweigend zu mir aufblickten – und plötzlich wußte ich, ich würde diese Menschen enttäuschen, wenn ich mich auch nur ein einziges Mal dieses Manuskriptes bediente.

So faßte ich einen Entschluß. Nachdem ich für den Beifall gedankt hatte, legte ich das Manuskript auf den hinter mir stehenden Tisch. Dann holte ich noch einmal tief Atem und blieb wartend stehen. Es wurde ganz still im Raum, und mich ergriffen, während ich wartete, die Schwingungen einer schweigenden Energie. Mit weit geöffneten Augen meditierte ich und bat um Hilfe. Ich wußte, ich hatte Berater und Lehrer. Sie mochten sich in einer unsichtbaren Dimension aufhalten, aber für mich waren sie durchaus real. Ich stellte mir vor, daß ich jetzt mit ihnen und mit einer spirituellen Dimension in Verbindung trat und daß sie mir helfen würden, mich jedem einzelnen meiner Zuhörer verständlich zu machen.

In wenigen Sekunden gingen mir unendlich viele Gedanken durch den Kopf, aber während dieser kurzen Zeit hatte ich das Gefühl, daß starke Kraftströme in mich und durch mich hindurch flossen. Plötzlich war ich erfüllt von Selbstvertrauen. Es war ein wunderbares Gefühl, weit entfernt von Arroganz, einfach ein absolutes Vertrauen in mich selbst.

Entspannt, konzentriert und selbstsicher hatte ich das Gefühl, daß alles gutgehen werde. Ich wußte, ich würde die esoterischen Fragen für meine Zuhörer verständlich erläutern können. Dabei spürte ich deutlich, wie mein ganzer Körper von harmonischen Schwingungen erfaßt wurde. Mit dem Nachlassen der inneren Verspanntheit kam das Gefühl einer humorvollen Leichtigkeit des Herzens. Jede Sorge und Verspanntheit waren geschwunden, und ich wußte, daß ich mich unter Freunden befand. Ich dachte an andere Situationen in meinem Leben, in denen ich verkrampft und von Ängsten gepeinigt gewesen war. Wenn ich damals gewußt hätte, welche Hilfe die Meditation aus einer spirituellen Dimension bieten kann, hätte mir das manches erleichtert und meine Produktivität gesteigert.

Aber am deutlichsten empfand ich das Verschwinden jedes Zeitgefühls. Es war so, als erlebte ich das ganze Wochenende auf einmal, als brauchte ich mich nicht mehr um die Uhrzeit zu kümmern, weil eine innere Uhr den Ablauf des Geschehens regelte. Und doch war ich überzeugt, daß ich den Ablauf des Seminars in vernünftige Zeitabschnitte einteilen würde. Ich würde zur rechten Zeit eine Mittagspause einlegen und die gemeinsame Arbeit so einteilen, daß die Veranstaltung meinen Zuhörern und mir einen dauernden Gewinn brachte. Kurz gesagt, ich hatte ein neues professionelles Selbstvertrauen gewonnen.

Ich würde fähig sein, die Freude an der lebendigen Kommunikation auf die Mysterien der spirituellen Bereiche auszudehnen. Gemeinsam würden wir in jene Dimensionen vorstoßen und darauf vertrauen, daß das Motiv für unsere Bemühungen die immer tiefer gehende Erforschung unseres eigenen Selbst war.

Auch in meiner Laufbahn als Schauspielerin hatte ich eine solche harmonische Hochstimmung ein paar Male erlebt. Bei diesen Gelegenheiten war ich so vollkommen von einer inneren Kraft erfüllt gewesen, daß ich mich ganz einfach loslassen konnte, um nur noch die Freude an dem, was ich tat, zu genießen.

Genau das geschah während dieses ersten Seminars, und ich erlebte es in Variationen immer wieder bei allen Seminaren während des ganzen folgenden Jahres.

Es geschah aber auch noch etwas anderes. Ich wurde mir der Tatsache bewußt, daß die Menschen gekommen waren, weil jeder einzelne die Verbindung zu den in ihm schlummernden höheren Kräften suchte. Sie fühlten, daß sich diese Verbindung intensiver herstellen ließ, wenn sie sich nicht nur einzeln darum bemühten. Sie wußten, daß sich dieser Vorgang in der Zusammenarbeit innerhalb größerer Gruppen beschleunigen konnte, weil sich die im Raum schwingende Energie dabei intensivierte.

So wurde mir bewußt, daß hier eine neue Bewegung entstand. Die Menschen wollten zusammenarbeiten, ihre Erfahrungen miteinander teilen, gemeinsam nach Lösungen suchen und gemeinsam Heilung finden. Viel zu lange hatte sich der einzelne mit seinen Konflikten isoliert gefühlt. Wenn wir uns selbst und die Welt verbessern wollten, dann würden wir lernen müssen, zu lieben, andere zu achten und mit ihnen zusammenzuarbeiten, um dieses Ziel zu erreichen.

Während meiner Reisen durch das Land konnte ich feststellen, daß sich Tausende von Menschen öffneten und Zugang zu ihren eigenen inneren Kräften fanden, zu den Kräften, die nur darauf warteten, geweckt und in der Zusammenarbeit mit anderen wirksam zu werden. Die Menschen waren es leid, diese Kräfte irgendwelchen Gurus oder Lehrern zur Verfügung zu stellen. Sie wollten ihre eigene innere Autorität erleben und mit den Energien arbeiten, die in ihrem eigenen Inneren schlummerten.

Sie wußten, daß sie diese Arbeit *selbst* leisten mußten, daß ich kein Guru oder Lehrer war, sondern nur ihre Erfahrungen mit ihnen teilen, sie anleiten und Vorschläge machen konnte, und zwar dadurch, daß ich berichtete, was ich selbst getan und was ich dabei gewonnen hatte – in der Hoffnung, ihnen dadurch zu helfen, ihre eigene Kraft zu finden. Sie wußten, daß ich ebenso wie sie versuchte, meinen ganz persönlichen Weg zu finden.

In all den Jahren meines Berufslebens hatte ich noch nie so intelligente und mutige Menschen kennengelernt. Sie gehörten den verschiedensten Berufen an. Es waren Ärzte, Wissenschaftler, Psychiater, Hausfrauen, leitende Angestellte und sogar Politiker darunter. Sie alle bemühten sich um eine Erweiterung ihres Horizonts und um die Erkenntnis der Wahrheit. Sie waren gekommen und hatten sich weder durch hochmütige Skepsis noch durch die Befürchtung, sich lächerlich zu machen, davon abhalten lassen. Jeder von ihnen hatte augenscheinlich die aufregenden Familiendramen erlebt, von denen offenbar jeder Versuch der Selbstfindung begleitet wird. Sie schienen froh, ja sogar begeistert zu sein, jetzt freimütig über ihre Glaubensvorstellungen, ihre Zweifel, ihre Traumata, über unbeantwortete Fragen und über ihre Triumphe sprechen zu können. Ein Mann erzählte, er lasse sich als Pilot ausbilden, weil er sich in letzter Zeit nicht mehr so ernst nehme!

Zu den Ergebnissen eines jeden Seminars gehörten Hunderte von Geschichten. Es waren Dramen aus dem wirklichen Leben. Und niemand versuchte, seine Gefühle zu verbergen. Ich war erstaunt und fühlte mich beschenkt, und ich war dankbar für das Vertrauen, das wir zueinander hatten.

Gemeinsam lachten wir über die Reaktionen unserer Freunde und Familienangehörigen, bei denen es manchmal am rechten Verständnis mangelte, und sehr bald wurde uns klar, daß uns nichts wirklich Erniedrigendes oder Tragisches geschehen konnte. Schlimmstenfalls dienten wir Johnny Carson und anderen Humoristen als Katalysatoren für ihren metaphysischen Humor. Uns machte das nichts aus. Die Welt braucht manchmal ein befreiendes Lachen.

Die Leute brachten Kristalle, Bücher, selbstgemachte Geschenke, Süßigkeiten, Karottenkuchen und sogar Weihrauch und Myrrhe mit, was den Raum mit einem wunderbaren Duft erfüllte. Sie brachten Geschenke für mich und füreinander. Zunächst war es für mich ein Problem, diese Geschenke anzunehmen, denn ich hatte das Gefühl, daß diese Menschen ihre Kraft auf mich übertrügen. Dann aber lernte ich nicht nur, die Liebe in all ihren Ausdrucksformen sogar von Fremden anzunehmen, sondern erkannte auch, wie arrogant es war zu glauben, daß meine spirituelle Kraft die ihre unterdrücken könnte!

In einer Gemeinschaft von tausend Fremden waren die Menschen bereit, einander ihre spirituellen Probleme anzuvertrauen; ganz offen sprachen sie über ihre bisher streng gehüteten Geheimnisse. Sie wußten, daß dieses Vertrauen nicht mißbraucht werden würde. Wir meditierten zusammen und nahmen, jeder in seinem eigenen Inneren, gemeinsam die Verbindung zu Verstorbenen auf, die uns nahegestanden hatten. Wir sprachen über unsere Ängste, über das Böse und darüber, wie wir lernen könnten, einander bedingungsloser zu lieben. Und dabei spürten wir stets das Vertrauen zu uns selbst und zu den anderen.

Die Menschen brachten Kissen mit, um sich auf dem Fußboden darauf zu setzen, Papier, um sich Notizen zu machen, und sie kamen mit offenen Herzen. Von Anfang an bestätigte sich für uns die Theorie, nach der sich eine Kraft manifestiert, wenn sich drei oder mehr Menschen im Namen der universalen göttlichen Energie versammeln. Vielleicht war es die kosmische Dreifaltigkeit – die Energie des Denkens, des Körpers und der Seele. Jedenfalls verstärkte sich diese Kraft, je mehr Menschen es waren. Manchmal war diese Energie im Raum so intensiv zu spüren, daß man es bei den sensitiven Teilnehmern deutlich erkennen konnte. Wenn sich tausend Einzelseelen in ungeteilter, auf einen Punkt gerichteter Absicht im gleichen Raum befanden, wurde die Kraft dieser kollektiven Seelenenergie zu einer gewaltigen Schwingung.

Es waren viele Anfänger darunter, die noch keine Erfahrung mit Meditation und Visualisierungen hatten. Die Fortgeschritteneren lernten oft viel von diesen Anfängern, weil diese so unvoreingenommen an die Übungen herangingen und noch so wenig über metaphysische Gegebenheiten wußten. Auf spirituellem Gebiet kann man ebensoleicht intellektuelle Arroganz entwickeln wie auf dem Gebiet der empirischen Wissenschaft.

So bemühten wir uns gemeinsam darum, uns loszulassen. Ich riet den Teilnehmern, sich keine Notizen zu machen. Tonbandgeräte waren nicht zugelassen, und zwar nicht nur, weil es die anderen störte, sondern auch, weil solche Techniken die Aufnahme von Informationen durch Herz und Gefühl blockierten. Solche Geräte sprechen nur die Ratio an, und das war das genaue Gegenteil dessen, was wir zu erreichen suchten: eine Konzentration, die den *ganzen Menschen* einschloß, den Körper, den Intellekt und die Seele. Am Anfang stellte ich immer fest, daß es die Menschen verwirrte, wenn sie ihre Notizblöcke und Stifte beiseite legen sollten, aber sehr bald entspannte sich ihr Gesichtsausdruck, und sie gaben sich ganz dem wunderbaren Gefühl hin, das in ihrem Innern entstand.

Nach einer Phase des Fragens und Antwortens, in der die Menschen sich näher kennenlernten und erkannten, daß sie viele gemeinsame Probleme hatten, leitete ich eine gemeinsame Meditation. Dabei verwendete ich natürliche Laute wie Vogelgesang, das Plätschern fließenden Wassers, das Wehen eines sanften Windes, das leise Klingen einander berührender Kristalle und Musik, die ein Gefühl des Wohlbefindens und des Friedens auslöste.

Diese kollektiven Meditationen, die manchmal bis zu zwei Stunden dauerten, wirkten auf viele und auch auf mich zutiefst kathartisch, weil wir dabei mit einer ganz persönlichen Wesenheit in Verbindung traten, von der ich nur sagen kann, daß sie aus dem Bereich des Göttlichen stammte. Wenn man diese Verbindung spürt, öffnen sich die Tore zu der Selbsterkenntnis und zum Wohlbefinden. Die emotionale Katharsis ist eine praktische Hilfe zur Lösung persönlicher Probleme und zum Abbau von Streß.

Die Beschäftigung mit der Spiritualität und der Metaphysik wird daher durch ganz pragmatische Erwägungen veranlaßt. Unser Bestreben ist es, unsere eigenen Leistungen zu verbessern und damit unser Wohlbefinden zu erhöhen. Die emotionale Katharsis kann außerdem ein Klima erzeugen, in dem es uns möglich wird, klarer zu denken, uns komplexen inneren und äußeren Problemen zu stellen und Prioritäten zu setzen, um diese Probleme zu lösen oder zumindest aus der richtigen Perspektive zu betrachten. Eine solche intensive Beschäftigung ist – zumindest nach meiner persönlichen Erfahrung – keineswegs ein Ausflug ins Reich der Phantasie. Indem sie sich nach innen wandten und mit dem eigenen inneren Selbst in Berührung traten, gelangten viele Menschen, bei denen alle anderen Methoden versagt hatten, zur Lösung schwieriger Probleme. Und wenn man in Gemeinschaft mit anderen nach innen geht, werden ungeheuer starke Kräfte frei, weil jeder einzelne in der gleichen Richtung arbeitet und meditiert. Die Konzentration ist auf ein gemeinsames Ziel gerichtet. Jede Einzelpersönlichkeit im Raum ist überzeugt, daß in ihrem Innern eine Kraft wirkt, die auch in allen anderen wirksam ist. Deshalb wird die Kontaktaufnahme mit dieser Kraft erleichtert und beschleunigt.

So saßen wir etwa im Ballsaal eines Hotels irgendwo zwischen den Betonklötzen im Geschäftsviertel einer Großstadt, und im Raum nebenan hatte die Freimaurerloge eine Tagung.

Bei uns war es so still, daß gelegentlich die Tür geöffnet wurde und irgend jemand hereinschaute, um nachzusehen, ob der Ballsaal benutzt wurde. Wir waren alle in die Meditation versunken, und jeder einzelne war damit beschäftigt, sein Inneres zu erforschen und sich mit den Problemen zu beschäftigen, die gelöst werden mußten, um das Leben wieder in die richtigen Bahnen zu lenken.

Ich hatte meine Zuhörer zum Beispiel aufgefordert, sich vorzustellen, daß sie mit irgendeiner Person ein Gespräch führten, von der sie sich verletzt fühlten. Dabei sollten sie tief in ihr Inneres eindringen und diese Person fragen, was sie veranlaßt habe, sich so zu verhalten. Fast jeder bekam eine »Antwort«. Und offenbar waren die Antworten so bedeutungsvoll, daß die meisten zum ersten Mal in ihrem Leben über diese schmerzliche Erfahrung in Tränen ausbrachen. Auf einer bestimmten Bewußtseinsebene sprachen die Menschen mit dieser Person und wurden dabei mit ihrem eigenen Zorn, ihrer Einsamkeit, ihrem Gefühl, allein gelassen zu sein und abgelehnt zu werden, konfrontiert. Und weil sie den Mut gehabt hatten, diese Konfrontation zu wagen, erkannten sie nun viel deutlicher die Motive, die ihr Denken und Handeln bestimmten.

Sie alle waren bereit, zu sprechen und ihre inneren Erfahrungen mit anderen zu teilen. Wenn sie dabei erfuhren, daß auch andere die gleichen Schwierigkeiten hatten, dann kam es zu einem lebhaften Gedankenaustausch. Im Verlauf dieser Seminare entstanden viele Freundschaften, aus denen sich im Lauf der Zeit feste und dauerhafte Beziehungen entwickelten.

Es war erstaunlich, mit welchem Freimut diese Menschen über ihre persönlichen Erfahrungen sprachen. Eine Frau erzählte der Gruppe, sie habe jetzt Verständnis für den Mann, der sie vergewaltigt hatte. Ein Mann begriff nun, warum sein Vater ihn geschlagen hatte. Eine junge Frau verstand und verzieh ihrer Mutter, die sie im Alter von sieben Jahren verlassen hatte. Die Geschichten und dramatischen Ereignisse, von denen wir hier erfuhren, waren bewegend, aufregend und manchmal auch komisch – immer fand sich eine befriedigende Lösung. Diese Menschen setzten ihr Vertrauen in den Gedanken, daß sie sich von ihren emotionalen Belastungen befreien konnten, wenn sie den Weg in ihr eigenes Inneres fanden. Hier erlebten sie, daß sie in der Tiefe ihrer Seele die Verbindung zur Seele eines anderen menschlichen Wesens aufnehmen konnten. Sehr bald erkannten sie, daß sie, indem sie *das Problem* analysierten, einen Klärungsprozeß herbeiführten und daß dieser Vorgang nichts mit *der Person* zu tun hatte, die ihnen ihrer Meinung nach Leid zugefügt hatte.

Manchmal habe ich, während ich die Meditation leitete, auch meine eigenen Probleme zu klären versucht. Doch wenn das geschah, fing auch ich oft zu weinen an und verlor dabei den Kontakt zu der kollektiven Erfahrung. Ich hatte mit den gleichen Schwierigkeiten zu kämpfen wie jeder andere, und es war eine große Versuchung, sich in den Strom der kollektiven Energie zu stürzen, die in so reichem Maße vorhanden war. Ich durfte mich aber nicht darin verlieren, weil ich dann nicht mehr fähig sein würde, die Gruppe anzuleiten. So war es besser für mich, allein zu meditieren, entweder in meinem Zimmer während der Mittagspause oder abends nach Beendigung des Seminars.

Diese Seminare brachten mir immer wieder tiefe Einsichten und herzerwärmende, bewegende Begegnungen mit Tausenden von Menschen; die ständige Ebbe und Flut der dabei freiwerdenden Energie brachte immer neue Erfahrungen. Besonders interessant war die Tatsache, daß ich nie ermüdete. Die Energie, die ich während der Wochenendseminare aufgenommen hatte, wirkte sogar bis zum Mittwoch der kommenden Woche in mir fort, und wenn sie nachließ, empfand ich das als Verlust und sehnte mich schon nach dem nächsten Wochenende. Es ist nicht leicht, diese »Energie« genau zu definieren. Ich kann nur sagen, es war ein Gefühl, als entstünde in mir eine »spirituelle Schwingung göttlichen Ursprungs«. Ich wußte, wenn wir zusammen meditierten, drangen wir gemeinsam in spirituelle Bereiche ein, aber es war so, als sei sich jeder der Tatsache bewußt, die Wesenheiten, die uns leiteten und lehrten, seien gegenwärtig, um uns in einer sanfteren und wirkungsvolleren Weise zu helfen, als wir es bis dahin einzugestehen gewagt hatten.

Bevor ich die Seminare einrichtete, hatte es mir Sorgen bereitet, daß ich keinen akademischen Grad und keine offizielle Berechtigung hatte, sie abzuhalten. Aber ich konnte kaum etwas daran ändern, denn es gibt keine akademischen Grade oder Bescheinigungen auf den Gebieten der Spiritualität und der Metaphysik, eine im Grunde bemerkenswerte Tatsache. Es gibt allerdings Vorlesungen in Philosophie, Physik, Mathematik und transpersonaler Psychologie, die einer offiziellen Ausbildung auf diesem Gebiete nahekommen, und auch das ist interessant. Ich erinnere mich noch daran, wie mein Vater erzählte, als Student und Professor der Psychologie und Philosophie an der John Hopkins University habe er erlebt, daß über »verborgene Wahrheiten« gesprochen wurde. »Wir alle respektieren den traditionellen Lehrplan der Universität, wir wußten aber auch, daß es darüber hinaus noch mehr zu erforschen gab.«

Kurz vor Beginn der Seminare starb mein Vater. Er war sein ganzes Leben Lehrer gewesen. Zunächst wollte ich die ersten Veranstaltungen absagen, aber dann tat ich es doch nicht, weil ich wußte, daß es in seinem Sinne war, mit der Arbeit zu beginnen.

Der Zufall wollte es, daß ich um diese Zeit in demselben Hotel in Virginia Beach abstieg, in dem wir mit meinem Vater vor vielen Jahren die Sommerferien zugebracht hatten. Hier hatte ich als damals schüchternes zwölfjähriges Mädchen ein traumatisches Erlebnis. Es war gewissermaßen eine öffentliche Demütigung.

Virginia Beach liegt an der atlantischen Küste, und ich war zum Schwimmen an den Strand gegangen. Einer der dort stationierten Rettungsschwimmer war mein heimlicher Schwarm. In der Brandung wurde ich von einer hohen Welle erfaßt und umgeworfen. Dabei löste sich das Oberteil meines Bikinis und wurde fortgeschwemmt. Ich kam glücklich wieder auf die Knie, richtete mich auf, spuckte das Wasser aus, das mir in den Mund gekommen war, und freute mich, am Leben zu sein. Doch dann sah ich, daß der Rettungsschwimmer auf mich aufmerksam geworden war und mich in meiner unverhüllten Teenagerschönheit erblickte. Ich schämte mich so, daß ich am liebsten gestorben wäre. Er lächelte, was die Sache noch schlimmer machte. So schnell ich konnte, lief ich zum Hotel zurück. Noch jahrelang waren Virginia Beach und schäumende Brandung eine Kombination, die mich veranlaßte, mich innerlich vor Scham zu krümmen.

Als ich nun im selben Hotel am Fenster stand und denselben Strand und dieselbe Brandung vor mir liegen sah, wurde mir klar, daß ich es auch jetzt noch als Erwachsene mit den gleichen Problemen zu tun haben würde – einer potentiellen öffentlichen Demütigung.

Irgendwie hatte das alles etwas mit meinem Vater zu tun. Er war ein fortschrittlicher Lehrer gewesen, aber er hatte es auch immer für sehr wichtig gehalten zu wissen, was die Leute dachten.

Sein Bemühen, nicht gegen die gesellschaftlichen Konventionen zu verstoßen, hatte sein inneres Wachstum behindert und seinen Lebensmut geschwächt. Ich würde nicht zulassen, daß ich in die gleiche Lage geriet. Ich wollte ich selbst sein ohne Rücksicht darauf, was andere Menschen dachten. So wendete ich mich vom Fenster ab und ging hinunter in den Ballsaal des Hotels. Das Seminar wurde zu einem großen Erfolg. Ich hatte die ganze Zeit das Gefühl, daß mein Vater neben mir stand und mir dabei half, mich einem Publikum auf eine neue Weise zu präsentieren. Es gab Augenblicke, in denen ich das Gefühl hatte, daß er mir die Worte eingab, mit denen ich meinen Gedanken Ausdruck verlieh oder den Übergang zu einem neuen Thema fand. Es war, als hätte er jetzt von seiner neuen Bewußtseinsebene aus erkannt, daß es sinnlos war, sich Sorgen darum zu machen, was andere dachten. Er sagte mir, ich müsse mir selbst treu bleiben. Nach Abschluß des Seminars wurde es kalt, und Virginia Beach schneite ein, so daß niemand den Ort verlassen konnte. Im Restaurant und den anderen Gesellschaftsräumen des Hotels fanden sich die Menschen zu eigenen Seminaren in kleinen Gruppen zusammen. Ich stand an meinem Hotelfenster und blickte hinaus auf den im Schneesturm liegenden Strand, wo der Verlust des Oberteils meines Bikinis mich in solche Verlegenheit gebracht hatte. Ich fühlte meinen Vater neben mir. »Öffentliche Demütigungen machen mir nichts mehr aus«, sagte ich zu mir und spürte dabei, wie mein Vater zustimmend nickte.

Jede Stadt hat ihre eigene Atmosphäre, ihren eigenen Rhythmus und ihr eigenes Tempo – und ihre eigenen Besonderheiten.

In San Diego verwehrten mir meine eigenen Zuhörer den Zugang zum Versammlungsraum, weil ich vergessen hatte, meine Erkennungsmarke anzustecken.

Eine Frau aus Seattle fiel während der Meditation in Ohnmacht. Ein Saalordner holte die Polizei. Draußen warteten Fernsehkameras auf einen »kosmischen Skandal«, aber meine tüchtige Assistentin Midge Constanza baute sich vor der Tür auf und erklärte: »Wenn Sie diese Meditation stören wollen, dann nur über meine Leiche!« Die Kameraleute räumten das Feld.

In San Francisco versammelten wir uns im Moscone Center, und vor dem Gebäude hatte man Fahnen aufgezogen, welche die Farben der Chakras zeigten, auf die wir uns in einer Meditationsübung konzentrierten. »Kosmischer Patriotismus«, meinte jemand. Nach der ersten Meditation, bei der wir auch Mantras gesungen hatten, sagte mein Fahrer, der sich an dem Seminar beteiligt hatte: »Wissen Sie, ich glaube, OM ist dort, wo das Herz schlägt.«

Ich hatte zu dieser Zeit ständig mit einer provisorischen Brücke zu kämpfen, weil ich vor meiner Abreise nicht mehr dazu gekommen war, meinen Zahnarzt aufzusuchen. Deshalb bat ich einen Zahnarzt aus San Francisco zu mir in mein Hotelzimmer. Er war homosexuell und trug Gummihandschuhe. Am Abend sprach ich auf einem AIDS-Dinner, und da die Brücke noch nicht richtig festsaß, mußte ich ständig darauf achten, daß sie mir nicht herausfiel. Hier lernte ich viele Menschen kennen, die an AIDS erkrankt waren, und unterhielt mich mit ihnen. In San Francisco hatte ich die Gelegenheit, meine Spiritualität und mein Selbstvertrauen zu testen und mich davon zu überzeugen, daß ich nichts zu fürchten hatte und auch meine Brücke mich nicht stören würde.

In Boston hatten wir Schwierigkeiten mit gewerkschaftlich organisierten Arbeitern, die unseren Versammlungsraum nicht rechtzeitig herrichten wollten. Sie sagten, das dürfte uns doch nichts ausmachen, denn anstatt auf Stühlen zu sitzen, könnten wir doch den ganzen Tag in der Luft schweben. Ein Reporter, der aus New York City gekommen war, schrieb, es sei ihm schwergefallen, mit seinem höheren Selbst in Verbindung zu treten, weil die Veranstaltung um halb drei Uhr nachmittags stattgefunden habe und er noch nicht dazu gekommen sei, Mittag zu essen. Offenbar verwechselte er sein höheres Selbst mit einem dicken Steak und Pommes frites.

Neben unserem Versammlungsraum hielt eine Gruppe »Bürger Amerikas für die Zukunft« einen Kongreß ab. Es waren junge Erwachsene (was immer das bedeuten mag), die sich damit amüsierten, an die Türen des Ballsaales zu klopfen, um uns bei der Meditation zu stören. »Wir glaubten, Sie hätten ihre Körper verlassen und würden uns nicht hören«, meinte ein künftiger CIA-Beamter. Ich sagte ihm, ich habe vielleicht meinen Körper verlassen, aber er sei von seinem Verstand verlassen worden. Darauf ließ er uns in Ruhe.

In Albuquerque mußte ich feststellen, daß ich meine Notizen im Flugzeug liegengelassen hatte. Auch wenn ich sie während meines Vortrags nicht gebraucht hätte, bedeuteten sie für mich eine gewisse Sicherheit. Ich geriet in Panik und erlebte ein ausgesprochenes Stimmungstief, bis ich mich endlich zusammennahm und mir klar wurde, daß ich sie aus gutem Grund absichtlich vergessen hatte. Von nun an verzichtete ich ganz auf einen vorbereiteten Text und stellte fest, daß meine Zuhörer viel positiver reagierten, wenn ich frei sprach.

In Chicago war die Beteiligung so stark (es kamen fast 1500 Menschen), daß der Platz nicht reichte, sie alle zum Meditieren auf dem Fußboden sitzen zu lassen. Im Nebenraum feierte eine jüdische Gemeinde eine Bar Mitzvah, und das Stimmengewirr und die Musik drangen durch die Wand. Ich fürchtete schon, damit sei alles verdorben, schlug dann aber vor, jeder einzelne solle in der Meditation um Hilfe bitten. Sofort verstummte die Musik, und irgendwie fand jeder auch Platz, sich auf den Boden oder auf die Stühle zu setzen, die in einer Reihe an der Wand aufgestellt waren. Vielleicht wirkte hier der Geist jüdisch-christlicher Gemeinschaft.

In Los Angeles beteiligten sich viele Journalisten an unseren Seminaren, die nicht darüber berichten, sondern persönlich etwas daraus lernen wollten. Eine Reporterin von der *Los Angeles Times* stand auf und sagte: »Seit ich meine höheren Kräfte mobilisiert habe, hat sich mein Leben verändert, und ich leiste bessere journalistische Arbeit. Ich glaube daher, Zeitungsredakteure sollten sich mehr auf ihre innere Kraftquelle verlassen als auf ihre Nachrichtenquellen.« Sie erntete begeisterten Beifall.

Die Meditationsgruppen in New York City waren beide Male die am stärksten interessierten und engagierten. Hier beteiligten sich auch mehr Menschen an meinen Seminaren als in den anderen amerikanischen Städten. Auch Bella Abzug und einige ihrer politischen Mitarbeiter nahmen an den Seminaren teil. Als die Reporter sie fragten, ob sie denn an all dieses Zeug glaube, erwiderte sie: »Shirley ist meine beste Freundin, und ich habe das, was sie tut, schon immer ernst genommen.« Einige Journalisten schrieben positive und gründlich recherchierte Artikel.

In Dallas geschah etwas sehr Eigenartiges. Auch ich hätte nie mit so etwas gerechnet. Im Fairmont-Hotel kam es zu einem Wasserrohrbruch in der Hauptleitung, und das Wasser ergoß sich auf die Straße. Während der Meditation machte ich den Vorschlag, wir sollten uns auf die Vorstellung konzentrieren, daß das Wasser zurückströmte, damit die Arbeiter das Leck finden konnten. Unmittelbar nachdem wir mit dieser Meditation begonnen hatten, schaltete sich der elektrische Strom aus. Mein Mikrophon funktionierte nicht mehr, die Klimaanlage setzte aus, und das elektrische Licht ging aus. Da das Seminar länger gedauert hatte als vorgesehen, beendete ich die Veranstaltung und ging hinaus, um nachzusehen, was geschehen war. Die Arbeiter auf der Straße vor dem Hotel sagten: »Eben ist etwas ganz Merkwürdiges passiert. Das Wasser hörte plötzlich auf zu fließen, strömte dann zurück und überschwemmte den Keller des Hotels, drang in den elektrischen Transformator ein und verursachte dort einen Kurzschluß, so daß der Strom ausfiel.« Ich nickte und sagte, das sei wirklich schlimm. Für mich war die Ursache die bei der kollektiven Meditation erzeugte Energie. Später bin ich im Umgang mit diesen Kräften vorsichtiger gewesen.

Als ich in der folgenden Woche ein zweites Seminar in Los Angeles abhielt, fiel jedesmal, wenn ich mich dem Aufzug näherte, der Strom aus. Die Leute mußten 15 Minuten auf mich warten, weil ich den Aufzug nicht benutzen konnte. Ich weiß nicht, weshalb das geschah und warum mir solche Dinge immer wieder passieren, wenn ich es mit elektrischen Geräten zu tun habe. Als ich zum Beispiel in London eine Aufführung des *Phantom of the Opera* besuchte, versagte die Apparatur, die bewirken sollte, daß der Kronleuchter über der Bühne sich löste und herabstürzte. Der Manager des Theaters sagte, das sei bisher noch nie vorgekommen.

Heute glaube ich, daß es zu einem solchen Versagen elektrischer Geräte in meiner Nähe nur dann kommt, wenn ich mich unsicher und verwirrt fühle. Ich habe große Fortschritte gemacht, doch es liegt noch ein weiter Weg vor mir. Wer diese Kräfte in sich entwickelt, muß fähig sein, sich ihnen ganz zu überlassen. Jedesmal, wenn der elektrische Strom in meiner Nähe ausfiel, hatte ich das Gefühl, aus dem Gleichgewicht geraten zu sein: Ich hatte Angst, war nervös oder machte mir irgendwelche Sorgen.

In Washington, D.C., saß ich mit Senator Claiborne Pell, dem Vorsitzenden des außenpolitischen Senatsausschusses, dem Herzog von Liechtenstein, mit Bella Abzug und einigen Kongreßabgeordneten in meinem Hotelzimmer und hörte mit ihnen, was Whitley Streiber *(Communion)* und Bud Hopkins *(The Intruders)* über ihre Erfahrungen mit UFOs zu berichten hatten. Hopkins hatte ein Mädchen mitgebracht, das behauptete, von einem unsichtbaren Außerirdischen geschwängert worden zu sein. Sie behauptete, das Kind ausgetragen zu haben, aber die Außerirdischen hätten es dematerialisiert, bevor sie es sehen konnte. Die Ärzte seien ebenso entsetzt gewesen wie sie selbst, denn der Fötus sei tatsächlich dagewesen, bevor er verschwand. Sie waren jedoch nicht so ganz entsetzt wie die Politiker, die die Geschichte hörten und nun befürchteten, daß sich in Amerika Dinge ereignen könnten, die Auswirkungen auf unser politisches System haben könnten.

Während dieser Seminare habe ich gelernt, mit meiner weiblichen spirituellen Energie umzugehen und ihr mehr zu vertrauen als je zuvor. Und ich wußte, diese Erfahrung würde auch meine Arbeit als Schauspielerin wesentlich beeinflussen. Die weibliche Energie stärkte mein Einfühlungsvermögen, mein Selbstvertrauen und meine Toleranz. Ich konnte darauf vertrauen, daß alles, was ich mir vornahm, gelang, wenn ich mir selbst nicht im Wege stand. Wenn ich Sorgen hatte oder unter Streß stand, machte ich es mir *bewußt* – und dann konnte ich diese Gefühle »abschalten«. So war ich in der Lage, ganz anders an öffentliche Auftritte heranzugehen. Ich entwickelte gewissermaßen eine Liebesbeziehung zum »Augenblick«. Ich hatte viel darüber gelesen, daß es notwendig sei, die Forderungen des Augenblicks zu erfüllen und im JETZT zu leben. Ich bemühte mich darum, die Bedeutung dieser Haltung zu begreifen, und es gefiel mir. Ich erkannte, daß es im ganzen Leben immer wieder um das JETZT geht – nicht um die Vergangenheit oder die Zukunft. Wenn ich mir Gedanken darüber machte, was ich in der Vergangenheit hätte tun sollen oder in der Zukunft tun müsse, dann litt das JETZT darunter. Deshalb suchte ich meine Vorstellung vom JETZT zu erweitern und die Grenzen dieses JETZT zu erkennen. Diese neue Perspektive führte dazu, daß ich nicht mehr ermüdete. Es gab keine Erschöpfung mehr für mich; ich konnte stundenlang intensiv arbeiten. Natürlich gefiel mir meine Arbeit, und ich verlor niemals das Interesse daran, weil ich mich auf das konzentrierte, was im Augenblick geschah, und weil ich mich ganz dieser Gegenwart hingab. Viele Geschäftsleute sagten mir, ihre Psychotherapeuten hätten ihnen die Teilnahme an meinen Seminaren empfohlen, weil die Meditation wesentlich dazu beitragen kann, den in ihrem Beruf so häufig auftretenden Streß abzubauen. Wenn sie sich darum bemühten, ganz in der Gegenwart zu leben, konnten sie sich besser entspannen und produktiver arbeiten.

Gegen Ende des Seminars stellte ich mit Staunen fest, wie viele Menschen bereit gewesen waren, die vielen Dimensionen ihres eigenen Selbst zu erkunden. Es war so, als hätten die alten Vorstellungen vom Selbst keine Geltung mehr; sie waren zu eng gefaßt.

Diese Menschen gewannen eine grundsätzlich neue Erkenntnis, die ihnen sagte, daß sie mehr waren, als sie geglaubt hatten und als man sie gelehrt hatte. Es machte mich stolz, zu dieser Erkenntnis beigetragen zu haben. Aber in Wirklichkeit habe auch *ich* von all diesen Menschen etwas gelernt. Sie hatten mich gelehrt, meine eigenen spirituellen Kräfte zu beherrschen, und dabei stand ich erst am Anfang.

Einen Monat nach Beendigung der Seminare arbeitete ich wieder als Schauspielerin und verwendete dabei einige meiner spirituellen Techniken. Die Madame Sousatzka in dem gleichnamigen Film unter der Regie von John Schlesinger war eine Charakterrolle. Madame Sousatzka war fast eine Doppelrolle; eine despotische Klavierlehrerin, herrschsüchtig, leidenschaftlich, humorvoll, verwundbar, und dabei ein Mensch, der andere zu begeistern vermag. Die Aurora Greenway, die ich in *Zeit der Zärtlichkeit* gespielt hatte, war, verglichen mit Madame Sousatzka, ein sanftes Engelchen. Da ich seit dem Film *Zeit der Zärtlichkeit* nur noch in *Zwischenleben* gespielt hatte, war ich jetzt sehr gespannt darauf, was ich mit meiner neuen Arbeitsmethode erreichen würde.

Mit Schlesingers Hilfe versuchte ich die Rolle der Sousatzka zu gestalten – beinahe so, wie man eine Skulptur modelliert. Ihr Äußeres, also Kleidung, Frisur, Schmuck, ihr Gang, ihre Art zu sprechen, zu essen, zu atmen, zu lachen und zu weinen – all das mußte berücksichtigt werden. Der Charakter der dargestellten Persönlichkeit wurde auf diese Weise bis ins letzte Detail ausgearbeitet. Schließlich erschien sie uns so *wirklich* wie ein lebender, atmender Mensch. Nachdem ich mir darüber klargeworden war, wen ich darstellen mußte, erlaubte ich dieser Persönlichkeit, von mir Besitz zu ergreifen. Ich warf sie zum Universum empor und sagte: »Nun spiele dich selbst durch mich!«

Ich hatte im Laufe der vergangenen Jahre viele Medien beobachtet und beschloß nun, diese Methoden auch bei meiner Arbeit anzuwenden. Ich legte mein bewußtes Ego einfach zur Seite und ließ die Persönlichkeit, die wir geschaffen hatten und die ich während dieser Arbeit liebgewonnen hatte, in mich hineinfließen. Anstatt zu versuchen, selbst zur Sousatzka zu werden und auf die Inspiration des künstlerischen Impulses zu warten, erlaubte ich ihr, die Rolle durch mich zu spielen. Wir Schauspieler bemühen uns ständig darum, uns in die Person zu verwandeln, deren Rolle wir übernehmen sollen. Diesmal erlaubte ich *der Rolle*, Besitz von *mir* zu ergreifen. Die Sousatzka hatte eine besondere Vorliebe für gutes Essen, und so nahm ich 15 Pfund zu. Das Leben war nicht besonders freundlich mit ihr umgesprungen. Wenn ich nun vor dem Fernseher saß und die Nachrichten sah, spiegelte mein Gesicht ihre Reaktionen. Ich fragte mich, ob ich je wieder bereit sein würde, irgendwelche Hauptrollen zu übernehmen. Vielleicht würden mir von nun an solche Charakterrollen mehr liegen. Die Sousatzka hatte einen schwachen Rücken, und wenn ich nun zu den Aufnahmen ins Studio ging, hatte ich Rückenschmerzen. Die Sousatzka war eine großartige Konzertpianistin gewesen. Jetzt stellte ich fest, daß ich ein Stück schon nach wenigen Proben beherrschte, weil *sie* meine Finger auf die richtigen Klaviertasten lenkte! Ich vertraute darauf, daß diese magischen Kräfte wirken würden, wenn ich es zuließ, daß die Sousatzka in mir lebendig wurde. Die Persönlichkeit, die wir geschaffen hatten, war zur Wirklichkeit geworden – Übertragung und Inspiration waren ein und dasselbe.

So hatte ich meine Erfahrungen mit der Übertragung spiritueller Energie in den Seminaren für die praktische Arbeit der Schauspielerin im Filmstudio übernommen. Das Leben auf der Leinwand und das wirkliche Leben waren zu einem geworden. Und beides wurde für mich zu einer sich ins Unendliche ausdehnenden Realität.

2. KAPITEL

DIE URSPRÜNGE DES NEW AGE

Erkenne alle Teile des Ganzen,
denn du hast es geschaffen.

Bevor wir uns mit dem beschäftigen, was man als spirituelle Technik bezeichnen könnte, möchte ich etwas über das Denken sagen, das die fundamentale Voraussetzung für den Vorgang des »Nach-innen-Gehens« ist. Dieses Denken entspringt dem, was wir heute »New Age« nennen. Über dieses New Age, das neue Zeitalter, ist viel geschrieben worden, und man hat viel dafür und dagegen argumentiert. Das New Age in all seinen Erscheinungsformen ist Anlaß für zahlreiche Witze, für die unterschiedlichsten Deutungen, ja sogar für Ängste und Befürchtungen gewesen.

Das Interessante an dieser Diskussion ist für mich, daß stets nur Bruchstücke von dem erfaßt werden, was der Begriff »New Age« überhaupt meint. Dies spricht für einen Mangel an Verständnis oder bestenfalls für ein recht unvollkommenes Verständnis.

Ich hoffe, hier zu einer Klärung beitragen zu können.

Zunächst einmal bringt das New Age in Wirklichkeit nichts Neues. Wie einige Berichte zutreffend sagen, handelt es sich dabei um eine Zusammenfassung alter spiritueller Erkenntnisse und Glaubensvorstellungen über das Wesen der Wirklichkeit, das praktische Leben, die Bedeutung religiöser Rituale und die Wahrheit. Diese Vorstellungen stammen im wesentlichen aus anderen als der westlichen Kultur. Diese Auffassungen als okkultistisch oder verquer abzutun oder sie empört als »satanisch« abzulehnen ist nur ein Zeichen für die eigene Unwissenheit auf dem Gebiet der spirituellen Kulturen im Nahen und Fernen Osten.

Das Wort »okkult« bedeutet nichts anderes als »verborgen«. Vieles aus dem östlichen Denken ist uns bisher verborgen geblieben. Heute ist dieses geheime Wissen zum Teil ans Licht gebracht und für ein neues Zeitalter, das New Age, bedeutungsvoll geworden – neu aber ist es nur für die Menschen der westlichen Welt. Dabei geht es nicht so sehr darum, daß wir im Westen rückständig sind, sondern darum, daß wir eine andere Betrachtungsweise haben und/oder daß wir einige unserer frühen Erkenntnisse vergessen haben.

Besinnen wir uns deshalb auf die Gedankenwelt, aus der die Vorstellungen des New Age stammen. Die christlichen Gnostiker haben sich Jahrhunderte nach dem Tode Christi von dem Wissen und Denken des New Age leiten lassen. Das Wort »Gnosis« bedeutet »Wissen«. Doch die Gnostiker trennten sich schließlich von einer in ihrem Ritual erstarrten christlichen Kirche, weil sie glaubten, das Schicksal des Menschen werde durch die Beziehung des Individuums zu Gott und nicht durch die Autorität der Kirche bestimmt.

Mit der persönlichen Verantwortung wird dem Individuum eine schwere Last aufgebürdet. Es ist offensichtlich sehr viel einfacher, Gewissensentscheidungen, die Frage nach Gott, nach dem Glauben, dem Moralgesetz, den das Leben bestimmenden Regeln und sogar die Entscheidung über Leben und Tod der fragwürdigen Autorität einer Kirche oder Regierung zu überlassen. Doch obwohl eine solche Abhängigkeit manches erleichtert, ist sie etwas Unnatürliches, besonders wenn die Wertvorstellungen und Moralbegriffe dieser Autoritäten so fragwürdig sind, wie wir es heute erleben.

Viele Menschen stellen in unseren Tagen fest, daß das Leben sie verwirrt und ängstigt. Es fällt ihnen schwer, den Sinn des Lebens zu finden, weil ihnen die innere Kraft fehlt, ihre persönlichen Probleme zu lösen. Die Menschen sagen, der Streß sei unerträglich geworden. Sie behaupten, materieller Wohlstand, Erfolg, Ruhm und die geforderten hohen Leistungen auf allen Gebieten könnten sie nicht mehr befriedigen und seien den Streß nicht wert, den sie erzeugten. Immer wieder hört man, *es müsse doch noch etwas anderes geben.*

Intelligente und gutwillige Menschen betrachten mit Sorge die blutigen kriegerischen Auseinandersetzungen, die tödliche Bedrohung durch einen gnadenlosen Wettbewerb bei der Erzeugung von Kernenergie, das Drogenproblem, das überall auf der Welt bedrohliche Ausmaße angenommen hat, das erschütternde Schauspiel von Millionen hungernder Menschen und weiteren Millionen von Analphabeten in der »reichsten Nation der Welt«, die beängstigende Zunahme der Kriminalität und der tödlichen Krankheiten sowie die wahnsinnige Zerstörung und Vergiftung unserer Umwelt – eine wahre Litanei der Katastrophen und Zerstörungen. Und es ist nicht verwunderlich, daß sie sich fragen, welcher Entwicklung die menschliche Rasse entgegengeht. Warum tun die Menschen das alles?

Wenn intelligente Menschen solche Fragen stellen, warum gehen sie dann nicht noch etwas weiter und fragen: »Warum tun *wir uns* das an?« Dies entspräche dem Geist des New Age.

Im Mittelpunkt des New Age steht die Selbstverantwortlichkeit. Das Denken im Sinne des New Age verlangt von jedem einzelnen, für alles, was in diesem Leben geschieht, die Verantwortung zu übernehmen, weil alles zueinander in Beziehung steht. Doch zuallererst muß eine solche Verantwortung auf die eigene Person bezogen sein. Es ist in ganz konkretem Sinn die Verantwortung für das eigene Selbst.

Das ist nicht leicht. Es erfordert Einkehr und die Konfrontation mit dem eigenen Inneren. Wir müssen in den Spiegel blicken und um Vergebung dafür bitten, daß wir *nicht* erkannt haben, wie sich aus der Liebe zu sich selbst die Liebe für andere und schließlich die Liebe für die Welt entwickeln kann, in der wir leben. Aus dieser liebenden Selbsterkenntnis können die Lösungen für die gewaltigen Probleme kommen, die *wir* geschaffen haben.

Kritiker behaupten, New Age sei eine Bewegung, deren Ziel die höchstmögliche Entwicklung der eigenen Persönlichkeit sei, während die übrige Welt und ihre Probleme unbeachtet blieben; mit dem Erfolg des New Age liefen wir Gefahr, daß einige der besten, intelligentesten Köpfe der Gesellschaft verlorengingen, die sich dann nur noch der Entwicklung des eigenen Selbst widmen würden. Doch wir müssen uns fragen, welchen großartigen Errungenschaften der Gesellschaft diese Persönlichkeiten verlorengingen – beispielsweise der Forschung für Rüstungstechnologie? Das Entscheidende ist, daß viele der furchteinflößenden Dinge, mit denen wir leben müssen, nur deshalb entstanden sind, weil wir es versäumt haben, die positiven Kräfte in uns zu erkennen, ihren Wert zu schätzen und sie uns nutzbar zu machen. Wir haben darauf verzichtet, uns selbst zu lieben. Und diese positive Selbsterfüllung drückt sich am stärksten in unseren Beziehungen zu anderen aus. Es ist uns praktisch unmöglich, eine produktive Beziehung zur übrigen Welt zu entwickeln, wenn wir es nicht lernen, uns selbst zu erkennen und zu lieben. Damit wächst unsere Fähigkeit, andere anzuerkennen und zu lieben, und das wiederum gibt uns bessere Möglichkeiten, einen Wandel herbeizuführen. So ist es in der Tat zu begrüßen, daß sich die Besten und Intelligentesten unter uns der Idee des New Age zugewendet haben.

Es sind Persönlichkeiten, denen das Schicksal unseres Planeten und allen Lebens auf dieser Erde am Herzen liegt. Zu ihnen gehören aktive Kriegsgegner, Umweltschützer, Kernkraftgegner, Friedensforscher, Feministinnen, Wirtschaftsfachleute, Bankiers, Psychologen, Ärzte, Physiker, Angestellte, Arbeiter und ungezählte andere. Es gibt also augenscheinlich Millionen von Menschen, die das »selbstsüchtige« Ziel verfolgen, unseren Planeten vor der Zerstörung zu bewahren, indem sie bei sich selbst beginnen.

Wer sich dem Selbsthaß, der Selbsterniedrigung, dem Zweifel an sich selbst und der Selbstverachtung ergibt, muß ersticken. Er ist gefesselt durch ein negatives Bild von sich selbst, das ihm weder Zeit noch Kraft läßt, sich um andere zu kümmern. Solche Gefühle nähren sich von den eigenen negativen Gedanken und erzeugen nur Haß, Zorn und Ablehnung, eine Haltung, die sich fast automatisch auf andere überträgt.

Fraglos sind die heutigen Psychologen zutiefst besorgt über die Bereitschaft zur Gewalt, die bei den meisten Menschen unter der Oberfläche des alltäglichen Verhaltens brodelt und in zunehmendem Maße in Gewalttätigkeiten und Selbstzerstörung zum Ausdruck kommt. Sie behaupten, die Konflikte, die unsere Kultur belasten, ließen sich nur lösen, wenn es gelingt, den Menschen zu helfen, sich der Ursachen ihrer Neigung zur Gewalt bewußt zu werden. Wenn man die wirkliche Ursache der Haßgefühle und des Zorns versteht, kann man diese Gefühle ändern oder sich sogar von ihnen befreien. Dies schließt ein, daß wir die Verantwortung für das, was wir fühlen, übernehmen. Es bedeutet, daß wir aufhören, die Schuld für *unsere* Probleme bei anderen zu suchen. Wir müssen unseren eigenen Beitrag zu Konflikten und zur allgemeinen Unzufriedenheit erkennen und uns der Ursachen unserer Empfindungen deutlicher bewußt werden.

Wenn wir das tun, erweitern wir unseren bewußten Wahrnehmungsbereich. Das bedeutet – um einen Gedanken des New Age aufzugreifen –, daß wir bewußter werden gegenüber den unbewußten Wahrnehmungen dessen, was wir sind und wie wir uns verhalten. Auf diese Weise erfahren wir überraschende Dinge über uns selbst.

Dann wird aus dem sogenannten »Kult um das Selbst« das Bemühen um das Wissen vom Selbst, so daß wir, indem wir Konflikte zu lösen lernen, mehr zum Wohl der Gesellschaft beitragen können, in der wir leben. Ich glaube, es ist Zeit, mit einer solchen Selbstheilung zu beginnen und damit auch zur Heilung anderer in unserer Gesellschaft beizutragen. Die Verantwortung liegt nicht nur bei autoritären Institutionen wie der Kirche, dem Staat oder den Schulen. Die Verantwortung liegt auch bei jedem einzelnen von uns.

Die Familie ist die Einheit, in der wir beginnen, unser Selbst zu erforschen. Dabei werden wir feststellen, daß wir von der Haltung unserer Eltern mehr übernehmen, als wir glauben. Wenn wir über unser Selbst nachdenken, dann sehen wir, daß unsere Grundeinstellungen von der Familie geprägt sind. Wenn unsere Eltern oder Erzieher sich nicht um Selbsterkenntnis bemüht haben, dann wird uns diese Haltung entscheidend beeinflußt haben. Wenn die Eltern jedoch dazu neigten, Selbstkritik zu üben, dann werden wir es wahrscheinlich auch tun. Doch die Familie ist die kleinste Einheit innerhalb der Gesellschaft, und es ist unsere Aufgabe, unsere eigene Stellung in der Familie zu erkennen, bevor wir ein zutreffendes Bild von unseren Funktionen in der Gesellschaft bekommen können. Und wenn wir jung genug sind, können wir vielleicht zu dieser Erkenntnis gelangen, *bevor* wir eine eigene Familie gründen, und auf diese Weise die Situation für die nächste Generation verbessern.

Ich persönlich weiß jetzt, daß sich mein Verhältnis zu meinen Eltern an dem Bild orientierte, das ich von ihnen hatte. Als ich zu erkennen begann, daß sie nicht allmächtig, sondern ebenso unvollkommen waren wie alle Menschen, Persönlichkeiten mit ganz individuellen Bedürfnissen, eigenständige und von mir unabhängige Individuen – kurz gesagt, als ich gelernt hatte, ihnen zu erlauben, sie selbst zu sein –, hatte ich sehr viel weniger Schwierigkeiten mit ihnen. Meine Tochter erlebt jetzt das gleiche mit mir und ich mit ihr. *Erst wenn wir anderen erlauben, sich so zu verhalten, wie wir es nicht erwarten, lieben wir sie wirklich.* Wir haben uns von den Menschen, die wir lieben, erst befreit, wenn wir sie genug lieben, um sie ihre eigenen Wege gehen zu lassen. Dann geschieht das scheinbar Anormale, daß die Liebesbande stärker werden. So können wir unsere Eltern und uns selbst ehren, wenn wir erwachsen werden und nicht in der infantilen Phase blinder Erwartungen und Forderungen steckenbleiben, die uns mit Frustrationen, Verbitterung, Zorn und Haß erfüllen, weil sie nicht erfüllt werden. Wenn wir erwachsen werden, übernehmen wir die Verantwortung für uns selbst, indem wir den Mut aufbringen, zu erkennen, wer wir sind und was wir wirklich von diesem Leben erwarten.

Wenn ich die Menschen danach frage, was sie für sich selbst und für die Welt wünschen, bekomme ich fast immer die gleiche Antwort – Frieden.

Ich glaube, der Friede für die Welt läßt sich ohne den Frieden innerhalb des eigenen Selbst nicht erreichen.

Der persönliche Konflikt behindert den inneren Frieden und führt zum äußeren Konflikt. Es ist unmöglich, sich als ganzes menschliches Wesen zu fühlen, solange die Zerrissenheit des Konflikts besteht. Und wer schafft den Konflikt? Wir tun es selbst. Wir sind zornig auf jene, die uns den Spiegel der ungelösten Probleme vorhalten, mit denen wir in unserem eigenen Innern zu kämpfen haben.

Mir scheint, hier liegt die Ursache für alle Konflikte, denen wir auf dieser Welt begegnen. Wenn es uns nicht gelingt, die Harmonie mit uns selbst herzustellen, wie können wir dann die Harmonie mit anderen, geschweige denn mit der Welt herstellen, die wir bewohnen? Wir wollen ein zufriedenes Leben führen, ohne Kummer, Furcht, Zorn und Streß, und doch werden wir von diesen negativen Aspekten beherrscht. Wir scheinen die positiveren Seiten des Lebens nicht sehen zu wollen, und manchmal halten wir sie sogar für bedrohlich. Es gibt sogar Menschen, die diese positiven Begriffe für sentimental oder wirklichkeitsfremd halten, und manche Intellektuelle glauben, sich ihre Selbstsicherheit nur bewahren zu können, indem sie über die Liebe und alle sanften Regungen des menschlichen Herzens spotten und sie als Ausdruck schwächlicher Sentimentalität abtun. Sie behaupten, die menschliche Güte sei eine Illusion, und berufen sich dabei auf die Geschichte. (In Wirklichkeit aber sagen sie damit nur: »Ich will es nicht wagen, zu glauben, zu lieben oder das Gute anzuerkennen, weil ich es nicht ertragen kann, verletzt, betrogen oder zurückgewiesen zu werden, und weil ich keinen Narren aus mir machen lassen will.« Ich meine, das ist *ihr* Problem.) Es ist richtig, daß im Lauf der Menschheitsgeschichte viel Blut geflossen ist. Was also sollen wir tun? Sollen wir das auch weiterhin zulassen oder sogar dazu beitragen? Oder soll nicht jeder einzelne von uns versuchen, für sich persönlich Verantwortung zu übernehmen, der Kraft zu vertrauen, die jeder von uns besitzt, und danach zu handeln – in der Erkenntnis, daß jeder einzelne mit seiner Haltung und mit seinem Tun die Welt verändern kann?

Dieses sogenannte »Neue Zeitalter« ist ein Zeitalter, das uns herausfordert, alle unsere Fähigkeiten zu nutzen, um die Voraussetzungen zu schaffen, die wir für ein glückliches Leben brauchen. Viele der großen Menschheitslehrer haben gesagt, *es kostet große Mühe, unglücklich zu sein.* Warum sollen wir unsere Kräfte nicht nutzen, um in eine neue Richtung zu gehen?

Je besser wir uns selbst kennenlernen, desto glücklicher wird unser Leben, und desto stärker wird unsere Fähigkeit, andere glücklich zu machen. Mit der positiven Einstellung des einzelnen wird sich auch der Zustand unserer Gesellschaft bessern.

Welches sind nun die Faktoren, die uns an einer solchen Umkehr hindern?

Bis heute sind es vor allem die großen Fortschritte auf dem Gebiet der Technik, die als Indiz für den gesellschaftlichen Fortschritt gelten. Wir haben in der Tat Bedeutendes darin geleistet, unsere Intelligenz zur Weiterentwicklung der Technik einzusetzen und damit die Lebensumstände vieler Menschen wesentlich zu verbessern. Das geht so weit, daß der technologische Fortschritt als Maßstab für die geistige Entwicklung der Menschheit angesehen wird. Doch nun leiden wir an den Folgen dieser Entwicklung, in deren Verlauf wir die Technologie zum Götzen gemacht haben.

Unser Bemühen um Selbsterkenntnis hat mit der Entwicklung der Technik nicht Schritt gehalten. Ich denke an den Bericht eines westlichen Wirtschaftsfachmanns über die Zustände im ärmsten Land dieser Welt – nach der Auffassung dieses Fachmanns ist es das Königreich Bhutan im Himalaya. (Ich habe dieses Shangri-la vor einigen Jahren besucht.) Als dem König von Bhutan der Bericht vorgelegt wurde, sagte er: »Was die Entwicklung der Technik betrifft, ist Bhutan ein armes Land, was aber die spirituelle Seite des Seins betrifft, sind wir reich und glücklich.« Wir im Westen haben in der Tat andere Maßstäbe. Die Bewohner von Bhutan würden sich verwundert fragen, warum der Mensch Produkte erzeugen sollte, die die Spiritualität verringern. Wir dagegen würden fragen, weshalb wir uns um die Spiritualität kümmern sollen, wenn sich damit keine technisch hochwertigen Produkte herstellen lassen.

Im Westen ist der Fortschritt nur ein technologischer. Aber die Technologie als solche ist das Spiegelbild unserer selbst. Die negativen Tendenzen in uns müssen sich auch irgendwo in der Technologie niederschlagen – das ist unausweichlich. Mit Hilfe des technologischen Fortschritts bewegen wir uns immer schneller und schneller... aber wohin? Wir haben uns der Vorstellung vom fliegenden Teppich bedient und das Flugzeug erfunden – aber dem Flugzeug fehlt die geheimnisvolle Magie des Teppichs. An ihre Stelle sind die übergroße Eile, der Massenverkehr, Frustration, Zorn, Magengeschwüre, Herzanfälle, ungezählte Unfälle und ein quälendes Gefühl der Entfremdung vom ursprünglichen Gefühl der Magie des Fliegens getreten. Übriggeblieben ist allein das Bewußtsein, daß wir uns im Flugzeug hoch in der Luft über dem Gewühl der Massen befinden.

Ich glaube, wir müssen lernen, die Technologie im richtigen Rahmen und in der richtigen Perspektive zu sehen. Sie ist ein Werkzeug für die Verbesserung des körperlichen Wohlbefindens aller Menschen und kein Maßstab für den Fortschritt unserer geistigen Entwicklung. In der Technologie verbirgt sich keine über das rein Materielle hinausgehende Weisheit – mag sie noch so kompliziert, intelligent oder schnell sein. Sogar die künstliche Intelligenz im Computer bedarf der Steuerung durch den Menschen und das menschliche Denken. Wollen wir wirklich ein Leben führen, das von der künstlichen Intelligenz des Computers beherrscht wird? Manche Wissenschaftler setzen sich für eine »Humanisierung« der Technologie ein. Sie sagen, wenn wir uns nicht selbst vernichten wollen, sei es dringend notwendig, daß wir uns deutlicher dessen bewußt werden, was wir mit Hilfe der modernen Technologie erzeugen. Wir sollen der technischen Entwicklung eine neue Richtung geben, und dazu müssen wir unser Bewußtsein schärfen und die Spiritualität einbeziehen, denn wenn wir das nicht tun, kann eine solche Entwicklung zur Zerstörung unseres Planeten führen.

Wir können das, was wir erzeugen, nicht von dem trennen, was wir sind. Unsere Technologie entsteht aus der Vorstellung, die wir von uns selbst haben. Wenn wir so blind sind, daß wir keine zutreffende Vorstellung von uns selbst entwickeln können, dann werden wir auch eine blind wirkende Technologie erzeugen. Unsere Technologie spiegelt eine Disharmonie im Umgang mit den Naturgesetzen wider, weil wir uns nicht mehr im Einklang mit ihnen befinden. Die Technologie ist deshalb Ausdruck unserer Neurosen, unseres wahnsinnigen Machtstrebens, unserer Vorliebe für das Chaotische und unserer von der natürlichen Ordnung abweichenden Verhaltensweisen; auf der einen Seite erzeugen wir Mechanismen von Gewalt und Gegengewalt, auf der anderen hemmungslose Überproduktion. Wir müssen uns von diesen destruktiven Verhaltensmustern befreien. Wir müssen die Logik der Ordnung im Menschen, in der Natur, in der Technologie und in unserer Welt erkennen. Krishnamurti hat das so ausgedrückt: »Ordnung ist Moral«, und »der Inhalt unseres Bewußtseins ist das Ergebnis dessen, was wir aus uns gemacht haben.« Wir sind Produkte unserer eigenen Vergangenheit. Auch unser Wissen ist ein Produkt der Vergangenheit, aber mit Denken allein lassen sich unsere Probleme nicht mehr lösen. Der Verstand reicht dazu nicht aus. Heute ist es notwendig, sich eines größeren Ganzen bewußt zu werden. Wir müssen uns unserer selbst bewußt sein, um ins Gleichgewicht mit unserem Universum zu kommen, das sich in einem völlig harmonischen Gleichgewicht befindet.

Sogar die Wissenschaft räumt heute ein, sie könne die Realität der Umwelt nicht von der Realität unserer Existenz in dieser Umwelt trennen, denn nichts existiere getrennt von allem anderen. Wenn wir eine solche Trennung vornehmen, vernichten wir uns selbst *und* unsere Umwelt.

Für mich bedeutet dies, daß wir alle im positiven Sinn zusammenarbeiten müssen. Die Kette der menschlichen Gesellschaft ist nur so stark wie ihr schwächstes Glied. Deshalb ist es die Pflicht eines jeden einzelnen, sich selbst kennenzulernen und zu verstehen, und das ist nur möglich, wenn wir unser Bewußtsein schärfen. Das ist der *erste* Schritt. Wenn wir uns weigern, uns und unsere Umwelt wahrzunehmen, entsteht ein noch größeres Chaos, und das Chaos widerspricht dem Naturgesetz, der wunderbaren Harmonie des Kosmos. Weshalb sollten wir uns auf einen Kampf gegen den Kosmos einlassen?

So muß jeder von uns eine Entscheidung treffen. Bemühe ich mich wirklich darum, den großen kosmischen Plan zu verstehen, indem ich die in meinem Inneren schlummernden Kräfte in ein harmonisches Gleichgewicht bringe? Und wenn ja, dann muß ich mich fragen, *wie* mir das am besten gelingen kann.

Die Antwort lautet: »Das ist nicht leicht.« Wenn wir wirklich mit uns und mit der Welt ins reine kommen wollen, müssen wir bereit sein, an uns zu arbeiten, uns unseren Erfahrungen zu öffnen, geduldig um Verständnis zu ringen, unseren Körper liebevoll zu behandeln und in unseren Herzen eine bedingungslose Liebe zu entwickeln.

Als ich mich für diesen Weg entschied, wurde mir klar: Es gibt so viel, was ich lernen muß!

Ich habe hier versucht, Ihnen einiges von dem zu vermitteln, was ich gelernt habe (und immer noch lerne), und einige der Methoden vorzustellen, die mir helfen, »den Weg nach innen zu gehen«. Nun möchte ich Ihnen empfehlen, dieses Buch nicht zu schnell und ohne Unterbrechung durchzulesen. Vielleicht müssen Sie sich erst einmal an bestimmte Gedanken gewöhnen, die für Sie neu sind. Ich hoffe sogar, daß Sie sich die Zeit nehmen werden, manche Abschnitte noch einmal zu lesen, um sie wirklich geistig zu verarbeiten. Üben Sie die Meditation – und tun Sie auch dies in kleinen Schritten. Erleben Sie das Gefühl der Entspannung und der Befreiung vom Streß. Falls Ihnen manchens von dem, was ich zu sagen habe, neu ist oder falls Sie Schwierigkeiten haben sollten, es aufzunehmen, dann lassen Sie diese Fragen eine Zeitlang ruhen. Sie können immer von neuem anfangen und einen zweiten Versuch unternehmen, diese Ideen zu verstehen, wenn Sie bei der Erforschung Ihres eigenen Inneren Fortschritte gemacht haben.

Ich selbst bin zu dem Schluß gekommen, daß die Reise in mein eigenes Inneres das wichtigste Unternehmen in meinem Leben ist. Oder, wie Yeats sagt: »Es ist nicht die wichtigste Reise, es ist die *einzige* Reise.«

3. KAPITEL

»REALITÄTS«-ERFAHRUNGEN UND IHRE BEWÄLTIGUNG IM ALLTAG

Erfahrung ist nicht das, was uns widerfährt.
Erfahrung ist die Bewältigung dessen,
was uns widerfährt.

Am Schluß eines jeden Seminars und besonders nach meinem Vortrag über den Begriff des New Age kam es zu einer lebhaften Diskussion über die konkreten Probleme, mit denen einzelne meiner Zuhörer zu kämpfen hatten.

Ich will hier nicht auf jede einzelne dieser Fragen eingehen (denn das wäre im Rahmen dieses Buches gar nicht möglich), sondern ich möchte versuchen, bestimmte Situationen zu schildern, die immer wieder auftauchten – und dabei auf meine eigenen Erfahrungen eingehen, um zu zeigen, wie man scheitern oder auf den rechten Weg geführt werden kann.

Ich bin zu der Überzeugung gekommen, daß die »Realität« im Grunde das ist, was jeder einzelne als solche ansieht. Das heißt, was ich für Wirklichkeit halte, muß für einen Freund – geschweige denn für einen Fremden – nicht unbedingt auch Wirklichkeit sein. Jeder von uns lebt in einer eigenen Realität.

Ich weiß, wie abstrakt und esoterisch das klingt, aber für mich war dies die wichtigste Erkenntnis. Sie hat mir ganz entscheidend geholfen, die Sorgen und den Streß zu verringern, die mein Leben belasteten.

Ich habe einen Beruf, in dem Sorgen und Streß manchmal als Voraussetzungen für gute Arbeit und Kreativität angesehen werden. Außerdem kommt es in erster Linie darauf an, ein bestimmtes Ziel zu erreichen, gleichgültig, auf welche Weise und auf welchem Weg wir dorthin gelangen. Nur der sichtbare Erfolg zählt. Mit anderen Worten, der Zweck heiligt die Mittel, und solange sie zum Erfolg führen, läßt man den lieben Gott einen guten Mann sein und hat auch das Gefühl, daß hier auf der Erde alles in Ordnung ist.

Dabei wird sehr oft die Freude über die zwischenmenschlichen Aspekte der Zusammenarbeit den Anforderungen der Zeit und des Geldes geopfert; man nimmt sich nicht mehr die Zeit, den Duft der Rosen zu riechen – es sei denn, die Rosen spielen eine Rolle beim Geschäft.

Mein Beruf unterscheidet sich in dieser Hinsicht nicht sonderlich von vielen anderen. Überall kommt es auf den Erfolg an.

Auch heute ist es noch sehr wichtig für mich, das zu erreichen, was ich mir vorgenommen habe, und schon lange bevor ich Schauspielerin wurde, habe ich so gedacht. Doch inzwischen habe ich gelernt, auf den Erfolg zu verzichten, wenn er mir den inneren Frieden nimmt. Ich lerne, die Dinge aus einer neuen Perspektive zu sehen, und damit verändert sich meine »Wirklichkeit«.

Ich bin zu der Auffassung gekommen, nachdem ich mich als Schauspielerin auf der Bühne so leidenschaftlich engagiert hatte, ich müßte eine große Schlacht gewinnen. Schließlich aber stellte ich mir die Frage: »Welchen Sinn hat dieser Krieg?« Der ständige Streß wirkte sich nicht mehr positiv auf meine Kreativität aus. Im Gegenteil, ich begann zu spüren, daß die Harmonie, die entstand, wenn wirkliche Könner mit Verständnis und Liebe zusammenarbeiteten, die Kreativität sehr viel mehr steigern konnte als der psychische Druck und die »motivierende« Hysterie.

Auch in meinen Beziehungen zu Freunden und Familienangehörigen und in meinem Privatleben kam ich zu der gleichen Auffassung. Mit jedem persönlichen Drama erkannte ich, daß man den Streß vermeiden kann, wenn man bereit ist, die dramatischen Ereignisse aus der richtigen Perspektive zu sehen. Das Drehbuch veränderte sich, wenn ich meinen Standpunkt veränderte und bereit war, die »Szenen« aus einer anderen Perspektive zu betrachten. Die »Realität« der Szenen verwandelte sich, wenn ich sie von einem anderen Standpunkt aus beobachtete. Ich stellte fest, daß alles Unangenehme, dem ich begegnete, zu einer Erfahrung werden konnte, die mir neue Erkenntnisse vermittelte: wenn ich innehielt und mich fragte: »Warum habe *ich* es dazu kommen lassen? Was lerne *ich* daraus?«

Das war nicht leicht, als ich auf der First Avenue von einem Strolch überfallen wurde, der es auf meine Handtasche abgesehen hatte. Ich erinnere mich noch sehr genau an meine Empörung und den daraus resultierenden plötzlichen Entschluß, auf keinen Fall die Rolle des Opfers zu spielen. Instinktiv übernahm ich eine neue Rolle, stürzte mich auf den Kerl und kreischte wie eine wahnsinnig gewordene Hexe. Offenbar wollte mein Angreifer es nicht mit einer Verrückten zu tun haben und ließ von mir ab. Auch hier hatte ich nur das Drehbuch verändert.

Dann begann ich, fast alles Negative als eine Frage meines persönlichen Standpunkts anzusehen, den ich ändern konnte. Ich beobachtete mich selbst so aufmerksam, als spielte ich eine Rolle in einem selbst geschriebenen Stück. Dann fragte ich mich: »Was erfahre ich hier über mich selbst?« Wenn ein Produzent seine Zusage nicht einhielt oder wenn ein Regisseur oder irgend jemand anderes mich vor dem Ensemble demütigte, wenn eine Fluglinie mein Gepäck verlorengehen ließ, wenn ein Taxifahrer frech wurde oder wenn eine Freundin oder ein Liebhaber mich kränkte, fragte ich mich stets, was ich daraus lernen könne und ob es wirklich notwendig sei, es auf *diese* Weise zu lernen. Ich stellte fest, wenn ich selbst die Verantwortung für das übernahm, was mir geschah, und mir bewußt wurde, daß ich die Fähigkeit besaß, diese Dinge herbeizuführen, konnte ich sie auch vermeiden. Wollte ich weiterhin anderen die Schuld geben, verzichtete ich auf die Anwendung meiner eigenen Kräfte und Fähigkeiten. Manchmal stürzte ich mich bewußt in irgendwelche Unannehmlichkeiten und Konflikte und schuf so die Voraussetzung dafür, mehr über mich selbst zu erfahren.

Als ich begann, mit solchen Veränderungen meiner Perspektive zu experimentieren, eröffnete sich mir eine neue Welt positiver Haltungen. Es war so, als öffnete ich immer wieder neue Fenster, die mir Ausblicke auf bisher unbekannte Landschaften gewährten.

Dieses Phänomen wurde mir zum ersten Mal bewußt, als eine Freundin erkrankte. Zunächst hatte ich das Gefühl, ihr nicht helfen zu können. Ich war mit den Medikamenten, die sie nahm, nicht einverstanden. Ich hatte das Gefühl, sie habe sich selbst aufgegeben und eine negative Haltung zu ihrem Leben und zu ihrer Situation eingenommen. Ich gab ihr keine Chance mehr. Da kam mir plötzlich der Gedanke, daß es einen bestimmten Grund dafür geben könnte, daß sie in meinem Leben diese Rolle spielte. Lernte ich etwas daraus? War es eine Notwendigkeit für mich, daß sie in meinem Leben eine solche Rolle spielte? War sie in gewisser Weise ein Spiegel für mich? Machte sie eine Erfahrung, die ich selbst nicht machen wollte? Beobachtete ich sie so, als beobachtete ich mich selbst?

Plötzlich überwältigte mich die tiefe Bedeutung einer solchen Perspektive, und das führte mich zu der Vorstellung, daß ich sie von ihren Schmerzen erlösen konnte, *wenn ich nicht länger ertragen wollte,* daß sie litt. Im Verlauf eines Monats besserte sich ihr Zustand, und sie konnte auf die schmerzstillenden Mittel verzichten.

Vielleicht war es ein Zufall, vielleicht auch nicht. Sobald ich jedoch selbst die Verantwortung für die Depressionen übernahm, die ihre Krankheit in mir erzeugt hatte, begann sie, die Verantwortung für die Heilung ihrer Krankheit zu übernehmen. Ich weiß bis heute nicht, welche Kräfte so etwas bewirken, aber ich glaube an diese Kräfte.

Ein anderes Mal verlangte jemand die Zahlung einer unverhältnismäßig hohen Geldsumme von mir, und als ich mich weigerte, dieser Forderung nachzukommen, verklagte er mich vor Gericht. Ich fühlte mich im Recht und beschloß, notfalls bis zum Obersten Gericht zu gehen. Ich war empört, aber meine Anwälte empfahlen mir, die Zahlung zu leisten. Ich weigerte mich und erklärte, die geforderte Summe sei viel zu hoch. Sie gaben mir recht, meinten aber, ich solle zahlen und die Sache vergessen. Ich war wütend, konnte nachts nicht schlafen und führte endlose Selbstgespräche, bei denen ich mir vorstellte, wie ich diesen Mann vor Gericht in der Luft zerriß. Ich glaubte, unter diesen Umständen ein Recht darauf zu haben. Aber mein Zorn schadete mir selbst am meisten. So versuchte ich eines Nachmittags im Gerichtssaal, mich innerlich von der ganzen Angelegenheit zu distanzieren und sie aus einer »neuen Perspektive« zu sehen. Dabei betrachtete ich den Mann, der das Geld von mir verlangte, als meinen »Lehrer«. Ich dachte: »Dieser Mann ist nur ein Werkzeug, das mir helfen soll, innerlich zu wachsen. Hier wird mir die Gelegenheit geboten, meine eigene Wut zu beobachten und nach den Gründen zu fragen, weshalb sie so intensiv ist.«

Unwillkürlich brach ich in Tränen aus. Meine Verkrampftheit löste sich, und ich erkannte, daß ich schon lange unter dieser inneren Verspannung litt. Sie war nicht die Folge dieses einen ungelösten Problems. Als mir das klargeworden war, fing ich richtig an zu weinen. Ich war erleichtert, daß der Konflikt gelöst war, und dankbar dafür, daß dieser Mann als mein Lehrer gewirkt und mich innerlich ein Stück weitergebracht hatte. Nun ging ich sogar noch einen Schritt weiter: Ich beschloß, in ihm einen Menschen zu sehen, der in seinem eigenen inneren Wachsen innegehalten hatte, um mir als Katalysator zu dienen – um mein Wachstum zu unterstützen. Daß es mir gelungen war, meinen Standpunkt zu ändern, wirkte sich sofort aus. Ich hörte auf zu weinen und wies meine Anwälte an, die geforderte Summe zu zahlen. Zu meiner Überraschung kamen sie von der Besprechung mit dem Gläubiger zurück und sagten, sie könnten zwar nicht verstehen, warum er so reagiert habe, aber er verlange jetzt nicht mehr die zunächst eingeklagte hohe Summe, sondern nur noch einen relativ bescheidenen Betrag. Zwar hatte ich noch nie persönlich mit ihm über die Sache gesprochen, aber irgendwie hatte mein Sinneswandel die Energie neutralisiert, die den Konflikt zwischen uns geschürt hatte. Meine Weigerung weiterzukämpfen und die Tatsache, daß es mir gelungen war, meinen Zorn zu dämpfen, hatten dazu geführt, daß sich die Energie in der Polarität zwischen uns verlagerte und damit dem Konflikt zwischen uns den Boden entzog. Diese ganz persönliche Erfahrung zeigte mir, daß zu jedem Konflikt zwei Seiten gehören. Wenn die eine Seite sich weigert, ihre Rolle weiterzuspielen, ist der Konflikt beendet.

Auch hier weiß ich nicht genau, welche Kräfte bei der Beilegung des Konflikts wirkten. Meine Fähigkeit, eine neue Perspektive einzunehmen, trug aber sicherlich ganz wesentlich dazu bei. Wenn bei einem Tauziehen die eine Seite aufhört zu ziehen, ist das Spiel beendet, denn die Voraussetzung dafür ist die Polarität der einander entgegengesetzten Kräfte. Ich hatte gelernt, daß ich auf die Gefühle verzichten mußte, die mir Schmerzen verursachten, wenn ich zu einer neuen Haltung kommen wollte. Diese Gefühle mußten nicht nur kontrolliert werden, sondern ich mußte gänzlich auf sie verzichten. Doch vorher war es notwendig gewesen zu erkennen, daß es *meine Entscheidung* war, die diese Gefühle überhaupt erst hatte aufkommen lassen.

Im Umgang mit der Welt, in der wir leben, hat es mich stets dazu gedrängt, mich an der Veränderung der gesellschaftlichen Verhältnisse zu beteiligen. Es hat mich immer gefreut, wenn meine Bemühungen von Erfolg gekrönt waren, und ich habe es als schmerzlich empfunden, wenn es nicht schnell genug ging. Ich habe für die Friedensbewegung gearbeitet und gegen Organisationen gekämpft, die den Krieg als ein geeignetes Mittel zur Lösung politischer Probleme ansehen. Ich bin viel gereist, um fremde Kulturen und das Leben in fremden Ländern kennenzulernen. Ich habe mich der Frauenbewegung angeschlossen und mich für die von der Gesellschaft Benachteiligten und Unterdrückten eingesetzt. Ich habe mich gegen bestimmte Entscheidungen des Obersten Gerichtshofs gewendet und Präsidentschaftskandidaten im Wahlkampf unterstützt, die eine liberale Haltung einnahmen. Ich habe die Bekanntschaft von Journalisten gesucht, um von ihnen zu lernen, wie man seinem Interviewpartner mit pointierten Fragen die richtigen Antworten entlockt. Ich habe beobachtet, wie Journalisten ihr Wächteramt gegenüber der Regierung wahrnehmen, und zu meinem Kummer feststellen müssen, daß es auf beiden Seiten Unehrlichkeit und Korruption gibt. Ich habe immer geglaubt und glaube auch jetzt noch, daß die Amerikaner sich um Fairneß bemühen und relativ ehrlich und vorurteilslos sind. Viele von ihnen bemühen sich ernsthaft, nach den Prinzipien zu leben, die sich aus den komplexen Strukturen der Demokratie und der in diesem System notwendigen Fairneß ergeben. Wir Amerikaner stehen oft auch unter intensivem Streß. Vielleicht führt sogar die in der Demokratie herrschende Freiheit zum Streß, denn sie gibt uns die Möglichkeit der freien Entscheidung, die uns die Verantwortung für unser Handeln aufbürdet, und des freien Wettbewerbs. In autoritären Kulturen und in den von der Religion beherrschten Gesellschaften finden sich diese Freiheiten in viel geringerem Maß. Der Preis, den wir für eine Gesellschaft bezahlen, in der die Freiheit des Individuums garantiert ist, ist die Komplexität dieser Gesellschaft im Gegensatz zu den vom Staat oder von der Kirche kontrollierten Gesellschaften. Das führt zu erhöhtem Streß, der das Individuum und die Kultur selbst belastet.

Im Verlauf meiner eigenen Entwicklung habe ich irgendwann damit begonnen, die Geschwindigkeit meines eigenen inneren Wachsens mit der Geschwindigkeit zu vergleichen, mit der sich die Gesellschaft weiterentwickelt, in der ich lebe. Dabei habe ich erkannt, daß ich, wenn ich wirklich zu einer Transformation der Gesellschaft beitragen will, damit beginnen muß, mich selbst zu verwandeln. Wie bei allem anderen müssen diese Bemühungen bei einem selbst beginnen.

Ich hatte das Gefühl, daß ich selbst und die Gesellschaft, in der ich lebe, individuell und kollektiv unter einem Mangel leiden, den wir nicht definieren können. Es war nichts Materielles oder verstandesmäßig Erfaßbares, was uns fehlte, sondern etwas viel Subtileres, Tiefergehendes. Der Mangel lag im spirituellen Bereich; er betraf den einzelnen und somit auch die Nation und ihre Institutionen. Auf einer bestimmten Ebene erkannten wir intuitiv, daß wir, was diese spirituelle Dimension betraf, verarmt waren.

Im großen und ganzen konnten die verschiedenen Kirchen unsere spirituellen Bedürfnisse nicht befriedigen. Überdies waren auch ihre Führer zum Teil korrupt. Ich hatte schon vor Jahren meine Beziehungen zu den allgemein anerkannten Religionsgemeinschaften abgebrochen, obwohl ich mich auch weiter darum bemühte, in meinem Leben die »christliche« Nächstenliebe zu verwirklichen. Welche anderen Wertvorstellungen bestimmten unser Leben? Ich gewann den Eindruck, daß die Geschäftswelt bis in die Finanzmärkte korrupt ist. Börsenmakler und Spekulanten ließen sich durch die für sie geltenden Bestimmungen nicht beeindrucken, denn die Regierungen, die diese Bestimmungen erlassen hatten, waren selbst bankrott und nicht in der Lage, die Konflikte beizulegen, in die sie geraten waren. Sie führten ungesetzliche Kriege, die eine höhere Priorität hatten als die Verfassung.

Zu alledem stehen wir vor der allgegenwärtigen Bedrohung durch die nukleare Vernichtung. Wir müssen zusehen, wie unsere Umwelt zerstört wird, erleben eine zunehmende Luft- und Wasserverschmutzung, den Treibhauseffekt und das Ozonloch. Und der besorgniserregende Zustand, in dem sich die menschliche Gesellschaft befindet, kommt zum Ausdruck in einer Welle der Gewaltverbrechen, im endemischen Drogenmißbrauch, in den immer häufiger werdenden Fällen von Kindesmißhandlung und Vergewaltigung und einer beispiellosen Zunahme individueller Gewalttaten. Als Bürger einer Demokratie haben wir Amerikaner uns jahrelang auf die von uns gewählten Regierungsinstitutionen verlassen, deren Aufgabe es wäre, unsere persönliche Existenz, unsere Wertmaßstäbe und unsere Ideale zu schützen. Nun scheinen sich diese Institutionen, vor denen wir eine höhere Achtung hatten als vor uns selbst, vor unseren Augen aufzulösen. Unsere Welt, unsere ethischen Normen, ja sogar unsere Glaubensvorstellungen scheinen fortgeschwemmt zu werden.

Das hat dazu geführt, daß wir heute nur noch *bei uns selbst* Zuflucht finden können, bei unserer eigenen Anständigkeit und Ehrlichkeit, bei unseren persönlichen inneren Werten. Kurz gesagt, wir müssen uns nach innen wenden, um uns dort zu finden.

Doch vielleicht hat diese ganze Katastrophe auch einen tieferen Sinn.

Vielleicht haben wir diese äußeren Umstände geschaffen, da sie Werten und Vorstellungen entsprechen, die sich uns tief eingeprägt haben. Wenn wir das Gefühl haben, daß ein wenig Unehrlichkeit und Betrug durchaus in Ordnung ist und wir uns das Leben auf diese Weise ohne Schaden für uns selbst etwas bequemer machen können, was hindert uns dann daran, mächtige Institutionen zu schaffen, die allerdings aufgrund ihrer Macht nicht nur »ein wenig unehrlich«, sondern durch und durch korrupt sind? Diese Institutionen wären dann nur unser eigenes Spiegelbild im vergrößerten Maßstab. Wir akzeptieren das, woran wir uns gewöhnt haben und was deshalb akzeptabel geworden ist.

Wenn aber der einzelne eines Tages einen neuen Einblick in sich selbst gewinnt, dann sieht er die Welt, die ihn umgibt, auch in einem neuen Licht und kann deshalb sehr viel wirksamer zu einer Veränderung der Verhältnisse beitragen. Dann wird der Betrug im kleinen ebenso wenig akzeptiert werden können wie die Korruption im großen. Die in der gesamten Gesellschaft herbeigeführten Veränderungen wären dann die natürliche Erweiterung der Veränderung, die der einzelne in sich selbst vorgenommen hat.

Ich erkannte, daß ich mich selbst verändern mußte, bevor ich mich weiter an den Bemühungen beteiligen konnte, die Welt, in der wir leben, zu verändern. Deshalb habe ich mich entschlossen darum bemüht, mich selbst zu verändern – mancher würde sogar sagen, ich sei dabei zu weit gegangen. Das heißt nicht, daß ich auf jede politische oder gesellschaftliche Aktivität verzichtet habe. Mir ist jedoch die Notwendigkeit für einen allgemeinen Wandel deutlicher zu Bewußtsein gekommen, weil ich mich nun selbst in einem klareren Licht sehen konnte.

An diesem Punkt habe ich mit einem geistigen Übungsprogramm begonnen und mich täglich auf diese Weise geschult, um den inneren Wandel zu erleben. Dies hat dazu geführt, daß ich mir meiner eigenen Kräfte deutlicher bewußt wurde und eine harmonischere Beziehung zu meiner eigenen Bestimmung und zu der Bestimmung anderer Menschen gewonnen habe, die mir in meinem Leben begegnet sind und die sich auf dem Weg zum Verständnis ihrer selbst befanden.

Immer wieder erkenne ich, wie wenig ich noch weiß und begriffen habe. Wenn mir dies bewußt wird, versuche ich, mich ganz auf das zu konzentrieren, was ich schon weiß. Mein gegenwärtiger Kenntnisstand ist das Ergebnis des Wissens, das mir ehrwürdige alte Lehrer und junge Schüler vermittelt haben, die mir in ihrer Entwicklung voraus sind. Sie sind alle durch ihr persönliches Feuer gegangen bei dem Versuch, sich selbst zu verstehen und ihre Rolle innerhalb des großen, alles umfassenden universalen Bewußtseins zu begreifen, dessen Teil wir alle sind. Ich habe gelernt, daß jede negative Erfahrung einen positiven Sinn hat. Solche Erfahrungen sind Katalysatoren, die mir helfen sollen zu begreifen, wie ich selbst an ihrem Zustandekommen beteiligt bin. In diesem Sinne sind es die Konflikte und Probleme, mit denen ich es zu tun hatte, die mich gelehrt haben, mit ihnen und mit mir selbst harmonischer umzugehen. Wenn der Weg nach innen oft auch von schmerzlichen Erfahrungen begleitet war, so bin ich auf diesem Weg doch mit allen Aspekten des menschlichen Daseins konfrontiert worden und habe dabei gelernt, angemessen auf meine Umwelt zu reagieren. Meine Übungen haben mir geholfen, die praktischsten Methoden zu finden, mit der Realität umzugehen.

Ich habe das Gefühl, daß sich der Lernprozeß überall auf der Welt beschleunigt. Und Gott weiß, die Probleme werden zunehmend schwerwiegender. Ich erlebe Lektionen, die auf mein persönliches Leben, meine Beziehungen zu anderen Menschen und mein Karma wirken. Karma ist das Gesetz von Ursache und Wirkung. Danach wirkt alles, was von uns ausgeht, auf uns zurück. Jede kreisförmige Bewegung führt zu ihrem Ursprung zurück. Vor drei Jahren dauerte es drei Monate, bis etwas, das ich jemandem angetan oder über ihn gesagt hatte, auf mich zurückfiel. Heute geschieht das innerhalb von drei Stunden! Das Karma ist ein großer Lehrmeister! Es erinnert uns ständig daran, daß wir Liebe empfangen, wenn wir Liebe verschenken, und daß es mit Zorn und Feindschaft das gleiche ist. Ich erlebe die Ereignisse eines Zwölfstundentags immer intensiver, so als machte ich die Erfahrungen von drei Tagen an einem Tag.

Meine Beziehungen zu anderen Menschen haben sich vertieft und erfordern mehr Ehrlichkeit und Direktheit. Manchmal stoße ich an die Grenzen meiner Fähigkeit, so aufrichtig zu sein, wie es von mir verlangt wird. Und manchmal ist es für mich sehr schmerzlich, wenn ich mich im Spiegel meiner Freunde und geliebter Menschen sehe und – was noch wichtiger ist – im Spiegel meiner *Gegner*. Manchmal ist es so, als spiegelten diese Menschen Aspekte meines Wesens, denen ich mich sonst nicht stellen würde – und das ist auch der Grund, weshalb diese Menschen mir begegnet sind.

Vom Gefühl der Hilflosigkeit bei dem Versuch, die Welt zu verändern, gelangte ich zu dem Bewußtsein, daß eine Kraft in mir und in jedem von uns lebt, die so gewaltig ist, daß sie, wenn sie freigesetzt wird, die Welt entscheidend verändern könnte. Um die nächste Stufe unserer Entwicklung und unseres Fortschreitens zu erreichen, ist es notwendig, diese Kraft zu *realisieren*, d.h. »Wirklichkeit werden zu lassen«. Offensichtlich bin ich nicht die einzige, die sich der Tatsache bewußt ist, daß dies der richtige Weg ist, einen Wandel herbeizuführen.

Als ich anfing, tiefer nach innen zu gehen, wuchs mein Interesse an den Wechselbeziehungen zwischen Körper und Geist. Ich hatte eine Ausbildung als Tänzerin genossen, und deshalb ging ich an diese Frage aus der Perspektive der Körperkultur heran. Jeder, der sich intensiv mit den Ausdrucksformen des Körpers beschäftigt hat, weiß, daß der Körper nicht gut funktioniert, wenn der Geist getrübt ist. Deshalb muß die Verbindung zwischen beiden intensiviert werden, und es ist notwendig, einen Zugang zum »inneren Licht« zu finden.

Ich hatte von meinen Freunden überall auf der Welt viel über Meditation gehört. Sie beschäftigten sich schon jahrelang damit und behaupteten, ohne Meditation nicht mehr leben zu können. Sie sagten: »Konzentration, Harmonie, Kraft und Flexibilität findet man nur, wenn man nach innen geht. Außerhalb deiner selbst kannst du diese Dinge nicht finden.« So begann ich mich für den »Weg nach innen« zu interessieren. Um den körperlichen Anforderungen bei meinen Auftritten besser gewachsen zu sein, entwickelte ich meine eigenen Methoden der Meditation. Ich wollte meine körperlichen Leistungen verbessern, und das bedeutete einen intensiveren Kontakt mit meinem Innenleben. Die Ergebnisse meiner Bemühungen waren erstaunlich.

Eines Abends stellte ich nach zwei Auftritten fest, daß die Vita-Bath-Therapie und eine anschließende Massage meinen 50 Jahre alten Beinen nicht mehr genügten. So setzte ich mich in der Abgeschiedenheit meines Schlafzimmers mit gekreuzten Beinen auf den Fußboden und schloß die Augen. Dann stand ich auf, legte eine Musikkassette in meinen Kassettenrecorder, setzte mich wieder hin und lauschte mit geschlossenen Augen der sanften Harfenmusik. Dabei versuchte ich, alle Gedanken abzuschalten. Das war nicht leicht. Es erforderte Vertrauen und eine Art passiver Disziplin, an die ich nicht gewöhnt war, weil ich ehrgeizig bin und mich durch meinen Willen und meine Gedanken motivieren lasse. Aber gerade die Gedanken ließen Empfindungen in mir aufwallen, die sich als Schmerzen und Verkrampfungen in meinem Körper niederschlugen.

Dann versuchte ich, meine Gedanken auf meinen Körper zu lenken. Ich begann mit den Füßen und versuchte sie zu entspannen. Langsam und konzentriert befahl ich jedem einzelnen Körperteil, seine Verkrampfung zu lösen: »Knie, Hüften, Bauch, Brust, Hals und Kopf, entspannt euch!« Ich wußte, daß die Verspannung jeder Muskelpartie ihre eigene Ursache hatte. So konzentrierte ich mich auf jeden einzelnen Muskel, spannte ihn an und entspannte ihn wieder. Wenn sich die Spannung gelöst hatte, beobachtete ich den betreffenden Körperteil ganz ruhig und achtete darauf, daß er sich nicht wieder verkrampfte. So sorgte ich dafür, daß sich die Verspannung allmählich löste, genoß ganz bewußt den Vorgang, in dessen Verlauf sich alle Muskelpartien entspannten, überließ mich diesem angenehmen Gefühl, das mir den Eindruck vermittelte, leicht dahinzuschweben. Wenn mich ein Gedanke störte, befahl ich ihm zu verschwinden oder wich ihm dadurch aus, daß ich mich auf einen kleinen Muskel in einem Zeh oder Finger konzentrierte. Dann langsam wurde mir bewußt, daß mein ganzer Körper entspannt war. Dann richtete ich meine Aufmerksamkeit auf meinen eigenen Mittelpunkt. Das war leichter, als ich gefürchtet hatte. Ich »fand« dort jenes kleine kugelförmige Licht, von dem mir bereits andere erzählt hatten. Ich weiß nicht, ob ich es »fand« oder ob ich mir nur eine bildliche Vorstellung davon machte. Doch darauf kam es nicht an – das Licht war »einfach da«. Zuerst war es in der »Dunkelheit« meines Inneren kaum zu erkennen. Deshalb intensivierte ich meine Vorstellungskraft, bis es größer wurde. Nun fing es an zu glühen. Auch jetzt wußte ich nicht genau, ob es wirklich da war oder ich es mir nur einbildete. Aber auch darauf kam es nicht an. In aller Ruhe stellte ich mir vor, wie das Licht immer größer wurde und als große leuchtende Kugel in mir pulsierte. Dann lenkte ich das Licht an die schmerzende Stelle in meinem Rücken. Es war, als könnte ich auf einer anderen Ebene der Realität die Wärme dieses Lichts fühlen. Ich ließ das Licht an dieser Stelle verharren, solange ich konnte, und fühlte, wie der Schmerz nachließ. Dann lenkte ich es besonders in die Knie, die ich beim Tanzen in Schuhen mit hohen Absätzen zu stark belastet hatte. Ich stellte mir vor, daß sich die leuchtende Kugel in zwei Kugeln teilte, eine für jedes Knie. Nun »badete« ich die Knie in diesem Licht und fühlte ganz deutlich die Wärme, weil ich an die Wirklichkeit dessen glaubte, was ich mir vorstellte. Ich konzentrierte mich ganz stark auf die beiden leuchtenden Kugeln; für mich waren sie wirklich da, weil ich es so wollte. Es war meine persönliche Entscheidung, meine Fähigkeit, diese Wirklichkeit zu erzeugen. Nun ging ich einen Schritt weiter. Ich beschloß, den Lichtkugeln eine Farbe zu verleihen, ein leuchtendes Königsblau. Ich hatte gelesen, daß Blau eine Heilwirkung besitzt. Nun erstrahlten die Lichtkugeln in Königsblau, und sie schienen sogar zu mir zu sprechen, als freuten sie sich darüber, daß ich sie endlich erkannt hatte! Das blaue Licht floß in meine Knie. Es war so, als lauschte ich der inneren Sprache der Farbe und des Lichts, die eine ganz eigene Bedeutung hatte. Und doch hörte ich auf etwas, das ich selbst erzeugt hatte. Hatte ich das wirklich? War dieses Licht schon immer in mir gewesen? Hatte es nur darauf gewartet, als heilende Kraft erkannt zu werden?

Die Antwort war: Ich hatte alles selbst erzeugt, meine Schmerzen und die Methode, sie zu heilen. Irgendwie konnte ich das noch nicht ganz begreifen, aber die Schmerzen in meinen Knien und in meinem Rücken waren verschwunden. Ich hatte davon gelesen, daß in Krankenhäusern die Methode der Visualisation unter der Anleitung von Ärzten angewendet wird, um die Heilung von Tumoren und Krebs zu unterstützen. Es gibt den Bericht über einen Jungen, der angeblich ein Loch in seinem Herzen dadurch geheilt hat, daß er sich vorstellte, wie es mit goldenen Fäden zugenäht wurde. Indem ich mich einer bisher nicht erkannten Gabe und einer Wahrheit aus einer anderen Dimension bedient hatte, hatte ich eine in mir schlummernde, bislang nicht erkannte Kraft aktiviert, um meinen erschöpften und verkrampften Körper zu heilen. Wenn ich nun die Schmerzen und die Heilung in meinem Körper *selbst* bewirkt hatte, konnte ich dann auch die Schmerzen und die Heilung in anderen Lebensbereichen selbst erzeugen und heilen? Und war das Licht in meinem Inneren ein Werkzeug der Erschaffung einer eigenen Wirklichkeit und zur Verwirklichung dessen, was ich mir wünschte?

Hier hatte ich eine spirituelle Technik gefunden, die es wert war, genauer untersucht zu werden. Und wie war es dazu gekommen?

Auf dem Weg nach innen hatte ich diese Entdeckung gemacht.

4. KAPITEL

MEDITIERE – UND DU WIRST FINDEN, WAS DU SUCHST

Beten heißt mit Gott sprechen,
Meditieren heißt Gott zuhören.

Vertraue der Stille.

So wurde die Meditation mein erstes Werkzeug bei der Erforschung meines Selbst.

Als die mit mir befreundeten Journalisten und andere Bekannte, die für alles einen zynischen Kommentar bereit haben, erfuhren, daß ich meditierte, sahen sie mich verständnislos an und reagierten mit unbestimmten Gemurmel – »Ach wirklich? Oh!« –, um sofort das Thema zu wechseln. Einige sagten auch: »Oh, das ist ja großartig!« – doch damit war das Gespräch beendet, das vielleicht durchaus fruchtbar hätte werden können. Diejenigen, die mich wirklich gern hatten, sahen mir in die Augen und sagten: »Shirley, was zum Teufel ist das – Meditation? Ich meine, was tust du, wenn du meditierst?«

Was also ist Meditation? Ganz einfach gesagt: der Prozeß der Entspannung von Körper und Geist als Voraussetzung dafür, daß ich ruhig nach innen gehen kann.

Dafür brauche ich zunächst einen ruhigen Ort (zumindest am Anfang, denn zunächst konnte ich etwa in einer von Menschen wimmelnden Flughafenhalle kaum meditieren). Es gibt verschiedene Meditationstechniken, aber Ruhe, Konzentration und eine bequeme Körperhaltung sind die drei Grundvoraussetzungen für die Vorbereitung von Körper und Geist.

Was bewirkt die Meditation? Meditation oder »ruhige Konzentration« ermöglicht dem Bewußtsein, andere Aspekte seiner Identität zu erkennen. Es ist nicht das Ziel der Meditation, das Bewußtsein auszuschalten. Vielmehr soll der Meditierende in die Stille gehen und sich beruhigen, um seinem Geist zu erlauben, den Horizont seines Bewußtseins nach allen Seiten hin frei zu erforschen.

Was tue ich, wenn ich meditiere? Zunächst ist die Haltung, in der ich meditiere, außerordentlich wichtig für mich. Jeder sollte die ihm bequemste Haltung finden, in welcher der Körper am wenigsten irgendeinem Druck ausgesetzt ist. Am Anfang ist es nicht notwendig, im Lotussitz zu meditieren, wie es die buddhistischen Mönche tun. Jede unbequeme Haltung stört die Meditation und hindert den Meditierenden daran, die notwendige Ruhe zu finden. Andererseits wird eine zu entspannte Haltung dazu führen, daß der Meditierende einschläft. »Der Mittelweg«, wie die Buddhisten sagen, ist das richtige. »Befreiung von Verspannung und Erstarrung, aber kein Sichgehenlassen«. Man kann sich zum Meditieren deshalb sehr gut auf einen Stuhl setzen.

Das Ziel der Meditation ist es, wach und aufmerksam, aber zugleich entspannt zu sein. Ich fühle mich am wohlsten, wenn ich aufgerichtet dasitzen und meinen Rücken anlehnen kann. Diese Haltung erlaubt es mir, mich frei auf die Energie in meinem Rückgrat zu konzentrieren, und ich kann dabei ungehindert und rhythmisch atmen. Wenn ich auf einem Stuhl sitze, stelle ich die Füße mit den Fußsohlen flach auf den Boden und lege die Hände mit den Handflächen nach oben auf die Oberschenkel. Dabei bilden Daumen und Zeigefinger, die sich an der Spitze berühren, jeweils einen Ring, damit der Stromkreis der Energie im Körper geschlossen wird und nichts von dieser Energie verlorengeht. Aus demselben Grund halte ich den Mund geschlossen, und auch die Zähne des Ober- und Unterkiefers berühren sich leicht.

Zunächst schwinge ich mit dem Oberkörper leicht vor und zurück und nach beiden Seiten, um meinen Mittelpunkt zu fühlen und die bequemste Stellung zu finden. Dann versuche ich mir das körperliche Gefühl bewußt zu machen, bei dem Körper und Rückgrat zentriert sind. Außerdem habe ich mich daran gewöhnt, in der gleichen Haltung am Lenkrad meines Wagens, am Eßtisch, vor dem Fernseher oder an meinem Schreibtisch zu sitzen. Das soll nicht heißen, daß ich dort meditiere, sondern nur, daß ich meinen Körper auf diese Weise unendlich viel besser entspannen kann.

Nachdem ich mich in der geeigneten Haltung hingesetzt habe, schließe ich die Augen und atme ganz natürlich. Dann konzentriere ich mich auf meinen Atem. Die Konzentration ist bei der Meditation notwendig, weil die Aufmerksamkeit dadurch von der Außenwelt abgelenkt und nach innen gerichtet werden kann. Während ich mich auf den Atem konzentriere, verfolge ich aufmerksam den Vorgang des Einatmens und Ausatmens. Es ist erstaunlich, wie die Konzentration auf den Atem einem hilft, sich in einen meditativen Zustand zu versetzen.

Bei den östlichen Konzentrationstechniken soll die Atemkontrolle meditative Zustände bewirken, denn das Atmen dient nicht nur dazu, den Körper mit Sauerstoff zu versorgen – beim Ausatmen wird auch Kohlendioxyd abgegeben.

In den westlichen Kulturen wird die große Bedeutung, die der Atem in unserem Leben spielt, kaum beachtet. Für uns ist das Wunder, das sich fünfzehnmal in der Minute in unserem Körper vollzieht, eine Selbstverständlichkeit, und wir sind uns dessen im allgemeinen gar nicht bewußt. Aber das Atmen beeinflußt ganz entscheidend unser körperliches und geistiges Wohlbefinden.

Wenn wir unter Streß stehen und uns dabei verkrampfen, zeigt sich diese Gemütsverfassung im Atemrhythmus. Der Atem wird unregelmäßig und flach, wir ringen nach Luft etc. Sind wir friedlich und entspannt, verlangsamt sich der Atemrhythmus, die Atemzüge werden tiefer, und wir werden reichlicher mit Sauerstoff versorgt. Wenn wir deprimiert oder einer starken seelischen Belastung ausgesetzt sind, seufzen wir automatisch oder nehmen mehr Luft in die Lungen auf, so als versuchten wir unbewußt, mit dem Sauerstoff die »spirituelle Kraft« in uns aufzunehmen, die uns mit einem tiefen Atemzug in frischer Luft geschenkt wird. Der Körper weiß es, die Seele weiß es, nur der – westliche – Intellekt beachtet es kaum.

In den östlichen Kulturen sind sich die Menschen der Auswirkungen des Atmens auf die geistige und körperliche Verfassung des Menschen stärker bewußt. Deshalb haben sie wirksamere Methoden entwickelt, um mit dem Atem das mentale und spirituelle Wohlbefinden des Menschen zu beeinflussen.

Bei wissenschaftlichen Untersuchungen hat man festgestellt,

daß buddhistische Mönche ihren Bewußtseinszustand durch die Anwendung verschiedener Atemtechniken verändern können. Diese Techniken beeinflussen zudem bestimmte physiologische Vorgänge im Körper: Die Mönche können die Frequenz der Hirnströme, des Herzschlags und des Pulses verändern, indem sie die Atmung bewußt kontrollieren und den Rhythmus variieren.

Wir könnten, wenn auch auf einem niedrigeren Niveau, das gleiche tun. Wenn ich zum Beispiel in einen Verkehrsstau geraten bin und anfange, mich darüber zu ärgern, schließe ich einen Augenblick die Augen, schalte die Wahrnehmung meiner unmittelbaren Umgebung eine kurze Zeit aus und konzentriere mich auf das Gefühl, das entsteht, wenn die Luft beim sanften Einatmen in meine Nase einströmt. Dabei *fühle* ich den Atem und folge ihm bis tief in die Lungen, halte ihn einen Augenblick an und atme dann wieder ruhig aus. Ich wiederhole diesen Vorgang immer wieder, und wenn ich mich auf den Rhythmus des Ein- und Ausatmens konzentriere, bin ich jedesmal wieder erstaunt, wie schnell mein Ärger verfliegt und meine Energie zurückkehrt.

Lernen Sie, während des Einatmens zehn Sekunden abzuzählen und das gleiche beim Ausatmen zu wiederholen. Sie werden dabei im Lauf der Zeit das Wunder der Heilung durch den Atem kennenlernen. Wenn Sie sich daran gewöhnt haben, jeweils zehn Sekunden ein- und auszuatmen, dehnen Sie die Dauer auf fünfzehn, dann auf zwanzig und mehr Sekunden aus. Ein perfekter Yogi kann seinen Atemrhythmus so weit verlangsamen, daß das Ein- und Ausatmen jeweils *drei Minuten* dauert. Versuchen Sie es, und Sie werden sehen, welch komplizierter Kontrollmechanismus dazu erforderlich ist. Sie werden das Atmen nie wieder als eine unwesentliche Selbstverständlichkeit ansehen, und die Übung wird Ihnen beim Meditieren helfen.

Obwohl wir uns alle normalerweise des Wunders unseres Atmens nicht bewußt sind, ist es doch möglich, eine solche »unbewußte« Tätigkeit so zu gestalten, daß sie das Wohlbefinden steigert. Das richtige Atmen ist eine der wesentlichen Voraussetzungen für die Meditation.

Nun haben Sie sich bequem hingesetzt, haben die Augen geschlossen und konzentrieren sich auf den zwanglos und leicht fließenden Atem – ein und aus, ein und aus. Schon sind Sie entspannter und ruhiger.

Mit der Konzentration auf den Atem während der Meditation kommt die Konzentration auf einen Laut. In den östlichen Kulturen nennt man einen in der Meditation verwendeten Laut ein *mantra*. Die Verwendung von *mantras* ist auch im Westen seit einiger Zeit sehr beliebt. Ein *mantra* besteht aus gesungenen, geflüsterten oder nur »gehörten« Worten. Diese Worte sollen das Bewußtsein anregen, um die in der Meditation gewünschte Ruhe zu gewinnen. Gewöhnlich ist das *mantra* eine Anrufung Gottes. Es gibt Leute, die sich das von ihnen in der Meditation verwendete *mantra* von einem Guru geben lassen. Andere versuchen, verschiedene Wortkombinationen zu singen, bis sie glauben, die richtigen Laute gefunden zu haben. Ich zum Beispiel verwende bei den Stellungen des Hatha Yoga ein stilles *mantra*. Ich verharre in jeder Yogastellung 20 Sekunden lang und singe lautlos: »Ich bin Gott im Licht.«

Die Lautschwingungen berühren sanft gewisse innere Bereiche, die auf die Frequenz der Schwingungen des *mantra* zu reagieren scheinen.

Die Menschen haben schon immer geglaubt, daß der liturgische Gesang dem Andächtigen wesentlich dabei hilft, die unmittelbare Nähe der Gottheit zu erfahren. Das Beten des Rosenkranzes, das Singen in einer Synagoge und die Wiederholung von Gebetsformeln in der Kirche – das alles sind solche Praktiken. Doch alle Religionen scheinen darin übereinzustimmen, daß die namentliche Anrufung der Gottheit, wie sie in den einzelnen Kulturen praktiziert wird, die besten Ergebnisse zeigt. Solche Anrufungen sind offenbar eine universell anerkannte Methode, das Bewußtsein von störenden Gedanken zu befreien, um die so entstandene Leere mit der Wahrnehmung der göttlichen Gegenwart zu füllen. Neuere wissenschaftliche Forschungen haben ergeben, daß allmählich anschwellende *mantras* mit ihren Lautschwingungen die Frequenz des Pulsschlags verlangsamen und entspannend wirken. Schließlich singen wir unsere Babys schon seit Jahrhunderten mit Wiegenliedern in den Schlaf...

Ich werde in dem Kapitel über Chakras noch näher auf das Singen eingehen; zunächst aber will ich noch einmal auf die Meditation und ihre Bedeutung zurückkommen und weniger über die Methoden sprechen. Die Meditation ist ein Vorgang, der uns ganz wesentlich bei der Selbsterforschung hilft. Sie ist ein bedeutender erster Schritt, aus dem sich alles andere ergibt. Deshalb ist es wichtig, die Bedeutung der Meditation zu erkennen und zu begreifen, was sie uns geben kann.

Die Meditation ist eine ernstzunehmende Beschäftigung. Sie ist ein Weg in das Zentrum des Selbst. Deshalb ist es äußerst wichtig, daß wir uns ein klares Bild von diesem Selbst machen, bevor wir anfangen zu meditieren. Wenn jemand an Dämonen, böse Geister, den Teufel und die Hölle glaubt, dann können diese Glaubensvorstellungen in der Meditation in Form von Angst, Panik und Schuldgefühlen zum Ausdruck kommen. Man soll sich aber der Tatsache bewußt sein, daß solche Glaubensvorstellungen *konditionierte* Reaktionen sind. Sie sind uns gelehrt worden, und man hat sie uns eingebleut, um Furcht und negative Gefühle zu erzeugen. Wir dürfen auch nicht vergessen, daß jeder von uns seine eigene Realität erzeugt. Wenn wir mit unseren Meditationsübungen beginnen, können sich die in uns schlummernden psychologischen und religiösen Vorstellungen in den meditativen Erlebnissen widerspiegeln. Glaubenssysteme werden plötzlich zu »Wahrheiten« und können uns heimsuchen und quälen. Wenn wir beginnen, nach innen zu gehen, wecken wir unsere konditionierten Glaubenssysteme, und dabei wird manchmal ein negatives Bild, das wir uns viele Jahre von uns selbst gemacht haben, in schmerzlicher Weise zerschmettert. Die Angst, die aus dieser Situation entsteht, kann dazu führen, daß wir an dem »Teufel« festhalten, den wir kennen, anstatt dem Engel zu folgen, den wir nicht kennen. Die Angst blockiert den Zugang zu dem Gott, der in unserem Innern gegenwärtig ist.

Ernsthaft über das eigene innere Wesen nachzudenken ist der erste und wichtigste Schritt des Reifungsprozesses. Das kann ein sehr schmerzlicher Vorgang sein, besonders wenn wir alte Ansichten und Glaubensvorstellungen in Frage stellen. Wir alle haben schmerzliche Erfahrungen gemacht, die bei uns Wunden und Narben hinterließen. Die Last der negativen Erfahrungen, die wir gemacht haben, kann durch die Meditation erleichtert werden – das heißt jedoch, daß wir darauf gefaßt sein müssen, häßliche Wahrheiten zu erkennen, um dann den Mut zu haben, sie hinter uns zu lassen. Damit verlieren wir zunächst gewohnte Maßstäbe (auch die negativen) oder Gewohnheiten, die bisher unser Verhalten bestimmt und eingeschränkt haben. Unser spontaner Impuls ist es, an dem uns bekannten Bild festzuhalten, so negativ und bedrückend es auch sein mag, und zwar nicht nur, weil es uns in seiner Vetrautheit eine gewisse Sicherheit zu versprechen scheint, sondern weil wir unbewußt erkennen, daß es uns erlaubt, andere für das verantwortlich zu machen, was wir sind. Dagegen zeigt uns das Verlangen, die innere Freiheit zu gewinnen, daß wir auf dem richtigen Wege sind, denn damit übernehmen wir die uneingeschränkte Verantwortung für alles, was wir tun. Die Meditation ist keine Flucht aus der Wirklichkeit und kein passives Sichgehenlassen. Sie ist ein Akt der inneren Verantwortlichkeit; sie verlangt Disziplin, harte Arbeit, Zeit, Zielstrebigkeit und Geduld mit dem eigenen Ich – und das ist nach meiner Erfahrung die am schwersten zu erreichende Art der Geduld.

Das Schwierigste auf diesem Weg ist vielleicht, die regelmäßige Meditation beizubehalten, wenn sie zu Depressionen, Mißstimmungen oder sogar zu Angstzuständen führt. Was meinem Leben einen neuen Sinn zu geben schien, wurde zur lästigen Pflicht. Was mir anfangs so leicht vorkam, bereitete mir nun so große Schwierigkeiten, daß ich glaubte, es sei nicht mehr der Mühe wert. Meine Konzentrationsfähigkeit ließ nach, ich fühlte mich körperlich unbehaglich und wurde ungeduldig. Das »Licht« war verschwunden.

Dieser Gemütszustand war ein Warnsignal, ein Zeichen dafür, daß ich innehalten mußte, um die Harmonie zwischen meiner inneren und äußeren Welt wiederherzustellen. *Beide* Aspekte meiner Wahrnehmung der Realität mußten berücksichtigt werden. Die innere Realität wirkt sich stark auf die äußere aus. Sie sollte nicht als eine von der äußeren Realität getrennte und besondere Realität existieren. Der Trappist Thomas Merton hat gesagt: »Die Meditation ist sinnlos und realitätsfern, wenn sie nicht fest im Leben verwurzelt ist.«

So ist es der tiefere Sinn der Meditation, die tägliche körperliche Arbeit, die Beziehungen zu anderen Menschen und das Leben im allgemeinen zu bereichern, indem der Meditierende seine eigene innere Kraft erfährt und sich seiner spirituellen Stärke bewußt wird. In der tiefen Meditation kommt es zu einer Harmonisierung von Bewußtsein, Körper und Geist, und jeder Aspekt des Selbst erfährt eine Steigerung des Wohlbefindens.

Das ist leichter gesagt als getan. Ich habe festgestellt, daß es eines der schwierigsten Dinge ist, auf die Beurteilung der eigenen Fortschritte in der Meditation zu verzichten. Am Anfang glaubte ich, beim Meditieren würde es für mich keine Schwierigkeiten geben. Ich war überzeugt, weil ich nach innen gehen *wollte*, würde es mir auch gelingen. Wenn ich verantwortlich für meine eigenen Wünsche war, warum nicht? Aber ich hatte mich geirrt. Vieles stellte sich meinem Wunsch zu meditieren in den Weg. Das heißt, ich brachte viel Zeit damit zu, über den Mangel an Fortschritten enttäuscht zu sein. Ich ließ mich immer häufiger ablenken, vor allem durch meine eigenen Gedanken. Es gelang mir nicht mehr, das Denken abzuschalten; mein Gehirn arbeitete wie eine außer Kontrolle geratene Maschine. Nicht *ich* dachte, sondern *es* dachte! Die unglaublichsten Assoziationen schwirrten in meinem Kopf herum; eine Vorstellung führte die nächste herbei. Warum dachte ich an jenen ersten Auftritt im Alter von drei Jahren, bei dem ich einen Apfel in der Hand hielt? Damals hatte ich ein grünes Kleid getragen. Sofort weckte die Farbe grün in mir die Erinnerung an die Sandbahnrennen in Indianapolis, wo kein Zuschauer ein grünes Kleid tragen soll, weil man glaubt, die Farbe grün bringe den Fahrern Unglück. Dies wiederum ließ mich an die Menschen denken, die bei diesen Rennen tödlich verunglückten, und damit gelangte ich zu der Frage, ob sie *wirklich* starben. Diese Überlegungen wiederum ließen mich an das Gesetz der Schwerkraft und an Sir Isaac Newton denken. Sein Name erinnerte mich an Bücher, die ich als Kind gelesen hatte, und der Gedanke an die Kindheit führte mich zu der Frage nach meinen ersten mystischen Erfahrungen. Dabei mußte ich an Gespräche mit meinem Vater denken, und das führte mich zu den Eheproblemen meiner Eltern und zu meinen eigenen Eheproblemen, bis ich mich schließlich fragte, weshalb ich überhaupt meditierte!

Schließlich begann ich zu lernen, meine Gedanken sich selbst zu überlassen. Ich erinnerte mich an den Ausspruch eines ZEN-Priesters, der gesagt hatte, daß er niemals den Versuch unternehme, störende Gedanken zu verscheuchen, die in sein Bewußtsein »eindringen«. Er wartete vielmehr in aller Ruhe darauf, daß sie ihn verließen: »Laßt sie ihren Lauf nehmen, und beobachtet sie leidenschaftslos, während ihr euch darüber klar werdet, weshalb sie kommen. Je mehr man sich bemüht, einen Gedanken von sich zu weisen, desto stärker wird dieser Gedanke.« Manchmal könne er einen Gedanken beiseite schieben, als hätte dieser Gedanke nicht das Recht, die Mitte der Bühne seines Bewußtseins einzunehmen, dürfte sich aber am Rande aufhalten, wo er noch »im Rampenlicht« stehe. Mit diesem Verfahren mache er die Mitte der Bühne frei für einen neuen Gedanken, vielleicht aber auch für die angestrebte »Leere« des Bewußtseins.

Ein alter buddhistischer Meister hat einmal gesagt, um richtig zu meditieren, »solle man lernen, mit dem Ungewohnten vertraut zu werden und zum Gewohnten einen Abstand zu gewinnen«. Wandernde Gedanken sind ein Grundproblem in der Meditation, denn sie entstehen in Verbindung mit jedem Gegenstand, auf den wir uns konzentrieren wollen.

Wenn mich unerwünschte Gedanken belästigen und mich nicht verlassen wollen, konzentriere ich mich auf einen kleinen Gegenstand – einen Knopf, eine Blume oder den so oft verspotteten Nabel –, der Gegenstand muß nur klein genug sein, daß man ihn als

Brennpunkt der Aufmerksamkeit benutzen kann. Andere ziehen es vor, nicht an einen bestimmten Gegenstand zu denken, sondern sich auf die zufälligen Lichterscheinungen zu konzentrieren, die unmittelbar hinter ihren Augenlidern entstehen. Das geschieht besonders, wenn man die Augen ein paarmal schließt und wieder öffnet. Das Beobachten dieser sich sanft verwandelnden Lichterscheinungen und der Versuch, sie zum Stillstehen zu veranlassen und tief in die Dunkelheit dahinter zu blicken, wirken entspannend auf das Denken und erleichtern die Konzentration, die sich nun gezielt auf einen Punkt richten kann. Während man nun ununterbrochen den Mittelpunkt des Gesichtsfeldes hinter den geschlossenen Augen beobachtet, sollte man sich auf den Atem konzentrieren und dafür sorgen, daß er entspannt, tief und gleichmäßig fließt. Diese auf einen Punkt gerichtete Konzentration beruhigt und befreit den Geist. Das Gehirn wird durch das tiefe Atmen reichlich mit Sauerstoff versorgt. Das innere Auge konzentriert sich auf den Punkt hinter den Augenlidern; andere Gedanken, Bilder und Gefühle entgleiten langsam dem Bewußtsein. Man läßt sich von dem universalen Strom des *Jetzt* mitnehmen, ohne von irgendwelchen Ängsten beunruhigt zu werden, die aus der Beschäftigung mit dem entstehen, was man in der Vergangenheit getan hat oder in der Zukunft tun könnte. Dies führt zu einer Verringerung des Streß, und wenn man diese Art der Meditation wiederholt übt, verlassen einen alle Sorgen, und das körperliche Wohlbefinden erhöht sich.

Denken Sie auch daran, daß es viele Varianten der Meditation gibt.

In Wirklichkeit kennt jeder die Meditation in irgendeiner Form, ob er sich dessen nun bewußt ist oder nicht. Der Tagtraum ist eine Art Meditation. Jeder, der Musik hört, meditiert. Der Halbschlaf kann unter Umständen zur Meditation werden. Für einige Menschen ist das Gehen oder Laufen Meditation. Für mich ist die Praxis meiner Hatha-Yoga-Übungen Meditation. Früher habe ich dabei die Abendnachrichten im Fernsehen angesehen, aber heute bedeuten diese Übungen mehr für mich, und die körperlichen Übungen des Yoga (die eine Vereinigung des Bewußtseins, des Körpers und des Geistes mit Kraft, Gleichgewicht und Flexibilität darstellen) ermöglichen es mir, das Denken zu beruhigen, während ich Körper und Geist harmonisch aufeinander abstimme. Während dieser Übungen lege ich Notizblock und Bleistift neben mich, weil ich festgestellt habe, daß ich bei dieser Art Meditation auf gute Gedanken komme, die ich nicht vergessen möchte.

Manchmal werde ich dabei an vergessene Telefonanrufe oder Briefe erinnert, die ich schon vor Monaten hätte schreiben sollen. Doch obwohl die Yogaübungen, das Bergsteigen, das Tanzen und die sportlichen Übungen Formen der Meditation sein können, sind es in Wirklichkeit eher Methoden, um die Harmonie zwischen Körper und Geist, dem Denken und der Seele herzustellen. Da die Meditation den ruhigen Gebrauch des Körpers einschließt, während das Bewußtsein sich selbst erforscht, kann eine Harmonie auf höherer Ebene erreicht werden, wenn der Körper in Ruhe verharrt und sich nicht aktiv betätigt.

Auch hier ist das Ziel der Meditation ein Dialog mit der höchsten Quelle all unserer Fähigkeiten, und deshalb ist das Meditieren die Herstellung einer unmittelbaren Verbindung mit der universalen Kraftquelle. Das Ruhigstellen von Körper und Geist hilft uns, die Verbindung zu den Antworten herzustellen, die auf unsere Fragen warten.

Meditieren Sie. Ich habe festgestellt, daß es gut ist, wenn man es regelmäßig zur gleichen Tageszeit tut. Körper, Bewußtsein und Geist werden sich allmählich auf die Zeit einstellen, zu der die Verbindung zu den universalen Energien hergestellt wird. Wenn Sie alle Schwierigkeiten, auf die Sie stoßen mögen, durchstehen, werden Sie schließlich aus einer Quelle belohnt werden, die buchstäblich unerschöpflich ist. Sie werden erleben, *daß Sie mehr sind,* als Sie bis zu diesem Zeitpunkt gewußt haben.

Mit ruhiger, entschlossener und entspannter Konzentration werden Sie zu dem Kernpunkt Ihrer Meditation gelangen – um dann die Begegnung mit Ihrem *Höheren Selbst* zu erleben.

5. KAPITEL

BEWUSSTSEINSERWEITERUNG UND DAS HÖHERE SELBST

Wir alle leben in Gott, und Gott lebt in uns.
Es gibt keine Trennung zwischen Gott und uns.
Das kann es nicht geben,
denn sonst lebten wir nicht.

Das Höhere Selbst ist genau das, was diese Worte ausdrücken: Es sind die positiven Elemente des eigenen Wesens; es ist der überzeugendste Aspekt der eigenen inneren Stärke, der persönliche Ausdruck des Göttlichen in einem Menschen. Es verbindet den Menschen mit allem, was existiert, und mit den unerschöpflichen Quellen des menschlichen Potentials.

Das Höhere Selbst ist von entscheidender Bedeutung für die meditativen Dialoge. Viele, ja die meisten Menschen haben Schwierigkeiten bei der Lösung ihrer Probleme und sind kaum in der Lage, mit ihren Fehlern und Schwächen fertig zu werden, wenn sie sich nicht darüber aussprechen können. Das Höhere Selbst ist der Aspekt des eigenen Wesens, mit dem man über alles sprechen kann, was einen bedrückt. Ermöglicht wird diese Freiheit, indem man sich auf den eigenen Mittelpunkt konzentriert. Dabei entsteht eine gewisse Distanz zwischen Ihnen und Ihrem Selbst, und damit ist es Ihnen leichter möglich, sich selbst von einem objektiveren Standpunkt aus zu erforschen. Das Höhere Selbst kann einem die Perspektive geben, die man braucht, um seine eigene Situation, seine Beziehungen zu anderen und sich selbst aus einem neuen Blickwinkel zu betrachten.

Wenn Sie die Verbindung zu Ihrem Höheren Selbst hergestellt haben, sind Sie auch mit Ihrem spirituellen Herzzentrum verbunden und haben damit den Zugang zu der in Ihrer eigenen Mitte liegenden Kraftquelle. Wenn Sie auf diese Weise angeregt werden, wieder »nach außen« zu gehen, Entscheidungen zu treffen, zu handeln oder sich zu ändern, dann geschieht dies alles im spirituellen Licht Ihres *innersten Wesens*. Das Höhere Selbst ist Ihr persönlicher Freund, der Ihnen von innen her den rechten Weg zeigt und Ihnen, von Ihrem Herzzentrum ausgehend, die besten und positivsten Gefühle eingibt. Wenn Sie auf dieses innere Selbst hören, ihm uneingeschränkt vertrauen und im Sinne dieses Vertrauens handeln, dann werden alle Konflikte in die richtige Perspektive gerückt und können gelöst werden.

Wenn wir diese Verbindung zu unserem Herzzentrum aufgeben oder unbeachtet lassen, verstärken sich unsere Konflikte, und schließlich verlieren wir die Verbindung zu unserem wahren Wesen und zu unserem göttlichen Kern. Dann werden wir aus Mangel an spiritueller Nahrung krank. Viele von uns wissen nichts von dieser uns innewohnenden Kraft. Wir ignorieren sie oder glauben nicht daran. Statt dessen suchen wir Hilfe in unseren Beziehungen zu anderen Menschen oder glauben, die uns fehlende Kraft in unserer gesellschaftlichen Stellung zu finden. Wir fragen uns ängstlich, was andere von uns denken, wie wir auf andere Menschen wirken. Aber in Wirklichkeit geht es darum, was ich selbst von mir halte. Wir müssen selbst die für uns geltenden Wertmaßstäbe bestimmen, und wir finden sie nur in unserem eigenen Zentrum. Das Höhere Selbst ist die einzige Instanz, die uns richtig zu beurteilen vermag.

So ermöglicht uns die Aufnahme der Verbindung mit unserem Höheren Selbst, nach innen zu schauen und auf die innere Stimme zu hören, die uns in allen Lebenslagen die Richtung weisen kann.

Ich habe selbst erfahren, daß ich, was immer mich auch beunruhigen mag, seien es Probleme in meiner Arbeit oder in den Beziehungen zu anderen Menschen, in der Meditation Verbindung zu meinem Höheren Selbst aufnehmen kann. Wenn es sich mir dann enthüllt, kann ich ein »Gespräch« mit ihm führen – im vollsten Vertrauen darauf, daß es mir nie die falsche Richtung weisen wird. Denn seine Ratschläge und Gedanken sind stets von Liebe inspiriert. Wenn das nicht der Fall ist, weiß ich, daß ich die Verbindung zu meinem Höheren Selbst nicht gefunden habe, sondern mich von meinem negativen Ego leiten lasse. Alle Anregungen, die das Höhere Selbst mir gibt, sind Ausdruck harmonischer Liebe und strahlender Energie.

Wann immer ich das Empfinden habe, unter starkem Streß zu stehen, in Konflikte verstrickt zu sein oder schmerzliche Erfahrungen durchzumachen, wende ich mich nach innen in den meditativen Raum und frage: »Was ist es, das ich im Hinblick auf mich selbst vergessen habe?« Die Meditation ist eine Form, mit eigenen inneren Kräften Verbindung aufzunehmen, sie ermöglicht uns, zu erfahren, wer wir wirklich sind.

Wenn die Meditation zur täglichen Praxis geworden ist, wird sie nicht unbedingt leichter, aber die Stille und der Frieden, die durch Meditationsübungen und Konzentration bewirkt werden, verändern unser Lebensgefühl in positiver Weise. Die Meditation wird zu einem unbeschreiblichen Trost. Wir gewöhnen uns im Lauf der Zeit immer mehr an die Wahrnehmung einer höheren Bewußtseinsebene. Wenn uns diese höheren Wahrnehmungsmöglichkeiten vertrauter werden, dann beginnen sie sich auf die Praxis unseres täglichen Lebens auszuwirken und ermöglichen uns tiefere Einblicke in den Sinn unseres Lebens, weil sie uns einstimmen auf die Harmonie einer höheren Ebene.

Weil das Höhere Selbst, die Seele, die personalisierte Widerspiegelung des göttlichen Funkens in uns ist, erfahren wir mit der Liebe in unserem Herzen die Liebe der göttlichen Gegenwart in uns. Natürlich »wohnt« das Höhere Selbst, die Seele, nicht in uns – es *durchdringt* uns; es manifestiert sich in unserem Denken, in der uns durchströmenden Energie und in unserem Gefühl. Es ist etwas Geistiges, ist ätherisch – denn sein Element ist der »Äther«.

Die universelle Energie, deren Teil das Höhere Selbst ist, hat schon immer existiert. Wenn daher unser Bewußtsein aktiviert wird, berührt es jedesmal die Erfahrungen der Seele und erinnert uns daran, was wir sind, denn auch wir sind im Grunde unsterbliche spirituelle Wesenheiten. Darum ist Selbstverwirklichung dasselbe wie die Verwirklichung des göttlichen Funkens in uns. Diese innere Erfahrung erfüllt uns mit Leben, Licht und Liebe.

Sigmund Freud hat die Gesellschaft verändert, indem er die Möglichkeit erforschte, das Wesen des Unterbewußtseins zu interpretieren. Am Ende seines Lebens begann Freud danach zu fragen, ob es jenseits des Unterbewußtseins noch etwas anderes gebe. Er begann mit der Suche nach dem, was wir heute das erweiterte Bewußtsein nennen, und erklärte, wenn er noch einmal ganz von vorn anfangen müßte, würde er Parapsychologe werden. Freud fragte sich, ob dieses erweiterte Bewußtsein in einem jeden von uns in einer harmonischen Beziehung zum universellen Bewußtsein stehe und ob es sich im Einklang mit der Rolle befinde, die wir alle in dieser »Göttlichen Komödie« spielen.

Wenn ich mich nach innen wende, dann suche ich Kommunikation und Anleitung, so, wie ich auch sonst im Leben gute Freunde um Rat frage. Ich stelle gern Fragen, überprüfe meine Erkenntnis und die daraus resultierende Haltung, suche festzustellen, ob ich Fortschritte gemacht habe, und pflege ganz allgemein den freundschaftlichen Gedankenaustausch mit Menschen, die geistig weiter fortgeschritten sind, als ich es von mir selbst glaube.

Jeder von uns hat eine ganz persönliche Vorstellung von dem, was er für die Realität hält. Jeder von uns hat auch eine persönliche Vorstellung von Gott und von seinem eigenen Wesenskern. Aber alle diese Vorstellungen von der Wirklichkeit und dem »Himmelreich in uns« bleiben abstrakt und lassen sich anderen nicht mitteilen, wenn wir sie nicht personalisieren.

Wenn wir daher nach innen gehen und eine harmonische Beziehung zu unserer eigenen spirituellen Kraft herstellen, kommen wir in Verbindung mit jenem göttlichen Funken, von dem ich schon gesprochen habe und den ich als das Höhere Selbst bezeichne. Einige nennen es die göttliche Überseele, die göttliche Mitte, den Gott in uns oder die persönliche Begegnung mit Gott. Welchen Namen wir auch wählen mögen – es ist nichts anderes als die Personalisierung der göttlichen Kraftquelle in uns.

Als ich zum ersten Mal mit meinem Höheren Selbst in Berührung kam, wurde ich mir der Tatsache bewußt, daß ich von nun an den Sinn meines persönlichen Lebens auf dieser Erde besser verstehen und mit dem Sinn des Lebens überhaupt in Einklang bringen konnte. Doch darüber hinaus wurde mir zutiefst bewußt, daß *jeder* in diesem irdischen Leben eine ganz bestimmte und wichtige Aufgabe zu erfüllen hat. Deutlicher als je zuvor erkannte ich, daß jede Persönlichkeit in ihrem Leben aus ganz bestimmten Gründen ihre eigenen Erfahrungen machen muß und jedes Menschenleben die gleiche Bedeutung hat. Jeder von uns ist im Rahmen des Gesamtplans wichtiger, als wir es selbst von uns annehmen.

Ich konnte jetzt erkennen, daß wir alle auf vielen Ebenen Aspekte der großen universellen Intelligenz sind und jeder im großen Gesamtbild dieses Daseins eine ungeheuer wichtige Rolle zu spielen hat. Die Erkenntnis vom unvergleichlichen Wert eines jeden einzelnen war daher Teil der Antwort auf die geheimnisvolle Frage nach dem Sinn des eigenen Lebens.

Irgendwie spürte ich, daß auch ich auf einer bestimmten Ebene im Rahmen des Ganzen eine wichtige Aufgabe zu erfüllen hatte und daß jede einzelne Seele vor gleich wichtigen Aufgaben stand. Es fiel mir jedoch nicht leicht, mir selbst eine so bedeutende Rolle beizumessen. Ja, ich konnte nicht einmal mit Worten ausdrücken, in welcher Hinsicht ich mich mit meinem göttlichen Ursprung verbunden fühlte. Ich kam mir arrogant und hochmütig vor, wenn ich behauptete, ich sei mit Gott verbunden, Gott lebe in mir und deshalb sei ich ein Teil von Gott. Ich mußte mich dazu überwinden, diesen Gedanken laut auszusprechen. Als ich jedoch in Verbindung zu meinem Höheren Selbst trat, begegnete mir plötzlich jene göttliche Kraftquelle in meinem Innern in Gestalt einer Person – und diese Erfahrung hat mein ganzes Leben verändert.

Das Höhere Selbst kann auf verschiedene Weise wahrgenommen werden. Einige Menschen *sehen* es, andere *hören* es. Wieder andere *spüren* seine Gegenwart so stark, daß es durch Gefühle zu ihnen spricht. Gewöhnlich sehe und höre ich es. Mein Höheres Selbst erscheint mir zumeist in menschlicher Gestalt, als ein sehr großes menschliches Wesen. Aber manchmal ist es nur eine Stimme. Die Menschen haben ihr Höheres Selbst als Person, in der Form von Tieren, Lichterscheinungen, geometrischen Formen usw. wahrgenommen. Ich kenne einen Menschen, dessen Begegnung mit dem Höheren Selbst die bewegendste Erfahrung seines ganzen Lebens war, und bei ihm nahm es die Gestalt einer wunderschönen weißen Feder an! Wie sich das Höhere Selbst auch manifestieren mag, in ihm tritt uns aus göttlicher Quelle stammendes Wissen entgegen, denn es ist unser Bindeglied zur göttlichen Energie und deren Widerspiegelung. Es ist harmonisch, schön, friedlich und überwältigend. Wenn es zu einer solchen Begegnung kommt, spürt man die innere Ruhe auch physisch. Du *weißt*, du kannst dieser Kraft vertrauen. Du weißt, sie ist dein innerer Führer, von dem du schon immer gewußt hast, daß es ihn gibt, dem du aber bisher aus Torheit nicht vertraut hast. Wenn du schließlich die innere harmonische Verbindung zu einem höheren Selbst hergestellt hast, dann hast du deinen Leitstern und Freund gefunden, der dich von jeher begleitet hat, deinen geistigen Führer, der dich durch alle Ewigkeiten bedingungslos geliebt hat und dich durch und durch versteht. Da dieses Höhere Selbst die Harmonie der Quelle widerspiegelt, ist es glücklich, liebevoll und friedlich. Skeptiker mögen diese Aussage als sentimental bezeichnen. Ihnen sage ich, vielleicht lohnt es sich, sentimental zu sein, wenn man auf diese Weise ein besseres Leben führen kann, wenn es einem gelingt, seine Mitmenschen aufrichtiger zu lieben, sinnvollere und erfolgreichere Arbeit zu leisten und eine friedlichere Welt zu schaffen.

Das Wunderbare daran ist die Tatsache, daß das Höhere Selbst immer gegenwärtig und bereit ist, erkannt zu werden, ganz gleich, ob wir es nun erkennen oder nicht. Es ist unser Bewußtsein, das die Gegenwart seines spirituellen Urgrundes nicht immer wahrnimmt. Doch wir sind im Grunde nur das, was wir bewußt erleben. Wenn wir uns öffnen und unsere bewußte Wahrnehmung ausdehnen, werden wir zu offeneren menschlichen Wesen mit einem weiteren Horizont. Seinen Horizont einzuengen bedeutet eine Begrenzung des Bewußtseins. Durch die Begrenzung des Bewußtseins kommt es zu einer Einschränkung des Kontakts mit dem sich unaufhörlich ausdehnenden und auf unsere Umgebung wirkenden Leuchten der göttlichen Kraftquelle.

Wir beginnen damit, daß wir uns harmonisch mit der göttlichen

Energie unseres Höheren Selbst in unserem Innern verbinden. Jede äußere Verwandlung beginnt mit einer inneren Verwandlung. Wenn das Bewußtsein das Höhere Selbst wahrnimmt, entsteht ein belebendes Gefühl, das nicht nur geistig, sondern auch körperlich wahrgenommen wird. Es wirkt verjüngend, wie eine Inspiration, eine zündende Idee oder das Gefühl der Liebe... denn wir haben so die unmittelbare Verbindung mit dem ursprünglichen Quell der positiven Spiritualität aufgenommen. Es ist nichts Physisches, und doch wirkt es auf unseren Körper. Es liegt jenseits des Physischen, und doch spüren wir es. Es ist *metaphysisch*.

Wenn dies geschieht, habe ich das Gefühl eines prickelnden Wohlbefindens. Als ich zum ersten Mal die Verbindung zu meinem Höheren Selbst hergestellt hatte, wurde ich überwältigt von den Gefühlen der Liebe. Damals unterzog ich mich bei Chris Griscom einer spirituellen Akupunkturbehandlung. Ich lag völlig entspannt auf einem Behandlungstisch und ließ vor meinem geistigen Auge Bilder entstehen. Es war, als sähe ich im Filmtheater meines Bewußtseins Ausschnitte aus längst vergessenen Filmen. Eine Zeitlang glaubte ich, daß ich mir das alles nur einbildete – *ich* erzeugte die Bilder, die ich sah. Ich wußte nicht, wie oder warum ich zum Beispiel sah, wie ein kleines Kind (ich) von einem Pferdewagen überfahren wurde, den ein Mann lenkte (ein Schauspieler, mit dem ich einmal zusammengearbeitet hatte). Jedesmal, wenn ich an die Logik der Bilder zweifelte, die ich sah, verschwand das Bild. Da es meine Absicht war, das Innere meines eigenen Wesens zu erfahren, kam ich sehr bald zu der Erkenntnis, daß ich nur Zeit und Energie verschwendete, wenn ich unnötige Fragen stellte, zweifelte und das ablehnte, was ich in mir selbst erlebte.

Deshalb ließ ich die Bilder einfach entstehen, ohne sie zu bewerten. Nach einer ganzen Reihe von Bildern, die einander rasch ablösten und die ich nur als Erinnerung aus vergangenen Leben bezeichnen kann, verlangsamte sich der Szenenwechsel, und ich erblickte in meinem Zentrum eine Gestalt, die umgeben war von einem golden-kupferfarbenen Schein.

Es verschlug mir den Atem. Ich sagte nichts. Aber zur gleichen

Zeit beschrieb Chris genau das, was ich mit meinem geistigen Auge sah! Es war eine mächtige Gestalt; sie stand ruhig in der Mitte meines inneren Raumes und sah mich unendlich liebevoll an. Die Gestalt war ein hochgewachsenes menschliches Wesen mit langen Armen und dem gütigsten Gesicht, das ich je gesehen hatte. Das Haar war rotgolden und das Gesicht scharf geschnitten. Die Gestalt hob die Arme und forderte mich auf, sie zu erkennen. Sie sagte: »Ich bin dein wahres Ich!« Ich hörte diese Worte in meinem Herzen und wußte, daß die Gestalt die Wahrheit sprach. Während ich ein inneres Gespräch mit diesem Wesen begann, das mir Dinge über mich selbst sagte, die ich schon immer hatte wissen wollen, liefen mir die Tränen die Wangen hinunter. Ich stellte Fragen über andere Personen, über meine Ehe und meine Familienangehörigen. Ich wollte wissen, in welcher Beziehung sie früher zu mir gestanden hatten, was ich beruflich zu erwarten hatte und so weiter. Ich weiß, wie unglaublich das für jemanden klingen muß, der glaubt, die Wirklichkeit existiere nur außerhalb des eigenen Selbst. Aber wenn man zum ersten Mal mit seiner eigenen *inneren* Wirklichkeit in Berührung gekommen ist, vollzieht sich ein entscheidender Wandel in der Auffassung, die man von sich selbst und von seinem Leben hat.

Die Begegnung mit meinem Höheren Selbst hat mich von Grund auf verändert. Ich erkannte jetzt, daß die Vorboten dieses Wandels mich nur auf das Erlebnis vorbereitet hatten, daß ich im Innersten meines Wesens unauflöslich an etwas so Großartiges, Wunderbares und Erregendes gebunden war, daß ich von nun an nie wieder wirklich allein oder unglücklich sein würde.

Eine der großen, wenn nicht die größte Freude in meinem Leben ist es gewesen, daß es mir gelang, die Lücke zwischen meiner Körperlichkeit, meinem Bewußtsein, dem Nichtkörperlichen und meinem erweiterten Bewußtsein zu schließen, also zwischen dem, was mein spirituelles Bewußtsein empfindet und wahrnimmt, und dem, was sich physisch manifestieren kann. Die Begegnung mit meinem höheren Selbst hat mir geholfen, diese Lücke zu schließen. Nun erst erkannte ich, daß alles, was ich auf physischer

Ebene tat, zunächst als Idee in einer spirituellen Dimension begonnen hatte.

Im Einklang mit meinem Höheren Selbst gelang es mir, mein Selbstbewußtsein zu erweitern, und dies führte automatisch zu einer Erweiterung des Verständnisses und des Mitgefühls für andere. Zugleich entstand in mir durch die Begegnung mit meinem Höheren Selbst die Gewißheit, in harmonischer Beziehung zum universalen Geist zu stehen. Damit aber wurde mir immer deutlicher bewußt, daß wir alle eins sind.

Das Schließen dieser Lücke war vielleicht das wichtigste Ereignis in meinem Leben, weil sich damit auch meine Vorstellung von der Außenwelt verwandelte, in der zu leben ich mich entschlossen hatte. Da ich mich jetzt selbst besser begreifen kann, fühle ich mich nicht mehr so hilflos den Zufällen des Lebens ausgesetzt, sondern erkenne mit überzeugender Klarheit, daß ich alles verändern kann, wenn ich mich selbst verändere. Diese Transformation beginnt im eigenen Innern.

Jeden Tag versuche ich, mir auf irgendeiner Ebene darüber klarzuwerden, wer ich bin und woher ich komme. Ich sage mir, daß jeder einzelne Mensch auf diesem Planeten eine Seele und ein Höheres Selbst besitzt. So gewinne ich die Überzeugung, daß mein Dasein auf dieser Welt ebenso wie das eines jeden anderen Menschen, dem ich begegne, einen Sinn hat. In diesem Zusammenhang stellt sich die – wichtigste – Frage: Wage ich zu glauben, daß es eine allwissende, intelligente Seelenenergie gibt, die meine persönliche Verbindung zu Gott ist und mich führt? Und darf ich daran glauben, daß auch in jedem anderen Menschen diese göttliche Energie lebendig ist?

Vielleicht hängt unser Überleben allein davon ab, daß wir uns dieser Wahrheit öffnen – der Wahrheit, daß wir Teil einer universalen göttlichen Energie sind, die alles Leben durchdringt, und daß es das Recht eines jeden Wesens ist, die Teilnahme an diesem Wunder für sich zu beanspruchen.

Vielleicht haben viele Menschen nur deshalb das Gefühl, sich in einer ausweglosen Situation zu befinden, weil sie die Verbindung zum kosmischen Bewußtsein, der Energie des Höheren Selbst, noch nicht hergestellt haben. Das erweiterte Bewußtsein, das mit dem universellen Bewußtsein verbunden ist, wächst und dehnt sich ständig aus, ebenso wie sich das Universum ausdehnt und wächst; das kann ich fühlen. Wir alle können es fühlen. Die Naturwissenschaft sagt uns, daß selbst Raum und Zeit sich ausdehnen. Doch offensichtlich vollzieht sich dieser Vorgang zu rasch für uns. Weil wir uns der Verbindung zu diesem Vorgang nicht bewußt sind, können wir mit der Geschwindigkeit des Wachsens nicht Schritt halten. Der Verlust der inneren Harmonie führt zu Konflikten und zum Chaos. Wenn wir bereit wären, unser Bewußtsein der Existenz des Höheren Selbst und des erweiterten Bewußtseins in jedem von uns zu öffnen, würden wir den Einklang mit den universellen Energien leichter herstellen können, die sich, wie wir deutlich spüren, mir großer Geschwindigkeit rings um uns her ausbreiten. Weil wir glauben, mit diesem Vorgang nicht Schritt halten zu können, haben wir oft das Gefühl, die Dynamik in unserem Leben nicht mehr beherrschen zu können. Dann fühlen wir uns ohnmächtig und verlassen.

Solange wir das erweiterte Bewußtsein in unserem Inneren nicht in seiner ganzen Fülle wahrnehmen können, wird uns das Leben vor unlösbare Probleme stellen, weil das sich ausdehnende Universum und sogar die Zeit selbst auch weiter voraneilen werden, ob wir nun damit Schritt halten können oder nicht.

Auch die Intensität der Erfahrung selbst beschleunigt sich für uns alle. Was früher Monate dauerte, um zu einem Ergebnis zu kommen, vollzieht sich heute in wenigen Tagen. Die Ereignisse überstürzen sich, und wir sind kaum noch in der Lage, sie emotional zu verarbeiten und etwas daraus zu lernen. Viele Menschen haben offenbar vergessen, daß wir aus unseren negativen Erfahrungen etwas lernen sollen – dieser Gedanke ist ihnen fremd geblieben. Statt dessen fühlen, sie sich als »Opfer« des blinden Zufalls, dem sie sich hilflos ausgeliefert fühlen und geben anderen die Schuld für das, was sie selbst verursacht haben, ohne daraus zu lernen – auch wenn sie sich dieser Tatsache gar nicht bewußt sind.

Ich glaube, daß wir uns dieser negativen Haltung entledigen können – indem wir nach innen gehen, um unserem eigenen Selbst zu begegnen und sein Wesen zu erkennen. Es ist dringend notwendig, daß wir uns der in uns schlummernden Kräfte bewußt werden und diese Energie als göttliche Funken erkennen. Im Grunde weiß jeder, welchen Sinn sein Erdendasein hat und was er hier lernen soll. Jeder weiß, weshalb er sich für seinen Ehepartner, seinen Beruf und seinen Arbeitgeber entschieden hat. Jeder weiß, warum er gerade an diesem Ort und in diesem Land lebt. Wer aufmerksam auf die Stimme des Höheren Selbst hört, wird erfahren, warum er sich für das Leben entschieden hat, das er führt, und welches seine Pflichten sind. Wer bereit ist, die Verbindung zu seinem wahren Selbst aufzunehmen, eine harmonische Beziehung zu ihm einzugehen und ihm zu folgen, wird schließlich deutlicher erkennen, wer er in Wirklichkeit ist.

Bei unserer Suche sind wir nicht allein. Vielleicht reden die Menschen nicht viel darüber, aber fast jeder stellt die gleiche Frage: Wie kann ich meinem Leben einen Sinn geben? Wir müssen die Verbindung herstellen – zu unserem Höheren Selbst, zur Erde, zu der universellen Quelle – zu unserem erweiterten Bewußtsein.

6. KAPITEL

DAS NEUE ZEITALTER UND DAS RATIONALE DENKEN

Die physische Existenz ist ebenso bedeutungsvoll wie die spirituelle.

Wenn wir Gott in uns finden wollen, müssen wir von seiner Existenz überzeugt sein. Die Komplexität der schwierigen Frage, ob und wo Gott existiert, wird uns besonders deutlich in den Unterschieden zwischen den östlichen und den westlichen Auffassungen von der Bedeutung des Bewußtseins. Im Osten wendet sich der Suchende nach innen, im Westen nach außen. Der östliche Weise glaubt, Gott ließe sich im Inneren des Menschen finden und sei ein integrierender Bestandteil der menschlichen Existenz. Die westlichen Religionen sagen, Gott sei vom Menschen getrennt und existiere nur als ein höheres Wesen. Die Existenz der Gottheit müsse deshalb als Glaubensinhalt angenommen werden.

Aber in letzter Zeit ist etwas ganz Erstaunliches und Wunderbares geschehen. Die Wissenschaft, die traditionell die Auffassung vertreten mußte: »Kein Beweis, also auch kein Gott« (und niemand ist so engstirnig wie der durchschnittliche Wissenschaftler), befindet sich heute in einer recht delikaten Lage, denn sie muß zugeben, daß es in der Tat etwas *gibt*, das man weder als Energie noch als Materie bezeichnen kann. Es ist aber *etwas*, dessen Existenz wir beweisen, das wir jedoch nicht messen, wiegen oder sehen können – denn wenn wir versuchen, *es* zu beobachten, verändert es sich. Selbst wenn wir nur daran denken, verändert es sich! Und diese Nicht-Energie, Nicht-Materie, dieses nicht greifbare Etwas ist der Stoff, aus dem das Universum besteht. Denn niemand hat bisher ergründen können, wie dieses sich stets verändernde »Etwas« die Intelligenz entwickelt hat, um aus sich einen Planeten oder ein Lebewesen entstehen zu lassen.

Das östliche Denksystem führt den Menschen auf der Suche nach dem Sinn des Lebens nach innen. Dieses Denken vollzieht sich in der rechten Gehirnhälfte. Es ist intuitiv, offen und fähig, mit widersprüchlichen Vorstellungen fertig zu werden, ohne sich dadurch verwirren zu lassen. Das traditionelle westliche Denksystem dagegen wird eher von der linken Gehirnhälfte bestimmt. Im Westen denkt man linear, logisch und rational.

Das Denken des New Age ist ein Versuch, eine Harmonie zwischen beiden Systemen herzustellen; über das lineare, rationale Denken hinauszugehen und durch die Tiefe der Dimension des Intuitiven zu ergänzen. Ich habe festgestellt, daß sich mein inneres Universum in der Meditation und Stille des Nachinnengehens öffnet, so daß mir meine bisherigen Vorstellungen von der Zeit, von Leben und Tod und von Gott als sehr beschränkt erscheinen. Das ist eine befreiende und erregende Erfahrung.

Auch die wissenschaftlichen Bücher, die ich gelesen habe, berichten davon, daß die subatomare Quantenphysik den modernen Wissenschaftlern eine ganz neue Welt eröffnet hat. Das großartige Buch *Beyond the Quantum* von Michael Talbot ist eine besonders klare und faszinierende Darstellung der komplexen Theorien und Experimente einer Anzahl von Wissenschaftlern des New Age. Einige Schlußfolgerungen dieser Wissenschaftler haben zu Spekulationen über die »Realität« der Wirklichkeit und (zumindest unter den Wissenschaftlern) zu äußerst kontroversen Auffassungen über Zusammenhänge geführt, die eigentlich in das Gebiet der Mystik gehören. Wissenschaft und Spiritualität scheinen sich hier zu treffen. So hat Alain Aspect mit seinem 1982 durchgeführten Experiment zum Beispiel bewiesen, daß wenigstens eine von zwei Schlußfolgerungen zutreffend sein muß: Entweder existiert die Realität, wie wir sie definieren, nicht – d.h. wir erzeugen das, was wir für die Realität halten, selbst –, oder es existiert eine geistige Verbindung mit der Vergangenheit *und mit unserer Zukunft*.

Der Biochemiker Rupert Sheldrake postuliert ein für die einzelnen Spezies geltendes »morphogenetisches Feld«: ein Informationsnetz, über welches die Weitergabe von Informationen innerhalb der Spezies erfolgt. Er nennt diese Informationsübermittlung

»morphologische Resonanz«. Seine Theorie wird durch Experimente im Rahmen einer 34 Jahre dauernden Studie von William McDowgall unterstützt, in der Ratten aus ganz unterschiedlichen, weit voneinander getrennten genetischen Linien neue und nützliche Gewohnheiten lernten, die zunächst nur von einer Gruppe praktiziert wurden. Das heiß, in diesem Fall ist das Wort »lernen« nicht ganz zutreffend, denn die Information wird augenscheinlich allgemein zugänglich, sobald eine bestimmte Anzahl von Ratten sie aufgenommen hat. Mit anderen Worten: Die Information muß in das morphogenetische Feld der Ratten eingedrungen sein.

Ich verweise auch auf den »100-Affen-Effekt«. Hier handelt es sich nicht um ein »kontrolliertes« Experiment, sondern über ein Ereignis, das in den fünfziger Jahren auf der Insel Koshima beobachtet wurde. Forscher, die an der dortigen Affenpopulation Untersuchungen vornahmen, ließen am Strand Süßkartoffeln liegen. Diese Affenspezies war bis dahin noch niemals mit Süßkartoffeln in Berührung gekommen. Sie verzehrten die Süßkartoffeln mit offensichtlichem Genuß; nur der an ihrer Oberfläche haftende Sand störte sie. Nun kam eine Äffin auf die geniale Idee, die Süßkartoffeln im Meerwasser zu waschen. Zunächst folgten wenige andere Affen, die sie dabei beobachtet hatten, ihrem Beispiel. Im Lauf der Zeit wurden es immer mehr. Aber plötzlich stürzte sich die ganze Gruppe auf die Süßkartoffeln, und alle fingen an, sie zu waschen. Andere Forscher, die auf weit entfernten Inseln die gleiche Affenspezies beobachteten, berichteten, daß auch »ihre« Affen um die gleiche Zeit plötzlich anfingen, ihr Futter zu waschen!

Daraus läßt sich der Schluß ziehen, daß eine Information, die von einer bestimmten Zahl von Angehörigen einer Spezies aufgenommen wird, wie eine Initialzündung wirkt. Von nun an verfügt die ganze Spezies über diese Information. Das neue Wissen hat über die morphologische Resonanz ihr morphologisches Feld erreicht. Da die Angehörigen der Spezies über einen weiten geographischen Raum verteilt leben können, aber ihre Nachkommen überall mit dieser Information geboren werden, spricht Sheldrake, wenn er über das morphologische Feld berichtet, von einem subatomaren Informationsnetz, das Zeit und Raum überspannt. Außerdem könnte das morphologische Feld durchaus mit dem Verhalten subatomarer Partikel in Verbindung stehen, das stets in Form einer auf das *Ganze* gerichteten Bewegung zum Ausdruck kommt. Diese Bewegung finden wir bei allen Formen und Spezies, so auch in den Kristallen... Schließlich könnte das »morphologische Feld« auch für die Fähigkeit undifferenzierter Zellen verantwortlich sein, zu entscheiden, aus welchen Zellen sich eine Hand, ein Kopf oder irgendein anderer Körperteil entwickeln wird. So erklärt sich vielleicht auch die Tatsache, daß aus einer Gruppe von Zellen mit gleichen Erbinformationen, wenn sie in zwei Hälften geteilt wird, Zwillinge entstehen – d.h. zwei »Ganze«.

Erst 1984 hat der mit dem Nobelpreis ausgezeichnete Neurophysiologe Sir John Eccles die Entdeckung des nach seiner Auffassung überzeugenden biochemischen Nachweises für die Existenz der menschlichen Seele bekanntgegeben.

An dieser Stelle sollte ich vielleicht meine Bemerkung über die »engstirnigen Wissenschaftler« zurücknehmen. Sehr viele Wissenschaftler – Männer und Frauen – öffnen sich heute einem neuen Denken. In den vergangenen zehn Jahren haben ungewöhnliche Versuche alte Vorurteile ins Wanken gebracht und der Erforschung und Spekulation neue Gebiete eröffnet. Noch scheut sich die Wissenschaft (trotz der Erkenntnis von Sir John), Worte wie *Gott* und *Seele* zu verwenden, und gebraucht statt dessen weniger beunruhigende Begriffe wie *Information* oder sogar *universelle Informationsbank.* (Allerdings erkennt die Wissenschaft eine Übereinstimmung zwischen diesem Konzept und dem östlichen Informationssystem, den sogenannten »Akashic Records« – den im Äther festgehaltenen Informationen –, nicht an.) Doch immerhin erleben wir heute eine deutliche Annäherung zwischen der Mystik des Ostens, die so vieles intuitiv akzeptiert, und dem westlichen Pragmatismus, der für alles einen wissenschaftlichen Beweis verlangt. Ich glaube, damit ist ein neues Zeitalter angebrochen, in dem die intuitiven Erkenntnisse und das wissenschaftliche Denken des Westens einander begegnen und einen gemeinsamen Weg gehen können. Wir haben schon viel zu lange auf diese Begegnung gewartet. Beide Systeme sind für mich notwendig und wichtig.

Vor diesem Hintergrund kann man sich wesentlich leichter mit dem Gedanken anfreunden, daß es Menschen gibt (zu denen auch ich gehöre), die sich an vergangene Existenzen erinnern können und die hellseherische Gabe besitzen, in die Zukunft zu blicken.

Auf meinen Reisen habe ich festgestellt, daß man im Osten durchaus von der Existenz dieser Fähigkeiten ausgeht, während man solche Vorstellungen hier im Westen als störend empfindet, da sie unser lineares, rationales Denken in Frage stellen. Doch mit der Rationalität allein läßt sich nicht viel ausrichten. Wir *stapeln* Informationen und versuchen, sie unserer Wirklichkeit anzupassen. Das heißt, wir sehen, was wir sehen *wollen* – beeinflußt von dem, was wir bereits *wissen*. Die Frage der Realität wird dann zu einer Frage der Wahrnehmung, der konditionierten Reaktionen und der persönlichen Glaubensvorstellungen.

Wenn sich die Wissenschaft heute um einen neuen Zugang zur Wahrheit bemüht, dann deshalb, weil sie erkannt hat, daß es die verschiedensten Ebenen der Wahrnehmung und Erkenntnis gibt. Die Grundlage der neuen Entdeckungen im subatomaren Bereich in unserem neuen Zeitalter ist die Erkenntnis, daß in der subatomaren Welt – im Urstoff des Universums – alles, aber auch alles, miteinander verbunden ist. Das Universum ist ein gigantisches, multidimensionales Netz von Einflüssen, Informationen, Lichtpartikeln, Energiemustern und elektromagnetischen »Feldern der Realität«. Alles, was dieses Universum ist, alles, was wir sind, und alles, was wir tun, ist mit allem anderen verbunden. Es gibt keine Trennung zwischen den Dingen.

Diese Erkenntnis führt uns zu dem umstrittendsten Gedanken der Philosophie des New Age, zu der Vorstellung, daß Gott in uns ist und deshalb jeder einzelne von uns ein Teil Gottes ist. Da es kein »Getrenntsein« gibt, sind wir alle gottähnlich, und Gott wohnt in jedem von uns. Wir bestehen aus göttlicher Energie, und deshalb können wir alles erschaffen, was wir uns in diesem Leben wünschen, weil unsere Schaffenskraft die Energie Gottes ist – die Energie, aus der das Universum geschaffen wurde.

Die Wissenschaft unternimmt nun den Versuch, bei der Erforschung des Verhaltens subatomarer Partikel festzustellen, ob die Menschheit ihre eigene Realität mit Hilfe irgendeiner Form der universellen Energie erzeugt, die »Information« trägt. Wenn das Leben selbst also ein Erzeugnis dieser Energie ist, was ist es dann letztendlich? Wenn diese Energie bestimmten Gesetzmäßigkeiten gehorcht und ihr Wirken von Harmonie geprägt ist (und die Wissenschaft behauptete, daß dies so ist), wenn sie alles Lebendige durchdringt, worin unterscheidet sie sich dann von dem, was die Philosophie des New Age als *Gott* bezeichnet?

Was ich über die Beziehung zwischen Mystik und Quantenphysik gelesen habe, hat mich außerordentlich fasziniert, denn hier erfuhr ich, daß jedes Organ des menschlichen Körpers ein harmonisches Energiemuster aufweist, das heute wissenschaftlich identifiziert werden kann. Die Organe sind Materie in einem elektromagnetischen Energiefeld, das William Burr als »die Blaupause für das Leben« bezeichnet. In diesem Energiefeld sind die einzelnen Moleküle relativ gesehen weiter voneinander entfernt als die Planeten in dem von uns wahrzunehmenden Universum. Der Mikrokosmos hat daher noch gewaltigere Ausmaße als der Makrokosmos. Darüber hinaus ist nach den Erkenntnissen der Wissenschaft die Festigkeit der Materie eine Illusion. Die Vorstellung, daß unsere physische Welt aus festen Körpern besteht, ist falsch. Es handelt sich vielmehr um eine Molekularstruktur aus subatomaren Partikeln, die aus festen Körpern zu bestehen *scheint*. Ist das nun Naturwissenschaft oder Mystik?

Die Wissenschaft behauptet, daß alles, was wir wahrnehmen, sich aus drei Grundkomponenten zusammensetzt: aus Zeit, Raum und Materie. Wenn Übereinstimmung darüber besteht, daß jede dieser Komponenten existiert, haben wir das, was wir als Realität bezeichnen. Die einzige Voraussetzung dafür, daß etwas als Wirklichkeit existiert, ist deshalb die Übereinstimmung im Hinblick auf die Existenz dessen, was wir wahrnehmen. Im Sinne der Wissenschaft wird die physische Dimension daher nur durch das Bewußtsein unserer Absichten zur Wirklichkeit. Die Wirklichkeit ist damit nur eine Absicht, die zu einer Illusion des Bewußtseins geworden ist.

Die Moleküle, welche die Illusion der physischen Wirklichkeit erzeugen, werden durch elektromagnetische Energiefelder erzeugt. Wenn wir mittels unserer »bewußten Absicht« die Frequenz dieser elektromagnetischen Felder verändern, fordern wir die Wirklichkeit heraus (oder verändern sie). Beispiele dafür liefern uns die Yogis, die ihren Herzschlag zum Stillstand bringen (d.h. vermittels ihres zielgerichteten Bewußtseins), über glühende Kohlen gehen oder schweben, indem sie die Polarität des Körpers in seinem Verhältnis zur Schwerkraft umkehren.

So ist jeder von uns ein lebendiges, wanderndes Energiefeld. Unser Energiefeld bestimmt die Molekularstruktur dessen, was wir in uns und außerhalb unserer selbst als physische Wirklichkeit wahrnehmen.

Eine der erstaunlichsten und schönsten Wahrheiten hinsichtlich der subatomaren Welten ist die Tatsache, daß sie das Bestreben haben, eine bestimmte Ordnung herzustellen. Jeder von uns besteht aus Frequenzen, die harmonisch miteinander vereinbar sein *müssen* und deren natürliches Bestreben es ist, sich harmonisch miteinander zu vereinigen. Diese Harmonie, diese natürliche Ordnung wird behindert und verzerrt durch Furcht, Zorn, Haß usw. Und genau hier entsteht die Diskrepanz zwischen dem, was wir zu sein glauben, und der subatomaren Welt, aus der wir uns geschaffen haben.

Die bewußte Wahrnehmung dieser in uns wirkenden Dynamik kann uns dabei helfen, unsere Frequenzen ins Gleichgewicht zu bringen. Wenn das geschieht, erweitert sich die »Wirklichkeit« über den Bereich unserer gewohnten Wahrnehmung hinaus – die Form der Wirklichkeit nimmt eine Dimension an, die wir normalerweise nicht wahrnehmen.

Spirituell hochentwickelte und disziplinierte Menschen, die sich ihrer selbst vollkommen bewußt sind, können Antikörper erzeugen, die Krankheiten heilen. Das ist allerdings ein Widerspruch in sich, weil solche Menschen nur sehr selten krank werden, denn Kranksein bedeutet eine Störung des inneren Gleichgewichts. Diese Menschen besitzen jedoch das vollkommene innere Gleichgewicht. Erst wenn ihre spirituelle Wahrnehmung gestört ist, können sie mehr oder weniger ernst krank werden. Wie ich aus Erfahrung weiß, beginnt jede körperliche Krankheit mit einer Blockierung der spirituellen Energie. Alle meine physischen Probleme nehmen ihren Anfang in meinem *Bewußtsein*. Wenn ich mich in die Stille zurückziehe, um zu meditieren, wenn ich nach innen gehe und mein Höheres Selbst »frage«, weshalb sich bei mir irgendein physisches Problem manifestiert, bekomme ich gewöhnlich eine Antwort, die mich immer auf irgendwelche Ängste, auf negative Gefühle oder Minderwertigkeitskomplexe hinweist. Dann versuche ich, die Verbindung mit der spirituellen Harmonie und mit Gott wiederherzustellen. Wenn es mir gelingt, werde ich gesund. Dieser spezifische Aspekt der Philosophie des New Age, die Selbstheilung, stellt eine hohe Entwicklungsstufe dar, die erst erreicht wird, wenn ein großes Stück auf dem Weg zur Selbstverwirklichung zurückgelegt ist.

Voraussetzungen dafür sind Geduld und die uneingeschränkte Konfrontation mit dem eigenen Bewußtsein, die manchmal äußerst schmerzhaft sein kann, weil es dabei um die diffizilste aller menschlichen Empfindungen geht, das Gefühl, sich selbst verzeihen zu können. Ich habe festgestellt, daß ich mir zuerst eingestehen muß, daß ich mich fürchte, zornig bin, von anderen abgelehnt werde oder das Gefühl habe, die Vergebung nicht zu verdienen. Dann erst kann ich mir vergeben, daß ich solche Disharmonien zugelassen habe, und wenn ich mir vergebe, beginnt die Heilung.

Da ich weiß, daß Wissenschaftler *und* Mystiker erklären, die Harmonie sei die natürliche Ordnung im menschlichen Leben, versuche ich mir ständig bewußt zu machen, daß ich das Recht habe, die Widerspiegelung dieser Harmonie als mein göttliches Erbe in mir selbst zu erleben. In einer Welt des Leidens, des Zorns und der Verzweiflung ist das nicht einfach. Ich erlebe aber, daß sich meine physische Realität verändert, wenn ich daran arbeite, in meinem Innern diese Harmonie zu erreichen.

Heute ist es möglich, festzustellen, wie ein Bewußtseinswandel die physische Realität beeinflußt, und diesen Vorgang zu lenken. Ein Mensch, der dazu fähig ist, verändert seine physische Realität, indem er seine eigenen elektromagnetischen Energiefelder verändert. Er tut dies, indem er Gedanken wie Instrumente in einem Orchester einsetzt. Die dadurch entstehenden Denkmuster verändern die physische Realität. So beginnen wir zu erkennen, wie es möglich ist, durch unser Denken und die Vergegenwärtigung einer höheren Bewußtseinsebene die eigene physische Realität zu verändern.

Bestimmte Instrumente machen es jetzt möglich, diese Phänomene zu quantifizieren und auf diese Weise die biologischen und psychologischen Auswirkungen zu beobachten. Als Folge dieser Beobachtungen müssen wir, wie einige Wissenschaftler heute sagen, das Bewußtsein in unsere wissenschaftlichen Untersuchungen einbeziehen. Das Verhalten dessen, was wir beobachten, wird durch das Bewußtsein des Beobachters unmittelbar verändert. Jeder von uns wirkt notwendigerweise auf jeden und auf alles, was uns umgibt, und auf das, was außerhalb des Bereichs unserer Wahrnehmung liegt. Jede einzelne Zelle in unserem Körper reagiert in jedem Augenblick auf elektromagnetische Informationen aus dem Universum. *Wir und alles, was existiert, sind unauflöslich miteinander verbunden.* Diese Erkenntnis ist für mich von ganz entscheidender Bedeutung, besonders in gesellschaftspolitischem Sinn. Wenn unsere Körper, die aus Schwingungsenergie bestehen, auf solche »Informationen« oder auf das »Feld« der gesamten subatomaren Welt reagieren und jedes einzelne Schwingungsmuster nach Harmonie strebt, dann werden wir, wenn wir mit dieser Harmonie in Berührung kommen, friedlicher sein. Plötzlich konnte ich begreifen, weshalb das spirituelle Bewußtsein auch für die Politik und die Gesellschaft als Ganzes eine Bedeutung hat. Je deutlicher wir uns unserer eigenen elektromagnetischen Felder bewußt werden, desto stärker und vollkommener muß die Harmonie innerhalb unserer selbst in den Beziehungen zu der übrigen Welt in dem harmonischen Universum werden. Je weiter wir uns jedoch von diesem Bewußtsein entfernen, desto chaotischer wird sich unser Leben gestalten. Wir unterscheiden uns voneinander, weil jeder von uns über einen anderen Erfahrungsschatz verfügt. Aber wir können uns dieses persönlichen Erfahrungsschatzes deutlicher bewußt werden, wenn wir bestimmte Atem- und Meditationstechniken anwenden und entsprechende Übungen der Visualisierung praktizieren. Bei diesen in der Stille geübten Praktiken wird uns nicht nur der Zugang zum eigenen Informations- und Erfahrungsschatz erleichtert; wir werden dadurch auch in die Lage versetzt, die Erfahrungen anderer zu begreifen und zu teilen. Dies macht es sehr viel einfacher, die Unterschiede der Realität, die jeder von uns wahrnimmt, zu berücksichtigen und zu begreifen. So wird es uns sehr viel leichter fallen, mit denen friedlich zusammenzuleben, die eine andere Realität wahrnehmen als wir. Daher wurden »spirituelle Technologie« und »Seelenphysik« für mich zu wichtigen Faktoren in der politischen und gesellschaftlichen Praxis.

Die Wissenschaft geht heute davon aus, daß das DNS-Molekül die Funktion einer Antenne und daß jede Codierung ihre eigene elektromagnetische Wellenlänge hat. Man glaubt, daß der DNA-Code die Erinnerung an die Erfahrungen des kollektiven Unbewußten enthält und daß wir die physische Dimension mit Hilfe der DNA-Codes erzeugen. Wenn das tatsächlich wahr ist, kann ich verstehen, warum es möglich ist, sich an vergangene Leben zu erinnern. Während die östlichen Denksysteme nach innen gegangen sind, um die Quellen menschlicher Wahrheit aufzuspüren, haben die westlichen Denksysteme das Rätsel unseres Ursprungs mit Hilfe der technologisch orientierten Wissenschaften zu lösen versucht. *Beide Systeme sind gültig.* Die Wissenschaft stellt Hypothesen auf, macht ihre Beobachtungen und führt dann Experimente durch, um die Richtigkeit der Hypothesen zu beweisen oder sie zu widerlegen. Wenn das Resultat befriedigend ist, wird es zur wissenschaftlichen Tatsache. Nach östlicher Auffassung würde man sagen, der Wissenschaftler erzeuge selbst, was er beobachtet, und das Ergebnis entspreche deshalb seinen eigenen Wünschen und Vorstellungen. Der westliche Wissenschaftler wird heute zugeben müssen, daß die elektromagnetischen Schwingungen seiner Gedanken ein Energiefeld erzeugen, welches den Vorgang, den er beobachtet, unmittelbar beeinflußt.

Jeder, der um die Wahrheit ringt, geht seinen eigenen Weg. Doch Wissenschaftler und Mystiker verfolgen dasselbe Ziel; beide sind auf der Suche nach dem Schöpfer des großen Entwurfs, dessen Teil wir sind und zu dem jeder von uns seinen Teil beiträgt. Der Einfachheit halber bezeichnen manche diesen großen Entwurf als Gott.

Wenn ich mein Bewußtsein verändere, um mich mit diesem Schöpfergott zu vereinigen, verändere ich auch meine äußere Wirklichkeit. Und ich stelle fest, je harmonischer ich in meinem spirituellen Bewußtsein bin, desto toleranter kann ich gegenüber anderen sein, desto tieferen Frieden finde ich in mir selbst, und desto mehr wächst in mir die Fähigkeit, die natürlichen Impulse der Integration und Harmonie in der gesamten Schöpfung zu spüren. Wenn ich mit meiner spirituellen Natur nicht im Einklang bin, dann will mir nichts mehr gelingen, und außerdem bin ich unglücklich und frustriert.

Nachdem ich begriffen hatte, was es wirklich bedeutet, von der *göttlichen Energie in mir* zu sprechen, hielt ich es nicht mehr für eine Blasphemie oder – wie manche meiner Freunde – für lächerlich und anmaßend. Bis dahin hatten meine begrenzte Bildung und mein enger Horizont mich daran gehindert zu begreifen, daß ich nun die reale Möglichkeit hatte, mein Leben harmonischer und friedlicher zu gestalten. Damit will ich nicht sagen, daß ich mich jetzt immer harmonisch und friedlich fühle – von einem solchen Zustand bin ich noch weit entfernt. Wenn ich wirklich aus dem Gleichgewicht komme, suche ich die Stille. Man muß in die Stille gehen, um die Wahrheit des göttlichen Selbst in sich wahrzunehmen. Es würde uns helfen, die Geheimnisse der Mystik *und* der Technik zu entschleiern, wenn wir uns die Zeit nähmen, in die

Stille zu gehen, um dann den Zugang zu der ewigen göttlichen Energie in uns zu finden.

Dies ist kein »Kult des Selbst«; es hat auch nichts mit Selbstsucht oder Größenwahn zu tun. Für mich ist dieser Weg lebensnotwendig, eine Voraussetzung für meine Weiterentwicklung. Nur so kann ich alle meine Gaben und Möglichkeiten nutzen, kann innerlich wachsen und menschlicher reagieren. Nur so können wir deutlicher erkennen, welchen Zielen wir zustreben, und unserem Denken und Handeln eine klare Richtung geben. Damit wird unser Leben reicher und unsere Arbeit sinnvoller. Je friedlicher und glücklicher wir als Individuen sind, desto bessere Ergebnisse wird unsere Arbeit bringen. Zorn, Chaos und der Verlust des Kontakts mit dem eigenen Selbst behindern jede Arbeit: In allem, was wir tun, spiegeln sich dann dieser Gemütszustand und diese negative Haltung.

Die Grundlage dieses Bestrebens ist die Überzeugung, daß in einem jeden von uns ein göttlicher Funke lebt. Wir können nur dann verständnisvoll mit anderen umgehen, wenn wir Verständnis für uns selbst haben. Um ein solches Verständnis aufzubringen, müssen wir uns selbst lieben. Wenn Gott die Liebe ist und in einem jeden von uns wohnt, dann müssen wir erkennen, daß Glück und friedliches Zusammenleben mit anderen von unserem Bemühen abhängen, das Göttliche in uns zum Ausdruck zu bringen und damit das harmonische Zusammenleben aller Menschen auf dieser Welt zu fördern. Dies ist das Grundprinzip der Philosophie des New Age.

7. KAPITEL

AUSDRUCKSFORMEN GÖTTLICHER ENERGIE

Der Mensch hat keine Seele, er ist *eine Seele*
und hat einen Körper mit bestimmten Funktionen,
Bedürfnissen und Gefühlen.
Wir haben einen Körper, um Erfahrungen zu machen.
Diese Erfahrungen dienen unserer Seele.

In meinem Bemühen um spirituelle Erkenntnisse habe ich eine Methode kennengelernt, mit deren Hilfe es möglich ist, bestimmte in uns schlummernde Energien zu wecken. Diese Erfahrungen haben meine Vorstellungen von dem, was *innere Harmonie* bedeutet, wesentlich erweitert. Schon vor Jahrtausenden haben die Menschen die Überzeugung gewonnen, daß der physische Körper nur die Widerspiegelung einer Reihe von subtilen Energiekörpern in seinem Innern ist und daß diese subtilen Energiekörper die Schwingungen der göttlichen Energiequelle reflektieren. In diesen Schwingungen manifestiert sich die gewaltige Energie, die uns zur Verfügung steht, wenn wir gelernt haben, mit ihr in Verbindung zu treten.

Die Ägypter, die Chinesen, die Griechen, die nordamerikanischen Indianer, die afrikanischen Stämme, die Inkas, die frühen Christen, die Hindus und die Buddhisten und auch die heutigen Metaphysiker und Mystiker überall auf der Welt vertreten etwa die gleiche Auffassung, daß nämlich der Körper nur die physische Manifestation von Energien ist, die gemeinsam ein Ganzes erzeugen, das jenseits dessen liegt, was man mit dem Auge wahrnehmen kann, und daß diese Daseinsebenen, diese Energien, dieses Ganze das Wesen Gottes und des Universums reflektieren.

Die Wechselbeziehungen zwischen dem Menschen und Gott sind seit jeher Gegenstand des menschlichen Erkenntnisdranges gewesen. Nach den Vorstellungen der uralten Weisheitsschulen manifestieren sich diese Wechselbeziehungen in den esoterischen Energiesystemen, die sich in sieben Zentren des menschlichen Körpers befinden. Man bezeichnet diese Zentren als *Chakras*. Das Sanskritwort Chakra bedeutet »Rad der Energie«.

Ebenso wie es sieben Bewußtseinsstufen, sieben Lebensalter, sieben Farben im Spektrum des Regenbogens und sieben Noten in der westlichen Tonleiter gibt, so gibt es im menschlichen Körper sieben Chakras. Wir können die Seele nicht sehen und die Aura der menschlichen Energie nicht messen. Das gleiche gilt für diese Energiezentren. Aber wir wissen, daß sie existieren.

Analog zu der *grobstofflichen* Anatomie des menschlichen Körpers – seinen Gliedern und Organen – bilden die Chakras die *feinstoffliche* Anatomie des Menschen. Das Feinstoffliche und das Grobstoffliche sind unmittelbar miteinander verbunden. Es gibt sieben endokrine Drüsen, die den sieben Chakras entsprechen. Deshalb reflektieren unsere Körper (als Werkzeuge, mit denen wir uns zum Ausdruck bringen) das Gleichgewicht oder das Ungleichgewicht unserer feinstofflichen und grobstofflichen Anatomie. Im Verlauf des Lernprozesses, den ich durchmachen mußte, habe ich immer wieder erfahren, daß die Disharmonie oder der Mißbrauch des Spirituellen sich im Physischen manifestiert – und nicht umgekehrt! Das Physische (das Grobstoffliche) ist eine Widerspiegelung des Spirituellen (des Feinstofflichen).

In den westlichen Denksystemen, denen es darauf ankommt, ihre Hypothesen »rational« zu beweisen, und die es gewohnt sind, den Fortschritt nur an der technischen Entwicklung zu messen, ist das Wissen um die aus feinstofflicher Energie bestehenden Räder der Chakras verlorengegangen. Ich weiß nicht einmal, ob wir uns der Existenz der Chakras jemals bewußt gewesen sind. Die alten östlichen Weisen dagegen sind sich dieser spirituellen Gegebenheiten immer bewußt gewesen. Es ist erfreulich, daß dieses Wissen und dieses Verständnis neuerdings auch im Westen Anerkennung finden. Im folgenden will ich zusammenfassen, was ich auf meinen Reisen durch Indien, den Fernen Osten und den Himalaya darüber gelernt habe.

Nach der Lehre der Meister erzeugt die Seele den Körper, um sich – in Übereinstimmung mit den auf der Erde geltenden Gesetzen – in dieser physischen Dimension ein »Haus« zu schaffen. Der physische Körper gibt der Seele damit die Gelegenheit, sich in den

Dimensionen von Raum und Zeit auszuwirken. Die Chakras beherrschen die physische Realität, weil die sieben Bewußtseinszentren der menschlichen Persönlichkeit die Möglichkeit geben, sich ihrer selbst bewußt zu werden. Die Chakras sind deshalb sowohl kommunikative als auch kontrollierende Bindeglieder, welche die Seele die Persönlichkeit und den Körper miteinander verbinden – wobei Persönlichkeit und Körper durch die Seele geschaffen wurden, damit sie sich durch sie zum Ausdruck bringen kann.

Da diese menschliche Persönlichkeit das Medium ist, durch das wir miteinander kommunizieren, ist das Bewußtwerden der Chakras und der verschiedenen Energien, die durch sie wirken, wesentlich für das Verständnis der Aufgabe des Menschen in der physischen Welt.

Mir hat es sehr geholfen, meinen Körper als Musikinstrument anzusehen, mit dem ich sieben verschiedene Töne, sieben Schwingungsfrequenzen und ein Spektrum von sieben Farben hervorbringen kann. Wenn ich die ganze Zeit nur eine Note spielen und mich auf nur eine Farbe konzentrieren würde, dann wäre die Musik dieses Instruments monoton und langweilig. Wer jedoch lernt, alle Noten, Farben und Schwingungen zur Wirkung zu bringen, erzeugt ein harmonisches Kunstwerk. So habe ich gelernt, mit meinem Musikinstrument zu arbeiten und mir selbst eine harmonische Musik vorzuspielen.

Die sieben Chakras oder Energiezentren müssen nicht erst geöffnet werden. Sie sind immer offen, sie kreisen ständig und befinden sich dabei in vollkommener Harmonie. Es ist unser Bewußtsein, das sich nicht öffnen und ihre harmonische Bedeutung und Existenz nicht anerkennen will. Deshalb geht es nicht darum, die Chakras zu öffnen; wir müssen unser Bewußtsein öffnen, damit es die Chakras wahrnehmen kann. Daher sind die ersten Stufen der Meditation so wichtig.

Unsere Persönlichkeit wird geprägt durch das, was das Bewußtsein durch die »Sprache« der Chakras in sich aufnimmt, und wir sind in dem Maße arm oder reich, offen oder verschlossen, in dem wir diese Botschaft wahrnehmen oder nicht wahrnehmen. Je mehr wir uns mit den spirituellen Dimensionen unseres Wesens beschäftigen, je bewußter wir uns der Chakras werden, desto harmonischer und konzentrierter können wir unsere menschliche Natur zum Ausdruck bringen. Wenn wir unser Bewußtsein mit den spirituellen Energien der Chakras in Einklang bringen, beginnt sich unser Geist zu erweitern und nimmt seinen eigenen höheren Bewußtseinszustand wahr. So sind es also die Chakras, mit deren Hilfe wir Geist, Körper und Seele zu einer Einheit werden lassen.

Unsere Naturwissenschaft sucht die menschliche Persönlichkeit durch biologische und physiologische Daten zu bestimmen. Wenn wir uns jedoch mit den Chakras in Einklang bringen, öffnen wir uns den Zugang zu den Erfahrungen der Seele. Damit erlauben wir unserer Persönlichkeit, die Aspekte zu manifestieren – sichtbar zu machen –, die ihre Einzigartigkeit ausmachen. Die menschliche Persönlichkeit wird dann zu einem Ausdruck der Seele; der Körper ist nur noch das Gefäß oder der Tempel, in dem die Seele sich verkörpert und zum Ausdruck bringt.

Da die Chakras aus Seelenenergie entstanden sind, gelangen wir, wenn wir in Einklang mit ihnen leben, auch in eine harmonische Beziehung zu unseren Energiezentren. Jedesmal, wenn wir uns in die physische Dimension begeben, um dort zu lernen und Erfahrungen zu machen, gestalten diese Energiezentren unseren Charakter und unsere natürlichen Anlagen. Je harmonischer wir uns mit den einzigartigen Energien in unserem Körper im Einklang befinden, desto besser wird es uns gelingen, unser Bewußtsein der höheren Quelle zu öffnen, mit der unser Körper verbunden ist und deren Teil wir sind.

Je enger die Verbindung zu jenen höheren Quellen ist, desto umfassender werden unsere Wirkungsmöglichkeiten als menschliche Wesen. Carl G. Jung hat gesagt, die Chakras seien die Tore zum Bewußtsein im Menschen, durch welche die Energien aus dem Kosmos, der geistigen Welt und der Seele des Menschen in seinen Körper und Geist einfließen. Gleichzeitig befänden sich die Chakras zu jeder Zeit in Einklang mit der göttlichen Energie, weil sie von der Seele geschaffen wurden.

Die alten Meister lehren, daß eine gute körperliche Verfassung davon abhängt, ob diese sieben ätherischen Energiezentren in der richtigen Weise funktionieren und wir uns mit ihnen im Einklang befinden. Nach dieser Auffassung manifestiert sich die Vereinigung von Geist und Materie als Bewußtsein auf der physischen Ebene, und die sieben Chakras bestimmen, wie unser Bewußtsein im Körper unserer physischen Hülle erfahren wird. Wie also müssen wir unser Bewußtsein den Energien der Chakras öffnen?

Um zu verstehen, was es bedeutet, sich auf die Chakras einzustellen, müssen wir wissen, welches Gebiet des physischen Bewußtseins jedes einzelne Chakra repräsentiert.

Für mich lassen sich die sieben Chakras am besten durch die Verwendung der Schlüsselbegriffe identifizieren, welche die emotionale Ebene repräsentieren, innerhalb deren jedes Chakra wirkt. Dann wird klar, welche Drüsenfunktion in unserem Körper von jedem einzelnen Chakra beeinflußt wird.

Das erste Chakra, auch bekannt als Grund- oder Wurzelchakra, befindet sich am unteren Ende des Rückgrats und vermittelt uns das Verständnis der physischen Dimension. Es ist das Chakra, das uns mit der Erde verbindet und uns die Gewißheit gibt, mit beiden Füßen auf dem Boden zu stehen. Es ist die Instanz des Realitätssinns in uns und deshalb als das »Überlebenschakra« verantwortlich für unser inneres Gleichgewicht und für die Entscheidung, zu fliehen oder zu kämpfen. Deshalb ist es auch das Chakra, das die Funktion der Nebennieren regelt, die das Adrenalin erzeugen. Schließlich regelt es auch die Funktionen der Nieren und des Rükkenmarks. Seine esoterische Astralfarbe ist rot.

Die hinduistischen Seher aus der Zeit der Veden behaupten, daß das unterste Chakra auch die Energie des menschlichen Willens dirigiert und das Gleichgewicht der ganzen menschlichen Persönlichkeit stützt. Es ist der Sitz der Unsicherheit, wo Überlebenswille, Besitzstreben und Materialismus liegen. Man nennt es das Überlebenschakra, weil wir in diesem Energiezentrum Furcht oder Zorn fühlen, wenn wir bedroht werden.

Diese negativen Aspekte des Überlebenswillens weisen auf eine interessante Fehlentwicklung hin. Weil sich das unterste Chakra auf die Erde stützt, ist sein wesentlicher Aspekt die Sicherheit. Aber die menschliche Persönlichkeit, konditioniert durch den Vorgang der Evolution, hat gelernt, auf das Gefühl der Bedrohung mit Alarmsignalen zu reagieren: Die Nebennieren beginnen, Adrenalin zu produzieren.

Die Verhaltensforscher haben die interessante Entdeckung gemacht, daß Tiere, die in einer Umwelt leben, in der es keine Menschen gibt, den Menschen nicht als Bedrohung empfinden. Noch jetzt kann man beobachten, daß Tiere in der Wildnis sich nur dann von Raubtieren bedroht fühlen, wenn diese sie jagen. In der übrigen Zeit leben sie friedlich nebeneinander und wahren dabei nur einen gewissen Abstand.

Könnte man sich vorstellen, daß sich die Beziehung des untersten Chakras zu der Adrenalin erzeugenden Nebenniere erst entwickelt hat, als die Menschen anfingen zu jagen und Fleisch zu essen und es auf diese Weise zu einer Fehlentwicklung kam? Ich frage mich, wie lange es her ist, daß die Menschen anfingen, sich voreinander zu fürchten. Es wäre interessant, dieser Frage nachzugehen, wenn wir uns mit den Funktionen der Chakras besser vertraut gemacht haben. Vielleicht werden sich dann die Hintergründe bestimmter Urängste erklären lassen, die jeder von uns empfindet.

Ich habe mich zunächst auf das erste, das rote Chakra konzentriert, auf welches sich das ganze menschliche Chakra-System stützt. Seither habe ich allerdings auch gelernt, wo die anderen sechs Chakras liegen und welche Bedeutung sie haben.

Das zweite Chakra ist das Sexual-Chakra, das Chakra der Kreativität in den Geschlechtsorganen (dem Eierstock bei der Frau und den Hoden beim Mann). Seine Astralfarbe ist orange, und es beeinflußt die Kreativität des Menschen auf dem Gebiet der Sexualität und Zeugung.

Das dritte Chakra hat seinen Sitz in der Höhe des Solarplexus. Seine Wirkung manifestiert sich in den Drüsenfunktionen der

Bauchspeicheldrüse, und es beeinflußt die Funktionen der Leber, des Magens, der Galle, der Milz und gewisse Aspekte des Nervensystems. Dieses Chakra ist für die Harmonie des Gefühlslebens und der Willensanstrengungen des Menschen verantwortlich. Seine Astralfarbe ist gelb.

Wer die Farben der Chakras sehen kann, wird beobachten, daß die meisten Menschen, die starke emotionale Beziehungen zu Kindern und anderen ihnen nahestehenden Menschen haben, die gelbe Farbe in starken Strömen aus ihrem dritten Chakra ausfließen lassen. Sie kommt aus dem Zentrum des Chakra, und dieser Vorgang bedeutet einen Energieverlust für die Person, die sich um die geliebten Menschen sorgt, sie beherrschen will und ihr Leben zu beeinflussen versucht. Das soll nicht heißen, daß man sich etwa nicht um seine Kinder sorgen sollte. Doch dabei sollte das Wohlergehen der Kinder im Vordergrund stehen, nicht aber das Bestreben, die Menschen, die man liebt, zu beherrschen.

Dieses dritte Chakra schafft uns allen mehr Probleme als die anderen Energiezentren, denn es ist vor allem der »Sitz des Gefühlslebens«. Die Folge emotionaler Disharmonien sind Magengeschwüre, Verdauungsprobleme und Erkrankungen der Leber und der Bauchspeicheldrüse. Die Polarität der positiven und negativen Energien befindet sich im Chakra des Solarplexus, das, wenn diese Kräfte ausgewogen sind, zwei Pole besitzt. In diesem Zustand herrscht Harmonie zwischen dem positiven (männlich-Yang) und dem negativen (weiblich-Yin) Aspekt. Wer die Arme über dem Solarplexus kreuzt, blockiert die Energie dieser potentiellen Harmonie durch eine defensive Haltung; er versucht mit dieser Geste, seine Gefühle gegenüber der Außenwelt zu schützen.

Wenn wir von Emotionen überwältigt werden, reagieren wir manchmal fast automatisch und fangen an zu weinen. Wenn die Tränen aufsteigen und wir sie fließen lassen, dann beginnen wir oft zu schluchzen. Das Schluchzen bewirkt eine mehr oder weniger sanfte Massage des Solarplexus. Tiefe und schwere Seufzer liebkosen den Solarplexus, der sich dann entspannen kann und die aufgestauten Emotionen abklingen läßt, was zunächst nicht möglich gewesen war. Wenn wir uns richtig ausweinen können, ermöglichen wir dem dritten, dem gelben Chakra am Solarplexus, sein Gleichgewicht wiederherzustellen und sich von der emotionalen Überbelastung zu befreien.

Wenn das Schluchzen nicht ausreicht, um diese Wirkung hervorzurufen, kann es dazu kommen, daß man sich übergibt. Beim Erbrechen wird das Zwerchfell aktiviert. Das Zwerchfell ist ein nach oben gewölbter Muskel und trennt die unteren drei von den oberen vier Chakras. Beim Erbrechen spuckt man gewissermaßen das aus, was die emotionale Überbelastung verursacht hat. Deshalb fühlt man sich, nachdem man sich richtig ausgeweint oder sogar erbrochen hat, so leicht und befreit. Dies ist der Abwehrmechanismus des Körpers gegen eine emotionale Überbelastung, mit der er nicht mehr anders fertig werden kann.

Das vierte Chakra bezeichnet man als das Herz-Chakra. Auf physischer Ebene manifestiert es sich in der Thymusdrüse. Das vierte Chakra reguliert die Funktionen des Herzens und des Blutkreislaufs. Es hat einen starken Einfluß auf den Nervus vagus im Gehirn und regelt die Funktionen des Immunsystems und des endokrinen Systems. Die Intensität, in der es wahrgenommen wird – normalerweise ist die Astralfarbe grün –, hängt von dem Entwicklungsstand der Person ab, die diese Form der Meditation praktiziert.

Als ich anfing, mich bei der Meditation auf das Herz-Chakra zu konzentrieren, wurde mir sehr bald bewußt, daß das Schlüsselwort *Annehmen* war – das Annehmen des anderen und das Annehmen der Liebe in einem selbst. Oft sagt man, wenn wir beten, sprächen wir zu Gott. In der Meditation spricht Gott zu uns, und zwar durch den Gott in unserem Inneren, der sich über die kommunikativen Energiezentren an uns wendet. Die Fähigkeit, sich in der Meditation auf alle Chakras zu konzentrieren, führt zu vollkommenem inneren Frieden.

Das Sanskritwort für das Herzzentrum ist *anahata*. Es bedeutet »das ewig Neue, das sich selbst erhält«. Durch das Herz-Chakra verlieben wir uns. Wenn wir uns von einem anderen Menschen angezogen fühlen, kommt es in uns zu einer instinktiven Bewegung vom Herz-Chakra nach unten in das gelbe Chakra des Solarplexus der emotionalen Integration, von dort zum leuchtend orangefarbenen, die Sexualität beherrschenden Chakra, das durch die Liebe motiviert wird, und schließlich zum untersten Chakra, dessen warme, rote Energie uns dazu inspiriert, uns mit dieser Person zu vereinigen und gemeinsam mit ihr »Wurzeln zu schlagen«.

Die Mystiker des Ostens sagen, daß wir uns als Persönlichkeiten mit dem Herz-Chakra identifizieren, das nach ihrer Auffassung der Kern der Seele ist. Die Seele erzeuge das »Ewigkeitshormon«, das uns das Gefühl vermittelt, durch die Liebe ewig jung zu bleiben. Dieses »Ewigkeitshormon« gehe als Energie vom Herzen aus, wenn wir lieben. Dieses von Energie erfüllte Hormon »ernährt« die unteren Chakras, in denen wir Unsicherheit, Furcht und das Bedürfnis zu überleben empfinden.

Ich finde es bemerkenswert, daß wir sagen: »We fall (down) in love.« Für mich drückt sich darin die intuitive Erkenntnis aus, daß die Anziehungskraft der Seelen zunächst im Herz-Chakra erfahren wird und dann durch das Energiezentrum der Emotion (drittes Chakra) und der Sexualität (zweites Chakra) nach unten geleitet wird, um sich in der Erde (erstes Chakra) zu verankern.

Das fünfte Chakra ist das Hals-Chakra. Es wirkt durch die Schilddrüse und reguliert die Funktionen der Lungen, der Stimmbänder, der Bronchien und den Stoffwechsel. Die Astralfarbe dieses Chakras ist blau. Es ist nicht nur das Zentrum von Ausdruck und Kommunikation, sondern auch das Zentrum der Urteilsfähigkeit.

Ich halte es für außerordentlich wichtig, in unserer Zeit mit dem fünften Chakra zu arbeiten, weil das Gleichgewicht der Kräfte in einer freien Demokratie nur hergestellt werden kann, wenn man jedem einzelnen die Möglichkeit gibt, sich als Individuum frei zu entwickeln und zum Ausdruck zu bringen. Wir haben das Bedürfnis, die Wahrheit zu sagen, wie wir sie sehen. Aber wir sollten versuchen, es so zu tun, daß wir niemanden verurteilen oder kränken. Wenn wir nicht vergessen, daß das, was wir in einem anderen sehen, eine Widerspiegelung unserer selbst ist, dann werden wir weniger dazu neigen, andere zu kritisieren.

Wenn wir einen anderen verurteilen, dann sprechen wir in Wirklichkeit über die Aspekte, die uns in uns selbst die größten Schwierigkeiten bereiten. Diese Erfahrung habe ich stets gemacht, wenn ich einen anderen negativ beurteilte und dieses Gefühl in der Meditation überprüfte. Während ich mich auf das fünfte blaue Chakra konzentriere, gewinne ich gewöhnlich ein besseres Verständnis für meine eigene kommunikative Dynamik und kann besser beurteilen, was ich anderen sagen oder nicht sagen darf.

Das sechste Chakra liegt in der Stirnmitte. Es wird oft als das dritte Auge bezeichnet und wirkt durch die Hypophysis. Seine Farbe erscheint meist als Indigo, ein leuchtendes rötliches Blau. Es beeinflußt in erster Linie die unteren Hirnregionen, das Nervensystem, die Ohren, die Nase und das linke Auge, in dem die Persönlichkeit zum Ausdruck kommt. Das sechste Chakra ist das Zentrum unserer Gedanken und Vorstellungen. Es spiegelt die inneren Visionen und bestimmt die Art, wie diese Visionen nach außen zum Ausdruck kommen. Die Mystiker sagen, um Zugang zu dem grenzenlosen Potential des Denkens zu bekommen, müsse man die Hypophysis »streicheln«, indem man sich während der Meditation bildliche Vorstellungen macht. Sie konzentrieren sich auf das dritte Auge und geben sich ganz den visuellen Vorstellungen hin, die sie dabei erleben.

Das siebente Chakra, das Kronen-Chakra, liegt am obersten Punkt des Schädels. Seine Farbe ist violett, manchmal auch weiß. Sein physisches Gegenstück ist die Zirbeldrüse. Das siebente Chakra beeinflußt die Funktionen des oberen Gehirns und des rechten Auges. Innerhalb des Kronen-Chakras befinden sich die Entsprechungen aller anderen Chakras. Dieses Chakra spricht gemeinsam mit anderen Chakras zur Sphäre des unbegrenzten Bewußtseins und zum Bereich des Göttlichen. Man sagt, durch dieses Chakra erreiche man schließlich das Bewußtsein des Einsseins mit Gott.

Die oberen drei Chakras bilden das sogenannte Goldene Dreieck, das als harmonischer Dreiklang die vollkommene kosmische Harmonie in ausgewogener Weise widerspiegelt, die dann in die Nervenbahnen des Körpers fließt. Diese harmonischen kosmischen Energien werden durch das ganze Chakra-System zum Wurzel-Chakra nach unten geleitet, wo diese Harmonie mit dem festen Boden verbunden wird und das Gefühl von Sicherheit erzeugt. Von dort fließt der verstärkte Energiestrom wieder durch das Chakra-System nach oben, bis er das Kronen-Chakra erreicht und der Kreislauf vollendet ist. Damit ist die Energie »eingeschaltet« und kann auf den ganzen Menschen wirken.

Leider wird bei den meisten von uns die Rückkehr der kosmischen Energie durch das Chakra-System nach oben entweder im Sexual-Chakra oder im Solarplexus blockiert, wo wir unsere starken Gefühle der Zu- und Abneigung, der Liebe oder des Besitzstrebens, des Mangels oder der Kraft damit speisen. Das Problem liegt nicht darin, ob wir von dieser kosmischen Energie angefüllt sind oder nicht. *Wir sind es* – aber wir neigen dazu, den Kreislauf der Energie zu unterbrechen und sie nur in dem zweiten oder dritten Chakra wirken zu lassen. Die Konzentration auf die Chakras in der Meditation kann uns helfen, diese Blockierung aufzuheben. Die Ergebnisse sind oft erstaunlich. Wir werden uns noch ausführlicher mit dieser Meditationstechnik beschäftigen.

Das Meditieren mit den Chakras war für mich ungeheuer wichtig, denn in der Arbeit mit diesen Energiezentren konnte ich lernen, wie sich diese Kräfte auf meinen Körper, meine Physis auswirkten. Während ich erkannte, wie die Chakras meinen Körper beeinflußten, erfuhr ich auch einiges darüber, wie sie zur Reifung und Entwicklung des Gefühlslebens beitragen.

Die Lehre über die Energiezentren der Chakras sagt uns auch etwas über die nach Jahren zu messenden Wachstumszyklen. Hier erfuhr ich, daß die Entwicklung des menschlichen Körpers in Beziehung zur Seele in Zyklen von sieben Jahren aufgeteilt ist. In jedem dieser Zyklen werden wir mit den emotionalen Problemen des entsprechenden Chakras konfrontiert.

In den ersten sieben Jahren des menschlichen Lebens geht es um das Überleben und die Entwicklung der Instinkte, die es uns erlauben, uns auf der Erde zurechtzufinden. Man lernt zu krabbeln, zu gehen, zu laufen, zu essen und erlebt die physischen Ausdrucksformen des Umarmens, des Geliebt- und Gestreicheltwerdens usw. Wir entwickeln unseren Gleichgewichtssinn, bis unser Körper fest auf dem Boden dieser Erde steht. Der Erfolg hängt davon ab, wie eindringlich uns diese emotionalen Erfahrungen bewußt werden, die uns bei diesem Lernprozeß begleiten. Das rote »Wurzel«-Chakra lenkt die Umsetzung dieser Vorgänge in das praktische Leben.

Im zweiten Siebenjahreszyklus (vom 8. bis zum 14. Lebensjahr) entwickelt sich die Sexualität, und dabei kommt es zu verschiedenen Krisen. So kann der Mensch das subjektive Bewußtsein, die Kreativität und sein Selbstbewußtsein weiterentwickeln. Sexualität und Identität werden von dem orangefarbenen Sexual-Chakra beherrscht.

Im dritten Siebenjahreszyklus (von der Pubertät bis zum Alter von 21 Jahren) geht es um die Beziehungen zu anderen Menschen, um die Entdeckung der Kraft der eigenen Persönlichkeit und die Ausübung des freien Willens. Alle Probleme der Pubertät werden fühlbar gemacht durch das gelbe Chakra am Solarplexus.

Im vierten Siebenjahreszyklus (im Alter von 22 bis 28 Jahren) entwickelt sich die Beziehung des Menschen zur Liebe – zur Liebe des eigenen Selbst und zur reifen Liebe, die anderen Menschen entgegengebracht wird. Außerdem lernen wir, eine bestimmte Lebenshaltung einzunehmen, Dinge und Ereignisse zu bewerten und Entscheidungen zu treffen. Mit Hilfe des grünen Herz-Chakras entscheidet sich der Mensch während dieser Jahre dafür, wie harmonisch er dieses Leben zubringen will.

Während des fünften Siebenjahreszyklus (im Alter von 29 bis 35 Jahren) stellt der Mensch die Art, in der er sich selbst zum Ausdruck bringt, in Frage oder fühlt sich in dem bestätigt, was er bisher für richtig gehalten hat. Er beschäftigt sich eingehend mit den Folgen seines Verhaltens anderen Menschen gegenüber. Es ist die

Zeit, in der wir uns deutlich bewußt werden, wie wir auf andere wirken und wie wir mit ihnen zusammenleben können.

In der sechsten Siebenjahresperiode (im Alter von 36 bis 42 Jahren) beginnen wir uns ernsthaft danach zu fragen, in welcher Beziehung unsere Spiritualität zu dem Lebensstil steht, den wir entwickelt haben. Das Wissen, das wir erworben haben, beginnt sich in eine Art Weisheit zu verwandeln, und während dieser Jahre beschließen wir, unsere Spiritualität weiterzuentwickeln, oder wir geben uns mit den Folgen unseres Verhaltens zufrieden, mit dem wir diese Entwicklung behindert haben.

In der siebten Siebenjahresperiode (im Alter von 43 bis 49 Jahren) versuchen wir, aktiv zu einem Verständnis Gottes zu kommen. Das heißt, wir bemühen uns darum, unser äußeres und inneres Leben als harmonisches Ganzes mit der Quelle unseres Daseins in Einklang zu bringen. Dieses Bestreben verfolgen wir dann bis zum Ende unseres Lebens.

Auf diesem ganzen Weg können wir an jedem Punkt auf emotionale Hindernisse stoßen und in unserer Entwicklung blockiert werden, und zwar im Hinblick auf jeden Aspekt dieses inneren Wachstums. Wir alle kennen zum Beispiel den infantilen Mann oder die Kindfrau. Dann ist es unsere Aufgabe, uns von dieser Blockierung des Bewußtseins zu befreien, denn damit werden auch alle Hindernisse auf physischer Ebene beseitigt werden. Auch hier spiegeln sich die seelischen Störungen im Zustand des Körpers.

Die Körpersprache, d. h. der physische Ausdruck des inneren Blockiertseins (oder des Fehlens solcher Störungen), ist Gegenstand gründlicher Untersuchungen.

Dr. Anne Marie Bennstrom vom Ashram in Calabasas, Kalifornien, beschäftigt sich seit vielen Jahren mit dem Studium der von ihr so bezeichneten »Körpertypen«. Als Expertin auf dem Gebiet der Körperkultur hat sie Untersuchungen darüber angestellt, wie die Körpersprache die Blockierungen im Bewußtsein von Personen zum Ausdruck bringt, die ihr begegnet sind und die sie schließlich näher kennenlernte. Sie berichtet, sie sei noch nie einem Menschen begegnet, dessen Körper nicht die Inhalte des Bewußtseins zum Ausdruck brachte, das in ihm wohnte.

So ist zum Beispiel ein Mann mit einem gedrungenen, muskulösen Körper vor allem am Überleben interessiert. Materielle Sicherheit und ein gemütliches Zuhause sind für ihn besonders wichtig. Unter Umständen neigt er zur Aggressivität. Ein hochgewachsener Mann hingegen erscheint im allgemeinen als jemand, der weit in die Zukunft blickt.

Die Energie von Menschen mit nach außen gerichteten Füßen bewegt sich nach außen. Sie lassen sich von außen motivieren, sind ständig in Bewegung, stets bereit zu reisen und nehmen sich oft nicht die Zeit, daran zu denken, was sie hinter sich lassen. Menschen mit nach außen gerichteten Füßen kennen keine Vorsicht und versprechen vieles, ohne darüber nachzudenken, wo sie die Energie hernehmen sollen, es dann wirklich in die Tat umzusetzen.

Im Gegensatz dazu neigen Menschen mit nach innen gerichteten Füßen dazu, ihre Energie zurückzuhalten, und stolpern manchmal über ihre eigenen besten Absichten. Solche Menschen sind oft eigensinnig, abweisend und unnachgiebig.

Anne Marie glaubt, mit dem Aufzeigen dieser Zusammenhänge könne man erreichen, daß Menschen durch eine Veränderung ihrer Körperhaltung auch ihre emotionale Haltung korrigieren. Wenn sie zum Beispiel einen Menschen, der beim Gehen die Fußspitzen nach innen richtet, dazu anhält, die Füße mehr nach außen zu stellen, wird sich bereits die Bemühung, die Fußstellung zu korrigieren, auf das Bewußtsein auswirken, und der Betreffende wird eher bereit sein, sich zu öffnen.

Die Veränderung gewohnheitsmäßiger Körperhaltungen kann also dazu beitragen, daß ein Mensch den »Mittelweg« findet, daß er sich mehr auf sein Zentrum ausrichtet und sein Leben harmonischer verläuft.

Je ausgewogener das männliche und das weibliche Prinzip (Yang und Yin) in uns sind, desto harmonischer werden Haltung und Bewegungen unseres Körpers sein, denn der Körper ist ein Spiegelbild unseres Bewußtseins. Fettpolster sind immer Anzeichen für nicht zum Ausdruck gekommene Emotionen. Je ausgewogener die weiblichen und männlichen Eigenschaften in uns sind, desto weniger werden wir dazu neigen, Fett anzusetzen. Ich meine damit nicht die Bisexualität, sondern das Gefühl der Harmonie zwischen dem männlichen und dem weiblichen Aspekt in uns.

Es gibt eine deutlich erkennbare Verbindung zwischen der Körperlichkeit und dem Bewußtsein des Menschen. Wenn das Bewußtsein sich erweitert und das esoterische und spirituelle Wesen des Menschen wahrnimmt, spiegelt der Körper diese Wahrnehmung wider. Da die Körperlichkeit vom Bewußtsein geprägt wird, sollten wir an die Quelle unserer körperlichen Probleme gehen und nicht nur die Symptome behandeln, obwohl uns eine Behandlung der Symptome in die Lage versetzen kann, an die Quelle heranzukommen.

Obwohl die Medizin immer noch in der Hauptsache traditionelle Methoden anwendet, verstärkt sich das Interesse an der Erforschung der im Bewußtsein liegenden Wurzeln des körperlichen Zustandes mit dem Ziel einer wirksamen Behandlung physischer Leiden. Die Wurzeln des Bewußtseins aber artikulieren sich direkt durch die sieben Chakras, deren Manifestation unsere Physis, der Körper, ist.

An diesem holistischen Ansatz fasziniert mich am meisten die Tatsache, daß er von der Notwendigkeit ausgeht, die im Menschen wirksamen Energien ins Gleichgewicht zu bringen. Den dabei angewendeten Methoden liegt die Erkenntnis zugrunde, daß wir mehr sind als Lebewesen, die nur aus einem physischen Körper bestehen.

8. KAPITEL

CHAKRA-MEDITATIONEN

Der Zweck unseres Daseins ist es, die Liebe zu erlernen.
Im Lauf unserer Entwicklung
lernen wir zu lieben und geliebt zu werden.

Die Meditation mit den Chakras vollzieht sich auf mehreren Ebenen und bringt uns wunderbare Erfahrungen. Zu ihr gehören die Konzentration auf das eigene Innere (der erste Schritt bei jeder Meditation), die Konzentration auf bildliche Vorstellungen und später die Konzentration auf Laute.

Der ganze Vorgang ist so komplex, daß es am einfachsten sein wird, wenn ich meine eigene Praxis bei diesen Phasen der Meditation beschreibe.

Da es mir darauf ankommt, innerlich ausgeglichen zu sein, bevor ich aufstehe und meinen Tag beginne, arbeite ich gewöhnlich schon unmittelbar nach dem Aufwachen mit den Chakras. In diesem Alpha-Zustand des Bewußtseins, in dem man besonders empfänglich dafür ist, was die innere Stimme einem sagt, liege ich im Bett und fange mit dem Grund-Chakra an. Ich stelle mir seine rote Farbe vor und lasse das Rad, dessen Existenz mir bewußt ist, kreisen. (Dabei kommt es nicht darauf an, in welche Richtung es sich dreht. Manche Menschen ziehen es vor, das Chakra pulsieren zu lassen.) Manchmal »sehe« ich die rote Farbe des Energiezentrums, manchmal nicht. In jedem Fall vergegenwärtige ich mir die Tatsache, daß das Chakra existiert, und lasse es in diesem Bewußtsein so lange kreisen, bis ich die durch die Beschleunigung entstehende dunkelrote Wärme im Mittelpunkt des untersten Rückenwirbels spüren kann.

Da dieses Chakra alles beeinflußt, was mit unserem Dasein auf der irdischen Ebene und unserem Verständnis der physischen Dimension zu tun hat, richte ich meine Aufmerksamkeit auf die Lösung der emotionalen Probleme in meinem Leben und versuche, die dabei aufsteigenden Gefühle in Verbindung mit dem roten

Licht zu bringen, während ich weiter das Rad kreisen lasse. Da dieses erste Chakra die Reaktionen der Nebenniere beeinflußt, die in Gefahrensituationen das Adrenalin ausstößt und uns veranlaßt, der Gefahr auszuweichen oder zu kämpfen, lasse ich mich durch das Kreisen des Chakras innerlich beruhigen, wenn ich mich vor irgend etwas fürchte.

Eine Blockierung des an der Basis der Wirbelsäule gelegenen Chakras zeigt an, daß der Mensch unter Schamgefühl und einem Minderwertigkeitskomplex leidet und nicht begreift, welche Aufgabe er im Leben hat. Diese Gefühle müssen geklärt und harmonisiert werden. Wenn das geschehen ist, mache ich mir bewußt, daß ich der Erde vertrauen kann und sie mich genauso behandeln wird, wie ich sie behandele. Das ist der Vorgang, mit dessen Hilfe ich mir bewußt werde, daß ich fest auf der Erde verwurzelt bin.

Es gibt Tage, an denen ich nicht an die Mutter Erde und den Sinn meines Lebens hier denke. Manchmal »sehe« ich nur die rote Farbe und bekämpfe meine Unzufriedenheit damit, daß ich mich auf das Rot des Erd-Chakras konzentriere. Wenn der Einklang mit der roten Farbe hergestellt ist, löst sich die Spannung. Wenn ich Probleme mit meinen Nieren habe, meditiere ich längere Zeit und lasse das Chakra schneller kreisen, weil das unterste Chakra die Nierenfunktion regelt. Das Gefühl der Trägheit und des Mangels an Energie bekämpfe ich damit, daß ich mich auf die Nebennieren konzentriere und die rote Energie in sie einfließen lasse, denn das unterste Chakra beeinflußt ja die Funktionen der Nebennieren. Es ist nicht unbedingt notwendig zu wissen, wo sich die Nebennieren befinden. Man muß nur davon überzeugt sein, daß man es auf einer bestimmten Bewußtseinsebene weiß.

Ich bin ein stark vom Willen bestimmter Mensch. Wenn ich daher mein unterstes Chakra (das die Energien des menschlichen Willens kanalisiert) mit den höheren, esoterischen Chakras der göttlichen Schwingung ins Gleichgewicht bringe, werde ich viel umgänglicher. Mit anderen Worten, ich lasse das Rot des untersten Chakras mit dem Violett des Kronen-Chakras harmonisch verschmelzen und fühle mich besser. Wenn ich das vergesse oder mir nicht die Zeit dafür genommen habe, fühle ich die Unausgeglichenheit in mir, und auch meine Umgebung bekommt das zu spüren.

Nach der Arbeit mit dem untersten Chakra wende ich mich dem zweiten Chakra zu, dessen Farbe orange ist und das auf der Höhe der Genitalien liegt. Dieses Chakra beherrscht die physischen und emotionalen Aspekte der Kreativität und Sexualität. Das zweite Chakra ist das Zentrum unseres physischen Ursprungs. Aus ihm fließt unsere kreative Energie, und in ihm bildet sich unsere Haltung gegenüber der Sünde und der Schuld. Wenn man sich in der Meditation auf dieses Chakra konzentriert, kann man diese negativen Aspekte mit dem leuchtenden orangefarbenen Licht »wegwaschen«. Im Unterbewußtsein nehme ich wahr, daß die rote Farbe im untersten Chakra immer noch kreist, ich konzentriere mich aber auf das Orange.

Die Meditation mit diesem Chakra wurde vor Jahrtausenden entwickelt. Ausgangspunkt war die hinduistische Lehre, die den menschlichen Körper als einen Tempel betrachtete, in dem die Spiritualität mit den Sinnen erfahren wird. Damals ging man davon aus, daß menschliche Beziehungen nicht mit dem Tode endeten; man war vielmehr davon überzeugt, daß die Partner für alle Ewigkeit im Bereich des Göttlichen miteinander verbunden seien und diese Verbindung stets körperlich aufs neue erfahren werde, wenn es zu einer erneuten Reinkarnation kam. Deshalb stand im Sexualleben dieser Menschen nicht die Befriedigung des Sexualtriebs im Vordergrund – jene Haltung, die heute so oft Ablehnung, Widerwillen und Enttäuschung zur Folge hat.

Das war zu der Zeit, als sich im alten Indien die Lehre des Tantra entwickelte. Damals, so lehren uns die Sanskrit-Texte, war die Sexualität nicht das entscheidende Bindeglied, wenn sie ausgeübt wurde, und auch kein Anlaß zur Trennung, wenn man darauf verzichtete. Das Leben zweier Menschen wurde vielmehr durch das viel tiefere Gefühl einer völligen Verschmelzung und einer schöpferischen Kraft zu einer Einheit verbunden. Diese Menschen glaubten, daß das männliche und weibliche Gefühl komplementäre Erfahrungen eines Energieaustausches seien und daß das zweite Chakra nicht nur das Energiezentrum der Sexualität, sondern der Ort des kreativen Schaffens und des Ursprungs *aller* Produktivität sei.

Das Meditieren mit dem zweiten Chakra ist eine Methode, der Furcht vor dem Mangel an Kreativität zu begegnen. Wenn man dabei Erfolg hat, fördert dies das Verständnis dafür, daß der Körper im Grunde aus universalen Partikeln besteht, die das Höhere Selbst zusammengefügt hat, um die physische Existenz zu erleben und ihren Sinn in diesem Leben zu erfüllen. Wenn das geschehen ist, löst sich der Körper auf, und die Partikel werden Teil der Erde, auf der dieses Leben geführt wurde. Im Laufe der Zeit verteilen sich die Partikel im Universum. Bei der Meditation mit dem zweiten Chakra wird es uns immer klarer, daß das Höhere Selbst sich niemals auflöst, sondern vielmehr der *Komponist* der aus den Partikeln bestehenden *Sinfonie des Lebens* ist. Für eine Zeit werden Komponist und Komposition zu einer Einheit, wobei es jedoch immer möglich bleibt, zwischen beiden zu unterscheiden.

Wenn ich mit dem zweiten Chakra meditiere, visualisiere ich es als eine saftige, reife Orange, die um ihren eigenen Mittelpunkt kreist. Die Vorstellung, daß der orangefarbene Saft dieser reifen Frucht durch das Genitalsystem fließt, vermittelt mir ein angenehmes Gefühl. Das ist ein reinigender Vorgang, bei dem sich Konflikte, Unsicherheiten oder Sorgen auflösen.

Jeder von uns kennt solche bildlichen Vorstellungen; und jeder von uns hat bereits meditiert. Dabei ist es gleichgültig, welche Namen wir für diese Vorgänge wählen. So gehören zum Beispiel auch sexuelle Phantasien in den Bereich der Visualisation. Wenn wir uns vor Augen halten, daß diese Vorstellungen oft so lebendig werden, daß der Körper darauf reagiert und es zum Orgasmus kommt, wird uns deutlich, welche starke Wirkung unsere Vorstellungskraft auf den Körper hat. Ebenso können uns bildliche Vorstellungen auch helfen, den Körper zu heilen.

Oft ist es hilfreich, den optischen Eindruck von den verschiedenen Farben der Chakras und ihrer kreisenden Bewegung durch Visualisation zu intensivieren. Es ist nicht einmal unbedingt notwendig, diese Farben stets zu »sehen«; vielmehr genügt es, sie sich intensiv vorzustellen. Man erinnert sich ohnedies an die Strahlungsfrequenz der jeweiligen Farbe. Ich habe zum Beispiel Schwierigkeiten, mir die Farbe Rot vorzustellen. Deshalb denke ich, wenn ich es versuche, an einen roten Apfel oder einen dunkelroten Rubin und entscheide mich für den roten Farbton, der in mir das angenehmste Gefühl auslöst. Das Bild des Gegenstandes, an den ich denke, genügt, um die Farbe lebendig werden zu lassen, die ich in der Meditation sehen will. Dies bedarf einer langen Übung, doch im Laufe der Zeit wird es immer leichter, die gewünschte Farbe vor dem geistigen Auge aufleuchten zu lassen.

Sehr wichtig ist es, zu einem harmonischen Verhältnis mit dem dritten Chakra des Solarplexus zu gelangen, besonders wenn Störungen im Gefühlsleben aufgetreten sind. Dieses Chakra beeinflußt unsere Haltung im Hinblick auf die Wirkungskraft unserer Persönlichkeit, unser Einfühlungsvermögen und unser Ego. Geistiges Wachstum und innere Harmonie werden am stärksten durch das Ego behindert. Im Ego entsteht die Furcht, etwas zu verlieren: Dabei kann es sich um einen Teil der eigenen Persönlichkeit oder auch um einen anderen Menschen handeln. Aus dieser Furcht entsteht das Bedürfnis, die Menschen, die einem etwas bedeuten, zu manipulieren, einzuschüchtern oder in irgendeiner anderen Weise zu beherrschen. Wenn wir uns im Einklang mit dem Wirken des dritten Chakras befinden, gewinnen wir ein besseres Verhältnis zu uns selbst. Unser Selbstvertrauen nimmt zu, und es fällt uns leichter, die hemmenden Fesseln zu lösen, die uns das negative Ego angelegt hat.

Bei den Beziehungen, die zu Störungen unseres Gefühlslebens führen, geht es immer um die persönliche Macht und das Ego im Hinblick auf unsere Empfindlichkeiten. Ich habe festgestellt, daß ich mich besser entspannen und das, was mir begegnet, widerspruchslos hinnehmen kann, wenn ich mich in der Meditation auf das Gelb des Chakras am Solarplexus konzentriere und die Mitte meines Körpers von der gelben Farbe durchdringen lasse. Die dabei eintretende Beruhigung erscheint in dem Gelb der Sonne, und die Schwingungen, welche die emotionalen Störungen hervorgerufen haben, klingen aus. Allmählich verschwindet auch das Fett, das ich in dieser Körperregion angesetzt habe, denn in den Fettpolstern manifestiert sich der angestaute Ärger und blockiert die harmonisierende Wirkung des Chakras.

Die Natur hat jedem von uns die Werkzeuge gegeben, mit denen wir uns selbst heilen können, vorausgesetzt, wir vertrauen auf die Wirkung ihrer holistischen Kräfte. Farben besitzen eine starke Heilkraft und lassen sich an jeder gewünschten Stelle als Werkzeuge einsetzen.

Wenn wir die Bauchspeicheldrüse, welche die Funktionen der Leber, der Milz, des Magens und der Galle reguliert, in gelbem Licht baden, dann beruhigen und entspannen wir damit das ganze Nervensystem. Die Harmonisierung des dritten Chakras hat einen unmittelbaren Einfluß darauf, wie wir die Kraft unserer Persönlichkeit gebrauchen, mißbrauchen oder auf ihre Wirkung verzichten. Ich finde es faszinierend, daß wir einen anderen Menschen durch nichts so sehr beleidigen können wie dadurch, daß wir ihm sagen, er sei »yellow«. (Das englische Wort für »gelb« – »yellow« – hat auch die Bedeutung »feige«.) Das heißt, daß dieser Mensch so wenig Selbstvertrauen hat, daß er es nicht wagt, die in ihm schlummernden Kräfte wirksam werden zu lassen. Wenn wir das dritte Chakra bewußt wahrnehmen und erleben, wie es harmonisch kreist, und wenn wir seine Wirkung durch unseren Willen verstärken, damit es nicht nur auf physischer Ebene, sondern auch im emotionalen Bereich die ihm zugewiesene Rolle spielen kann, dann hat das erstaunlich positive Auswirkungen.

Gelb ist die Farbe der Sonne, und die Sonne ist die Quelle unserer Kraft. Sie fördert unser Wohlbefinden und hebt unsere Stimmung. Wir können nicht lange ohne ihr wärmendes gelbes Licht auskommen. Es ist aber auch möglich, das Gefühl einer wärmenden inneren Sonne durch Visualisation zu erzeugen. Auf diese Weise bestätigen wir uns die in uns schlummernden persönlichen Kräfte, deren Zentrum das Chakra des Solarplexus ist. Wenn wir diese Kräfte aktivieren, dann entspannen wir Magen, Leber, Galle und Milz, die hier wirkenden Schwingungen nehmen eine gleichmäßigere Frequenz an, und unsere durch eine egoistische Haltung verursachten Probleme lassen sich leichter lösen.

Wenn wir nun das Orange eine Verbindung mit dem Gelb eingehen lassen, so vereinigen wir die kreativen und sexuellen Energien des zweiten Chakras mit den persönlichen emotionalen Kräften des dritten. Wenn wir das Rot hinzufügen, schaffen wir eine feste Basis für dieses emotionale Gleichgewicht. Gleichzeitig befreien wir uns auf diese Weise von den Disharmonien im unteren Chakra: von der Furcht und von allen Konflikten, die uns vor die Entscheidung stellen, zu kämpfen oder zu fliehen.

So können alle emotionalen und physischen Aspekte, die durch die sieben Chakras zum Ausdruck kommen, modifiziert, ausgeglichen und in die richtigen Bahnen gelenkt werden, wenn wir bewußt mit den Farbschwingungen des Regenbogens umgehen und dabei unseren Körper als Instrument benutzen. Farben stehen uns in jedem Augenblick unseres Lebens zur Verfügung und wirken harmonisch zusammen, ob wir sie nun bewußt wahrnehmen oder nicht.

Auch hier wird deutlich, daß wir sind, was wir bewußt wahrnehmen. Den Wert unseres Chakra-Systems zu erkennen heißt, uns deutlicher unserer inneren Kräfte bewußt zu werden. Und die Wahrnehmung der inneren Kraft bedeutet Einsicht in unsere Fähigkeiten, diese Kraft nach außen wirksam werden zu lassen. Wir können nach außen hin alles bewirken, wenn wir erkannt haben, welche Kräfte in unserem Inneren schlummern. Dann wird unser Leben zu einem Spiel, bei dem wir die uns gegebenen Energien nach außen wirksam werden lassen können, sobald wir wissen, über welches Potential wir verfügen. Damit kommen wir zu den vier Chakras über dem Solarplexus.

Das vierte Chakra ist das Herz-Chakra. Wenn wir uns während der Meditation auf das Grün dieses Energiezentrums konzentrieren, stimulieren wir die Kraft der Liebe in uns und harmonisieren zugleich das Immunsystem und die Gesamtheit der endokrinen

Organe. Die durch die Liebe erzeugte Strahlung kann den ganzen Körper heilen.

Die Konzentration auf das Herz-Chakra hilft uns, die Liebe zu uns selbst zu wecken, denn nur so wird es möglich, auch andere zu lieben. Das so gewonnene Selbstvertrauen erzeugt eine subtile Schwingung, die sich unseren Angehörigen, unseren Freunden und unseren Mitarbeitern mitteilt. Wir empfangen von anderen das, was wir in uns selbst erkannt und erzeugt haben. Die eigene innere Sicherheit wird die gleiche Sicherheit in anderen erzeugen.

Wenn ich meditiere, fange ich oft mit dem Herz-Chakra an, weil alles in unserem Leben aus dem Herzen fließt. Das Grün des Herz-Chakras stelle ich mir als ein leuchtendes Smaragdgrün vor und vergegenwärtige mir dabei, daß wir die Erde auch als einen grünen Planeten bezeichnen. Grün ist die Farbe des Lebens.

Manchmal lasse ich das Grün des Herz-Chakras in das Gelb des Solarplexus einfließen, bevor ich zum Orange und zum Rot der darunterliegenden Chakras übergehe. Es gibt so viele Möglichkeiten, mit dieser Farbentherapie zu spielen, daß dieses Spiel auf der Bühne meines Bewußtseins zu einem wahren Abenteuer wird. Sehr bald beginne ich, die Unterschiede in der Schwingungsfrequenz der Farben zu spüren, und verhalte mich entsprechend.

So hat die Farbe meiner Kleidung einen entscheidenden Einfluß auf mein Bewußtsein. Wenn ich ein leuchtendgrünes Kleid anziehe, will ich damit eine Botschaft übermitteln, denn die Ausstrahlung dieser Farbe hat eine ganz bestimmte Frequenz. Jemand ist »grün vor Eifersucht«, wenn er das Gefühl hat, nicht beachtet und geliebt zu werden.

Wenn wir vor Zorn oder Furcht rot werden, spüren wir die Symptome des vom ersten Chakra beeinflußten Syndroms: die Frage, ob wir kämpfen oder fliehen sollen. Wenn man zornig ist und dabei ein rotes Kleid trägt, verstärkt man dieses Gefühl, sofern man die Wirkung nicht gleichzeitig durch eine andere Farbe abmildert. Die beste Wirkung erzielt man mit der Komplementärfarbe grün, denn sie dämpft den Zorn mit der aus dem Herzen kommenden Schwingung der Liebe.

Das fünfte Chakra, das in der Höhe des Kehlkopfs liegt, darf bei der Meditation nicht vernachlässigt werden. Da es das Energiezentrum ist, durch das wir kommunizieren und uns ausdrücken, ist es auch das Zentrum, das unser Urteil über andere Menschen beeinflußt. Außerdem beeinflußt es die Funktionen der Organe, durch welche die Atemluft fließt – die Lungen, die Stimmbänder und die Bronchien.

Die Konzentration auf das fünfte Chakra, das Chakra der Urteils- und Ausdrucksfähigkeit, hilft uns, feindselige Gefühle gegenüber anderen Menschen abzubauen. Zu Anfang meiner Meditation frage ich stets nach dem Grund meiner ablehnenden Haltung. Sind es enttäuschte Erwartungen? Hat es mich geärgert, daß ich abgelehnt worden bin? Fühle ich mich irgendwie betrogen? Feindselige Gefühle gegenüber anderen Menschen entstehen nur zu oft, weil wir die ablehnende Haltung in unserem eigenen Bewußtsein aufgebaut haben. Auf diese Weise wird die Ablehnung des anderen zur einzigen Verbindung zwischen ihm und mir. Dies führt dann dazu, daß ich diese negative Haltung nicht mehr aufgeben kann.

Es ist einfach zu sagen, man solle auf Haß und Zorn verzichten, und es ist im Grunde auch ein ganz einfacher Vorgang – aber es fällt uns nicht leicht, so zu handeln. Oft klammern wir uns an unseren Haß und unseren Zorn wie an einen Anker. Diese Gefühle halten uns in der Tat fest. Wenn wir zornig sind, spielen wir eine dramatische Rolle, wir fühlen uns stark. Auch die unbewußte Furcht davor, welche Empfindungen die Lücke ausfüllen würden, wenn wir auf diese leidenschaftlichen Gefühle verzichten, hält uns fest! Aber *wenn* es uns gelingt, den Zorn fahrenzulassen, dann fühlen wir uns unendlich erleichtert, und an die Stelle des Hasses tritt die Liebe. Wenn wir erkennen, daß die Liebe die magnetische Kraft ist, die alles zusammenhält, dann erfahren wir auch, daß erst die Liebe die Kommunikation der Seelen und nicht nur die Beziehungen zwischen den Menschen ermöglicht. Unsere Auffassungen, die bisher abgelehnt wurden, werden jetzt von anderen verstanden und begrüßt, weil die neue, hinter ihnen stehende Energie positiv ist. Wenn wir lieben, wissen wir intuitiv, wann es an der Zeit ist, etwas zu sagen, und wann wir schweigen müssen. Wenn wir dann sprechen, werden unsere Worte eine viel größere Wirkung haben, da wir in der Liebe verankert sind.

Wenn ich das Gefühl habe, nicht verstanden zu werden, konzentriere ich mich in der Meditation auf das Blau des fünften Chakras, um die Blockierung zu beseitigen, die mich daran hindert, mich klar auszudrücken. Wenn es sich um ein sexuelles Mißverständnis handelt, mische ich das Blau mit dem Orange. Wenn mir die Stärke meiner Gefühle Probleme bereitet, nehme ich das Gelb hinzu, und wenn ich irgend jemandem eine unangenehme Wahrheit sagen muß, es aber in liebevoller Weise tun will, vermische ich das Grün des Herz-Chakras mit dem Blau.

Eine Blockierung des fünften Chakras kann verursacht werden, wenn wir uns fürchten, die Wahrheit zu sagen. Der Drang, anderen zu gefallen und dafür die eigene Aufrichtigkeit zu opfern, kann zu schweren Kommunikationsstörungen führen.

Wenn ich über einen anderen etwas Negatives sagen will, versuche ich mir eine Mischung aus dem Blau des fünften Chakras und dem leuchtenden Grün des Herz-Chakras vorzustellen, bevor ich anfange zu sprechen. Auf diese Weise nehme ich meiner Aussage jede unnötige Härte, die meinen Ansprechpartner verletzen könnte. Dabei tue ich mir auch selbst einen Gefallen, denn jede von mir ausgehende Härte wird nach dem Gestz des Karma auf mich zurückschlagen. In den meisten Fällen bin ich allerdings so stark auf das fixiert, was ich sagen will, daß ich nicht daran denke. Viele dieser Schwierigkeiten werden leichter zu überwinden sein, wenn wir die Disziplin aufbringen, uns in der Meditation auf die einzelnen Farben der Chakras zu konzentrieren, die uns den Zugang zu den Gefühlen eröffnen, deren Bedeutung wir erforschen wollen. Damit erreichen wir sehr bald eine Erweiterung unseres Bewußtseins, die es uns erlaubt, unsere Einsichten auch im praktischen Leben zu verwirklichen. Dabei werden sich unsere Lebensumstände wesentlich verbessern – weil wir bewußt die harmonische Ordnung in uns anerkennen.

Das wunderbarste ist für mich dabei, daß diese innere Ordnung immer besteht, ob wir uns ihrer bewußt sind oder nicht. Aber nur indem wir sie anerkennen und uns unserer natürlichen Harmonie zuwenden, wird es uns möglich, die von dieser Harmonie ausgehende Kraft zu nutzen. Wir sind das, was wir bewußt wahrnehmen.

Das sechste Chakra ist das dritte Auge oder Gesichts-Chakra. Es liegt hinter der Mitte der Stirn in einem visuell deutlich wahrnehmbaren Bereich. Dieses Chakra bestimmt die Art, wie wir uns der Welt darstellen. Wenn unser Gesicht von Kummer und Sorge verzerrt ist, können wir eine Entspannung herbeiführen, indem wir uns die Farbe Indigo vorstellen. Bei der Meditation mit diesem Chakra können wir mit den Schwingungen unserer inneren Gesichte, unseres Idealismus und unserer Vorstellungskraft in Einklang kommen. Da sich das Chakra des geistigen Auges auf materieller Ebene in der Hypophysis manifestiert, beeinflußt es einen großen Teil der unteren Gehirnhälfte und des Nervensystems. Dieses Chakra kontrolliert auch alle von uns aufgenommenen und von uns ausgehenden Gedanken und Visionen. Es ist das Zentrum der inneren Wahrnehmung.

Die in uns schlummernde Energie läßt sich in jeder gewünschten Weise nutzen. Durch unser drittes Auge können wir die uns von Gott eingegebene Energie nutzbar machen.

Ich konzentriere mich in der Meditation auf das dritte Auge (das sechste Chakra), wenn ich mir eine visuelle Vorstellung machen will. Die Möglichkeiten, unser Leben farbiger und gefühlvoller zu gestalten, sind unbegrenzt, und je mehr ich mit den spirituellen metaphysischen Elementen der Schwingungsenergie arbeite, desto mehr erreiche ich, und desto mehr freue ich mich daran.

Das siebente Chakra hat die höchste Schwingungsfrequenz. Die Farbe Violett oszilliert schneller als jede andere. Das ist verständlich, denn das Kronen-Chakra ist das Energiezentrum, das uns dem Göttlichen am nächsten bringt. Je höher wir aufsteigen, desto deutlicher können wir erkennen, woher wir kommen. Das gilt sowohl in physischer wie auch in spiritueller Hinsicht.

Auf dieser Bewußtseinsebene angelangt, erleben wir, wie der Zorn dem Verständnis weicht, wie an die Stelle des Hasses die Liebe tritt und die Besitzgier dem Gefühl der Freiheit weicht.

Von dieser Bewußtseinsebene aus läßt sich leichter erkennen, wie sehr die negativen Emotionen der Furcht, der Depressionen, des Hasses usw. an unserer Energie zehren, was schließlich dazu führt, daß wir krank werden.

Probleme, mit denen wir bisher nicht fertig werden konnten, kommen uns jetzt lächerlich vor, und zwar nicht, weil sie nur kleiner geworden wären, sondern weil wir größer geworden sind.

Wenn wir unsere Existenz in diesem neuen Licht sehen, eröffnen sich uns unbegrenzte Möglichkeiten. Und wir entwickeln tiefes Mitgefühl für andere, die diese Bewußtseinsebene noch nicht erreicht haben; wir erkennen uns selbst in ihnen und erinnern uns an unsere eigenen Schwierigkeiten. Das Verhalten des Menschen wird stets von der Vorstellung bestimmt, die er von seinem Platz in der Welt hat.

Man sagt, wenn jemand die violette Flamme wahrnimmt, sei dies ein Zeichen dafür, daß er sich mit der in ihm wohnenden göttlichen Kraft in Einklang befindet.

Wenn wir eines der »niedrigeren« Chakras und die von ihm beherrschten Gefühle in diese spirituelle Dimension erheben wollen, müssen wir es mit der Farbe Violett in Einklang bringen und uns auf die göttliche Frequenz einstellen, mit der diese Farbe strahlt. Dabei ist es notwendig, sich nicht nur auf die Farben der Chakras zu konzentrieren; wir müssen diese Farben auch zu den Emotionen in Beziehung setzen, die wir harmonisieren wollen. Schließlich geht von den Farben auch eine Heilwirkung aus. Die Heilung wird dadurch bewirkt, daß wir unser Bewußtsein mit den Schwingungen der spirituellen Energiezentren in Einklang bringen.

Wenn meine Chakras harmonisiert und gereinigt sind, kombiniere ich gewöhnlich die Lichtfrequenzen aller Farben und stelle mir über meinem Kopf ein helleuchtendes weißes Licht vor. Dieses weiße Licht ist eine Kombination aller Lichtfrequenzen.

Man könnte sagen, das weiße Licht, das viele Menschen, die einige Augenblicke lang klinisch tot waren, erlebt haben, sei die Manifestation aller emotionalen Frequenzen, die, wenn sie in ihrer Vollkommenheit realisiert werden, den Kern des Göttlichen darstellen.

Wenn wir uns daher in einer Wolke weißen Lichts erleben, umgeben wir uns mit dem Licht Gottes, in dessen Mittelpunkt wir immer geschützt und geliebt sind und uns selbst lieben.

Hier werden wir zu dem, was wir uns als göttliche Vollkommenheit vorstellen.

Es mag unglaubwürdig oder nutzlos erscheinen, von solchen Vorstellungen und Meditationstechniken zu sprechen, solange wir in einer Welt leben, in der die Menschen sich weit von der geistigen Welt entfernt haben. Aber gerade deswegen ist es notwendig, sich intensiver mit spirituellen Techniken und Disziplinen zu beschäftigen. Wenn wir den Wert der Spiritualität nicht erkennen und die spirituellen Dinge nicht zu einem Teil unseres Lebens machen, werden wir uns immer weiter vom Sinn unseres Lebens entfernen. Der Verzicht auf das Wissen um unsere Bestimmung und den Sinn des Lebens wäre eine Katastrophe.

Immer mehr Menschen werden sich dieser Tatsache bewußt, immer mehr Menschen sehen sich wissenschaftlich, gesellschaftlich, politisch und wirtschaftlich nicht nur als physische und intellektuelle, sondern auch als spirituelle Wesen. Vielleicht erkennen sie sogar, daß sie *im Grunde spirituelle Wesen sind.*

Wir leben heute in einem Zeitalter der Erleuchtung; an die Stelle der Unwissenheit tritt die Erkenntnis. Wir beginnen, mehr über uns selbst zu erfahren, und dabei kommt es nicht darauf an, ob wir Christen, Moslems, Hindus, Juden oder Atheisten sind. Der Schatz der Erkenntnisse, die wir uns noch erschließen können, kennt keine Grenzen. Jeder einzelne hat seine ganz persönliche Beziehung zu dem in ihm wohnenden Gott, welcher Religionsgemeinschaft er auch angehört. Die in uns schlummernden Kräfte stehen jedem zur Verfügung, der sie wecken will, um sie dann zur Verwirklichung seiner Ziele zu nutzen. Der einzelne hat das Recht und die Pflicht, das potentielle Wissen um die innere

Harmonie zu nutzen. Wir stehen vor der Aufgabe, das Physische und das Spirituelle zu integrieren. Und wir beginnen allmählich zu begreifen, welche Rolle unser Bewußtsein dabei spielt.

Es ist Zeit, daß der Wert der spirituellen Techniken begriffen wird. Die Konzentration auf die Chakras in der Meditation erlaubt uns, die in uns schlummernde spirituelle Welt zu erleben und dadurch reifer zu werden. Das Öffnen des Weges nach innen ermöglicht uns den Zugang zu den dort schlummernden Kräften, die aber nur durch die Liebe zur Wirkung gebracht werden können.

Die meisten von uns gebrauchen und mißbrauchen das Wort Liebe. Für die Menschen, die sich auf der spirituellen Suche befinden, hat dieses Wort die allergrößte Bedeutung. Das Bedürfnis, Liebe zu geben und zu empfangen, ist das eigentliche Motiv für die Hinwendung zur Spiritualität. Ich glaube, wir alle sehnen uns danach, dieses Bedürfnis zu befriedigen.

Ich hatte einen guten Freund, der an AIDS erkrankt war und im Sterben lag. Er versuchte, mit seinem Schicksal ins reine zu kommen, und war schließlich, nachdem er es zunächst hatte verdrängen wollen, bereit, es anzunehmen.

Am Karfreitag des Jahres 1988 rief er mich an und fragte: »Wie nimmst du die Liebe anderer an? Bereitet es dir Schmerzen? Kannst du dich der Liebe öffnen?«

Ich wußte nicht, was ich ihm sagen sollte. Ich hatte bisher noch nie ernsthaft darüber nachgedacht, was die Liebe bedeutet, wenn man vor der Gewißheit des Todes steht und weiß, daß man alle, die einem nahestehen, zurücklassen muß. Wollte man sich dann völlig zurückziehen und allein bleiben? Was bedeutete die Liebe unter solchen Umständen? Ich versuchte, mich an eine vergleichbare Situation zu erinnern, um vielleicht eine Antwort auf die Frage meines Freundes zu finden.

Ich dachte an meinen Vater, als er im Sterben lag. Ich hatte den Eindruck, daß er seinen Frieden gefunden hatte und bereit war, Abschied zu nehmen. Er konnte seine Arme und Beine nicht mehr bewegen, aber er war noch in der Lage zu sprechen, wenn auch nur sehr leise und sehr langsam. Ich werde nie vergessen, wie er mir in die Augen sah und sagte: »Nichts hat eine Bedeutung außer der Liebe... nichts auf der ganzen Welt... kein Besitz, kein Ruhm und nicht einmal das, was du tust. Nur die Liebe.«

Mehr sagte er nicht. Aber in diesen Worten und in den Augen, mit denen er mich ansah, lag etwas ganz Großes, und ich begriff, daß es mehr war als alles, was ich bisher bei meinen Bemühungen um spirituelle Erkenntnis gelernt hatte.

Und jetzt rang ein anderer, mir sehr nahestehender Mensch mit der gleichen Frage. Aber seine Haltung war völlig anders als die meines Vaters. Ich konnte ihm nichts anderes sagen als: »Ja, nimm die Liebe immer an.«

Der Karfreitag ging vorüber und ebenso auch der folgende Tag. Am Ostermorgen wachte ich auf und war allein in meinem Haus an der Nordwestküste des Pazifik. Der Himmel war bewölkt. An den Zweigen der Bäume vor meinem Fenster glitzerten die Regentropfen. Plötzlich brach ein Sonnenstrahl durch die Wolken.

»Was hat Ostern wirklich zu bedeuten?« fragte ich mich.

Ich stand auf und ging hinaus. Die Sonne war verschwunden, und es fing an zu regnen; zuerst war es nur ein leichtes Tröpfeln, aber dann goß es in Strömen.

Ich beschloß, im Regen schwimmen zu gehen. Im Wasser dachte ich über die Liebe nach. Wie war es, wenn man ein Leben lang rückhaltlos und ohne Einschränkung liebte – zuerst mit dem drängenden Ungestüm der Jugend, dann im Austausch der reifen Gefühle und schließlich mit der zarten und ausdauernden Liebe des Alters? Ich dachte daran, wie unendlich viele Arten der Liebe es gibt: die hingebungsvolle Zuneigung eines geliebten Tieres, die unschuldige Freude in der Liebe zu den eigenen Kindern, die enge, von gegenseitiger Achtung getragene liebevolle Beziehung zwischen Freunden, die oft von aufrichtiger Hingabe begleitet wird – mein Gott, die Welt war erfüllt von Liebe. Ich weiß nicht mehr, wie lange ich darüber nachgedacht habe. Kalte Tropfen fielen auf meinen Kopf, und mir kam der Gedanke, daß es möglich sein müsse, jeden einzelnen dieser Regentropfen so zu lieben, daß er sich auf meiner Haut erwärmen müßte. Ich versuchte, jeden dieser Tropfen einzeln wahrzunehmen und ihn mit wärmender Liebe zu begrüßen. Bald darauf stellte ich fest, daß ich die Kälte nicht mehr spürte. Ich hatte das Gefühl für die Kälte abgeschaltet, indem ich mich ganz auf die Wärme einstellte.

Dieses Erlebnis war eine kleine Offenbarung. Ich verließ das Schwimmbecken, stellte mich an seinen Rand und erwartete, daß der Regen weiter auf meinen Körper fallen würde... Doch es hörte auf zu regnen, und die Sonne kam heraus, so als hätte ein unsichtbarer Beleuchter nur auf das Stichwort gewartet. Das geschah ganz plötzlich und erinnerte mich so stark an den Augenblick, wenn man auf der Bühne plötzlich ins Rampenlicht tritt, daß ich lächeln mußte.

Ich ging ins Haus zurück und dachte nicht mehr darüber nach. Ich zog mich an und wollte mit meinen Hunden den Hang hinunter zum Fluß gehen. Die Sonne schien, und es würde ein schöner Osterspaziergang werden.

Ich trat aus der Tür, die Hunde sprangen um mich herum, doch als ich den ersten Schritt auf dem bergab führenden Weg getan hatte, verschwand nicht nur die Sonne hinter den Wolken, sondern der Himmel öffnete alle Schleusen, und ein Platzregen überschüttete uns. Noch vor wenigen Augenblicken hatte ich keine Wolke am Himmel gesehen. Mit einer solchen Begrüßung hatte ich nicht gerechnet. Ich mußte lachen, rief Sultan und Shino zu mir und ging wieder hinein. Doch kaum hatte ich die Haustür hinter mir geschlossen, als die Sonne wieder herauskam.

Ich war verblüfft und ging sofort wieder hinaus. Aber kaum war ich draußen, verschwand die Sonne, und es fing von neuem zu regnen an. Spielte die Natur Versteck mit mir, oder war es nur ein Zufall?

Wir gingen wieder hinein, und die Sonne kam heraus. Wir gingen hinaus, und es fing an zu regnen. So ging es eine ganze Weile weiter. Es hätte eine Szene in einem Lustspiel sein können. Die Hunde waren ganz durcheinander, aber sie gaben nicht auf. Gehorsam folgten sie mir nach draußen und wieder ins Haus.

Schließlich entschloß ich mich, draußen zu bleiben, aber bevor ich den Weg hinunterging, blieb ich oben stehen und sagte laut: »Du machst doch nur deine Späße mit mir, nicht wahr? Und ausgerechnet an Ostern!« Ich wußte nicht, zu wem ich das sagte, und das Ganze kam mir so lächerlich vor, daß ich wieder anfing zu lachen. Strahlender Sonnenschein. Es war, als hätte die Natur (Gott... oder wer immer) mir ihre Macht beweisen müssen und könnte jetzt, da ihr dies gelungen war, auf weitere Tricks verzichten.

Gemeinsam gingen wir drei nun den Pfad hinunter. Eine sanfte Brise wehte über uns hinweg. Die Hunde liefen voraus, und ich wandte mich in Gedanken wieder der Liebe, dem Osterfest und der Natur zu.

Sollte man, wenn man die *vollkommene* Liebe erleben wollte, mit der Natur beginnen?

Ich ging eine Stunde am Flußufer spazieren, und als ich mich auf den Heimweg machte, spielte die Sonne wie ein orangefarbener Ballon Haschen mit den Wolken und jagte sie fort, wenn sie ihr zu nahe kamen.

Während ich mühsam den steilen Pfad hinaufstieg, fiel mir auf, mit welcher Leichtigkeit die Hunde auf ihren vier Beinen die Steigung überwanden. Es schien ihnen keine Mühe zu machen, sich mit ihren muskulösen Körpern den Unebenheiten des Geländes anzupassen. Ich dagegen hatte Schmerzen in den Beinen und Herzklopfen. Wieder einmal wurde ich daran erinnert, wie träge ich oft war, weil ich jede körperliche Anstrengung verabscheute, die mir Schmerzen verursachte. Aber dann dachte ich daran, was ich an diesem Morgen erlebt hatte, und überlegte, ob ich nicht versuchen sollte, *diese Schmerzen zu lieben.* Warum sollte ich mich nicht darüber freuen, daß meine Muskeln und Sehnen so auf die Anstrengung reagierten, und *fühlen*, wie sie sich bewegten, während ich mich auf das Wunder der Koordination aller Körperteile konzentrierte? So betrachtete ich nun die Schwierigkeiten des Aufstiegs aus einer neuen Perspektive; ich sagte mir, daß ich mir mit jeder Bewegung deutlicher bewußt wurde, woraus mein Körper bestand, und daß ich ohne die mit dieser Wahrnehmung verbundene Liebe nicht einmal wüßte, daß ich einen Körper habe. Ich liebkoste den Schmerz und freute mich an ihm. Dann konzentrierte ich mich auf jeden einzelnen Muskel und jede Sehne und genoß dieses Gefühl ebenso, wie ich das Gefühl der auf meinen Kopf fallenden Regentropfen genossen hatte.

Nach kurzer Zeit hatte ich vergessen, daß ich bergauf ging. Ich überwand die Steigung leicht und ohne Schwierigkeiten. Es war erstaunlich, wie sich die Wirklichkeit verändert hatte, wie ich sie aus einer neuen Perspektive erlebte.

Beim Weitergehen mußte ich an meinen an Aids erkrankten Freund denken. Sein Körper lag schlaff und aller Energie beraubt auf dem Bett. Die häßlichen Krankheitssymptome belasteten ihn und nahmen ihm jeden Lebensmut. Er machte sich Vorwürfe und gab sich die Schuld an seiner Erkrankung. Und er war böse auf seine Ärzte, weil sie die Krankheit nicht heilen konnten. Sollte ich ihm erzählen, was ich eben erlebt hatte? Durfte ich es wagen, ihm zu raten, er solle seinen Ärger begraben und versuchen, sich selbst zu lieben und auf diese Weise zu heilen? War es nicht eine unerhörte Beleidigung, von ihm zu verlangen, er müsse die Verantwortung für diese furchtbare Krankheit übernehmen, weil das der Beginn des Heilungsprozesses sein könnte und er dann vielleicht sogar seine Entscheidungen verstehen oder sogar lieben könnte? Durfte ich ihm wirklich sagen, daß es falsch sei, die Krankheit mit Haß zu bekämpfen, und daß er sehr viel bessere Heilungschancen hätte, wenn er an die Stelle des Hasses die Liebe setzte – ja, daß das beste Heilmittel vielleicht die Fähigkeit war, die Liebe anderer Menschen anzunehmen? Ich wußte, wenn ich ihn davon überzeugen könnte, daß es notwendig war, die Schrecken dieser Krankheit als solche zu akzeptieren, würden sie zumindest wesentlich leichter zu ertragen sein. Das konnte nur die Liebe bewirken.

Als ich oben angekommen war, schien die Sonne noch immer. Ich blieb einen Augenblick stehen, atmete die frische, von den Sonnenstrahlen erfüllte Luft ein und dachte: »Mein Gott, bin ich glücklich.« Und dann kam mir der Gedanke, daß es die Liebe sein mußte, die dem Osterfest seinen Sinn gab. Ich breitete die Arme aus und sagte: »Ich danke dir. Ich glaube, jetzt fange ich an zu begreifen, welche heilende Kraft mit dem Gefühl der Liebe wirksam wird.«

Kaum hatte ich das gesagt, prasselte ein Schauer kristallartiger Hagelkörner auf mich herab – wie eine Antwort auf meine Frage. Tausende wie Diamanten glitzernde Hagelkörner hüllten mich ein wie ein leuchtender Vorhang, und hinter diesem Vorhang konnte ich immer noch die Sonne sehen. Ich fühlte mich wie in ein Märchenland versetzt und wußte, daß ich nur die Augen öffnen und richtig hinhören mußte, wenn ich alle die Wunder erleben wollte, welche die Natur für mich bereithielt. Ich streckte die Arme aus, um die herabfallenden Diamanten aufzufangen, und fühlte ihr eisiges Brennen auf meinen Handflächen. Dann schaute ich zum Himmel empor und erblickte über mir, jenseits des durchsichtigen Vorhangs, einen leuchtenden Regenbogen.

Da waren sie, die sieben Farben in ihrer ganzen ungetrübten, ursprünglichen Klarheit. Es waren die gleichen sieben Farben, die ich in meinem Inneren wahrgenommen hatte. Regungslos stand ich da, und von Ehrfurcht ergriffen, nahm ich dieses wunderbare Bild in mich auf. Andächtig betrachtete ich die einzelnen Farben, vom Rot im unteren Teil des Regenbogens bis hinauf zum Violett am obersten Rand.

Die Natur hatte zu mir gesprochen, und ich ließ mich von ihrer Botschaft anrühren. Zuerst glaubte ich, in Tränen ausbrechen zu müssen, aber dann konnte ich nur lächeln, während ich innerlich glühte. Ich ging ins Haus und rief meinen Freund an. Wir sprachen über die Chakras, und er fing an zu meditieren und sich dabei auf diese bisher unbeachtet gebliebenen natürlichen Energiezentren in seinem Körper zu konzentrieren.

Er blieb ein halbes Jahr länger am Leben, als die Ärzte erwartet hatten. Vor seinem Tod sagte er mir und anderen engen Freunden, das Wichtigste, was er durch seine Krankheit gelernt habe, sei gewesen, die Liebe anderer Menschen anzunehmen. Es hatte ihm nie Schwierigkeiten bereitet, Liebe zu geben, doch sein Problem war gewesen, nicht glauben zu können, daß andere ihn wirklich liebten. Weil es ihm so schwergefallen war, die Kraft der Liebe in sich aufzunehmen, die andere ihm schenken wollten, hatte sich dieser Mangel in seinem Körper manifestiert.

Am Abend seines letzten Geburtstags versammelten sich seine besten Freunde in seinem Wohzimmer, um Abschied von ihm zu nehmen. Aufrecht und stolz kam er in einem eleganten Morgenmantel aus Satin und einem seidenen Pyjama herein und setzte sich still in unsere Mitte. Jeder einzelne von uns begrüßte ihn herzlich und versuchte ihm dabei zu zeigen, wie lieb er ihn hatte. Wir spürten deutlich, daß er unsere Liebe mit offenem Herzen annahm. Mit seinem Schicksal hatte er sich ausgesöhnt; er hatte mit sich selbst Frieden geschlossen.

Nachdem er gestorben war, stellten wir, die wir ihn an jenem Abend besucht hatten, fest, daß wir nun den Kern einer neuen Familie bildeten – einer Familie, die entstanden war, weil wir begriffen hatten, daß unser Freund, den wir so sehr vermissen würden, einer unserer größten Lehrer gewesen war. Was hatten wir von ihm gelernt? Vor allem, daß wir uns selbst lieben und die Liebe anderer annehmen sollen. Warte nicht so lange, bis eine tödliche Krankheit dir sagt, daß du es verdienst, geliebt zu werden.

9. KAPITEL

ARBEIT MIT KRISTALLEN

Unser Leben ist eintönig geworden,
weil wir verlernt haben zu träumen.

Als ich zum ersten Mal einen natürlichen Quarzkristall geschenkt bekam, legte ich ihn mir auf die Handfläche und betrachtete ihn genau. Ich war fasziniert. Er war nicht nur schön, sondern schien unendlich viele Dimensionen in sich zu bergen. Ich hielt ihn ins Sonnenlicht und drang gewissermaßen selbst in ihn ein. Er hatte sechs Seiten, und das Licht brach sich darin wie in einem Prisma und zeigte die sieben Farben des Regenbogens.

Der Kristall hatte dem Menschen, der ihn mir schenkte, viel bedeutet. Ich hielt ihn in der Hand und fragte mich, was dieses Mineral, das zu so vielen Menschen zu sprechen schien, mir außer seiner Schönheit zu sagen hatte. Viele meiner Freunde und Bekannten schenkten einander Kristalle – Kristalle in allen Farben und Formen. Nun wollte auch ich mehr darüber erfahren und begann, Bücher über Kristalle zu lesen. Außerdem lernte ich Menschen kennen, die sich intensiv mit Kristallen beschäftigten. Offenbar verfügten sie über ein umfangreiches Fachwissen.

Was ich las, faszinierte mich.

Die Erde ist ebenso wie jeder einzelne von uns eine lebendige, atmende und sich entwickelnde Wesenheit. Wie wir hat auch sie Kraftfelder, in denen subtile Energien wirken. Sie hat Venen und Arterien aus Mineralien und Substanzen, die solche Energien speichern, sie empfangen und ständig weitergeben. Kristalle sind Mineralien, die in der Erde verborgene Energien in sich aufnehmen und weitergeben. In den Büchern, die ich las, wird berichtet, daß sich an jedem Ort, der als geweiht und heilig angesehen wurde, große Kristallablagerungen im Boden befanden. Bei den indianischen Stämmen gibt es die Vorstellung, daß die Kristalle die vom Großen Geist ausgehende Lebenskraft verstärken können. Gebirgsbewohner behaupten, Kristalle verkündeten dem Menschen kosmische Geheimnisse, sie trügen Ideen und bedeutsame Mysterien aus längst vergangenen Zeiten in sich ... Was ich erfuhr, beeindruckte mich, und ich wollte tiefer in diese Geheimnisse eindringen. Ich wußte, daß Kristalle Schallwellen in einem Rundfunkempfänger oder Lichtwellen in einem Fernsehgerät verstärken. Konnten sie auch in einem Bewußtsein entstandene Gedankenwellen in dem als Empfangsgerät wirkenden menschlichen Gehirn verstärken? Waren sie damit Träger des kosmischen Bewußtseins?

Während eines Aufenthalts in Ägypten erfuhr ich, daß zur Zeit der Pharaonen Edelsteine dazu verwandt wurden, die Heilkraft der Chakras mit den entsprechenden Astralfarben in der Meditation zu verstärken. Im Lauf der Zeit erhöhte sich der Wert dieser Edelsteine, und zwar nicht nur, weil sie so selten waren, sondern weil sie zur Heilung von Krankheiten benutzt wurden. So wurde der Rubin zum Beispiel zur Heilung von Organen benutzt, deren Funktionen durch das rote Erd-Chakra beeinflußt werden. Der Topas und der Karneol verstärkten die Heilkraft des orangefarbenen Sexual-Chakras. Der gelbe Saphir und der gelbe Bergkristall Zitrin wirkten auf den Solarplexus, der Smaragd auf das Herz. Der blaue Saphir entsprach dem Hals-Chakra und der Lapislazuli dem dritten Auge. Der Amethyst wirkte auf das Kronen-Chakra. Weiße Diamanten, in deren weißem Licht alle Farben enthalten sind, wurden dazu verwendet, die anderen Steine einzufassen, um ihre Wirkung zu verstärken. Die Edelsteine erfreuten sich vor allem deshalb so großer Beliebtheit, weil sie zur Förderung der Gesundheit und des inneren Gleichgewichts benutzt wurden. Kristalle und Edelsteine hatten damals für das Leben der Menschen eine sehr viel größere Bedeutung, als ich geglaubt hatte.

Der Bergkristall spielte dabei eine ganz besondere Rolle. Beim Heilungsprozeß wirkte er auf mindestens drei der sieben Chakras: auf das dritte, den Solarplexus beeinflussende Chakra, das fünfte – das Herz-Chakra – und das sechste, das Chakra des dritten Auges in der Stirnmitte. Wenn die Energie dieser Chakras durch den

Bergkristall verstärkt wurde, konnte sie effektiver mit dem Kronen-Chakra zusammenwirken.

Nachdem ich das alles erfahren hatte, glaubte ich den Grund zu kennen, weshalb so viele Menschen so fasziniert von Edelsteinen sind und sie besitzen wollen. Augenscheinlich spüren wir instinktiv, daß diese Edelsteine mit ihren zahlreichen Facetten die Fähigkeit haben, unser Bewußtsein zu erweitern, Krankheiten zu heilen und das Tor zum Verständnis des eigenen Selbst zu öffnen. Kristalle scheinen die Kraft zu besitzen, jene Gedanken zu speichern und weiterzutragen, die im Zusammenhang mit dem universellen Bewußtsein stehen.

In fast allen Kulturen sind Kristalle seit Jahrhunderten dazu verwendet worden, Krankheiten zu heilen. Man hat sich in der Meditation auf sie konzentriert und sie zu den Substanzen gezählt, welche die Schwingungen unsichtbarer ätherischer Energie aufnehmen und weitergeben.

Ich erfuhr, daß Bergkristall und Edelsteine schon in den alten indischen Kulturen und sogar noch früher auf dem Kontinent Lemuria verwendet wurden (einem Kontinent, der einmal mitten im Pazifischen Ozean existiert haben soll). Damals verwendete man sie zur Gedankenübertragung. Die Gedanken wurden mit Hilfe elektromagnetischer Wellen, die im Gehirn erzeugt werden, durch den Äther weitergegeben. Rote Kristalle enthielten die Energie des Feuers, blaue Kristalle die des Wassers, weiße Kristalle die der Luft. Zweifarbige Kristalle bewirkten eine Harmonisierung der Energien.

Bergkristalle wurden auch neben die Saat gelegt, und wenn man sich in der Meditation auf sie konzentrierte, wurde das Wachstum dieser Saaten wesentlich beschleunigt. Aus meinen Büchern erfuhr ich, daß jedes Kristall seine eigene Schwingungsfrequenz besitzt. Ein Kristall mit einer langsamen Schwingungsfrequenz eignet sich hervorragend zur Vertiefung der Meditation. Kristalle mit einer höheren Schwingungsfrequenz helfen dem Meditierenden, die höheren Stufen des kosmischen Bewußtseins zu erreichen.

Bergkristalle wurden auch dazu verwendet, die Wirksamkeit vieler anderer Therapien zu erhöhen. Wenn man an dem stumpfen Ende von Akupunkturnadeln aus Edelstahl einen kleinen Bergkristall befestigt, kann dies die Wirkung der Therapie positiv beeinflussen. Denn die Lebenskraft, die beim Einstechen der Nadeln stimuliert wird, neutralisiert die negative Energie, die an diesem Punkt wirkt.

Um die Funktionen der sieben Chakras rascher zu harmonisieren, legten sich die Meditierenden flach auf den Boden, legten einen Bergkristall auf die zu aktivierenden Chakras und konzentrierten sich auf die entsprechenden Farben und deren Schwingungsfrequenz. Der Kristall verstärkte dann die Intensität des Bewußtseins, das sich den einzelnen Chakras zuwendete.

Was ich hier erfuhr, faszinierte mich so, daß ich selbst mit Kristallen zu experimentieren begann. In einem dunklen Zimmer legte ich den Kristall, den ich geschenkt bekommen hatte, in Augenhöhe auf einen hohen Tisch. Dann stellte ich eine brennende Kerze dahinter und setzte mich davor. Ich richtete meinen Blick auf den Kristall und projizierte positive, liebevolle Gedanken in den Kristall. Dabei hatte ich das Gefühl, daß diese Gedanken von dem Kristall widergespiegelt wurden und zu mir zurückstrahlten. Es war ein sehr angenehmes Gefühl. Dann versuchte ich es mit negativen und zornigen Gedanken. Auch sie kamen zu mir zurück und verursachten in mir ein durchaus unbehagliches Gefühl. Daher beschloß ich, nur noch positive Gedanken auszusenden. Eine Stunde lang saß ich vor meinem von der Kerze beleuchteten Kristall, drang mit meinem Blick in ihn ein und übermittelte ihm möglichst angenehme und positive Gedanken. Es war ein wunderbarer Abend, und ich schlief anschließend besser als seit vielen Wochen. Vielleicht war der Kristall das geeignete Werkzeug zur Verstärkung positiver Gedankenwellen in meinem Gehirn und wirkte ähnlich wie bei der Verstärkung der Schallwellen im Radio oder der Lichtwellen in einem Fernsehgerät.

Ein anderes Mal bat ich einen Freund, sich an einem Versuch zu beteiligen. Wir setzten uns in einem dunklen Zimmer einander gegenüber an einen Glastisch, auf dem in Augenhöhe einige Bergkristalle lagen. Diesmal stellte ich die brennende Kerze unter den Tisch. Dann legte ich eine Platte mit sanfter Musik auf, aber da uns die Sache zunächst etwas lächerlich vorkam, fingen wir an zu kichern. Als wir uns beruhigt hatten, sahen wir uns durch die beleuchteten Kristalle in die Augen. Wir konzentrierten uns auf unsere sieben Chakras (auch er war auf der Suche nach spiritueller Erleuchtung), und sehr bald spürten wir, daß sich die Harmonie auf esoterischer, spiritueller Ebene zwischen uns verstärkte. Allmählich stellten wir fest, daß jeder für die Gefühle des anderen ein tiefes Verständnis entwickelte. Es war ein wunderbares Erlebnis, besonders nachdem wir uns entschlossen hatten, diesen Versuch wirklich ernst zu nehmen. Diese Erforschung festigte unsere Freundschaft, und seither haben wir uns immer wieder Kristalle zum Geschenk gemacht.

Ich kenne inzwischen einige Paare, die die gleiche Meditationstechnik anwenden. Sie berichten, sie hätten das Gefühl, daß der Energiefluß in ihren Chakras und alle Emotionen, die von den Chakras gelenkt werden, auf diese Weise harmonisiert würden. Diese Technik vermittle ihnen ein besseres Verständnis für das innere Wesen ihres Partners. Konflikte lösten sich auf, falsche Wertvorstellungen würden überwunden. Der emotionale Gleichklang, zu dem es dank der spirituellen Aufrichtigkeit komme, erlaube ihnen, sich gemeinsam schwierigen Problemen zu stellen, zu deren gemeinsamer Lösung sie wahrscheinlich sonst jahrelang nicht den Mut gefunden hätten. Auf diese Weise vollziehe sich ein innerer Reinigungsprozeß mit dem Ergebnis einer tiefen Harmonie im Zusammenleben.

Wenn ich das Gefühl habe, aus dem Gleichgewicht geraten zu sein, harmonisiere ich mein Chakrasystem mit Hilfe des Kristalls, der mir gerade der liebste ist. Oft hat man den Eindruck, daß Kristalle zu den Menschen, die sie verwenden, sprechen ... Sie scheinen zu sagen: »Ich gehöre dir.« Aber sehr bald erkennt man, daß die Kristalle einem nicht auf Dauer gehören. Man soll sich an ihnen freuen und sie dann weitergeben.

Es ist notwendig, die Kristalle in Abständen von etwa einem Monat zu reinigen, um sie von der sich in ihnen angesammelten negativen Energie zu befreien. (Die Kristalle werden sowohl mit negativer als auch mit positiver Energie aufgeladen.)

Das Reinigen ist ganz einfach. Man lege den Kristall in eine Mischung aus Salzwasser (dabei benutze man am besten Meersalz und kein Tafelsalz) und aus Äpfeln hergestelltem Essig und stelle das Gefäß einen Tag lang in die Sonne.

Wer für seine Meditation Edelsteine verwendet, sollte sie auch dann reinigen, wenn niemand anders sie berührt hat.

Man hat mir auch empfohlen, einen Kristall auf das Fernsehgerät zu legen, damit er die Strahlungen des Fernsehgeräts in sich aufnimmt. Auch diesen Kristall soll man alle drei Monate mit Salzwasser von der gespeicherten Strahlung befreien. Wenn man den Kristall vom Gerät fortnimmt, sollte man ihn nicht mit der bloßen Hand berühren, sondern nur mit einem Tuch, denn sonst nimmt man selbst mit dem Körper die darin gespeicherte Strahlung auf.

Wenn ich meditiere, um eine Krankheit zu heilen, lege ich einen farbigen Stein (es muß kein Edelstein sein, denn es kommt nur auf die Farbe an) auf das Chakra, auf das ich mich konzentrieren will. (Der Kristall läßt sich mit einem kleinen Pflaster befestigen.) Dann »atme« ich die Farbe des Steins mit dem Chakra ein, von dem ich glaube, daß es blockiert ist.

Wenn ich mich über irgend etwas aufrege, dann weiß ich, daß das Chakra meines Solarplexus Hilfe braucht, und benutze einen gelben Stein. Wenn ich mich fürchte, behandle ich mein Erd-Chakra mit einem roten Stein. Wenn ich spüre, daß meine Kreativität nachgelassen hat, verwende ich einen orangefarbenen Stein und atme diese Farbe mit meinem zweiten Chakra ein usw. Man bezeichnet dies als holistische Heilmethode.

Manche Menschen trinken Edelsteinelixiere. Ein Edelstein wird in klares Wasser gelegt und einen Tag ins Sonnenlicht gestellt. Die Schwingungen des Steins werden vom Wasser aufgenommen.

Doch auf welche Weise man Bergkristall oder Edelsteine auch

benutzen will, man muß sich darüber klar sein, daß die Heilung nur zustande kommt, wenn man die heilende Kraft der Steine durch Meditation und Visualisation verstärkt. Kristalle und Edelsteine allein können nichts bewirken; das Bewußtsein des Meditierenden ist entscheidend.

Indem er Körper, Geist und Seele durch Meditation und Visualisation mit Hilfe eines Kristalls in Harmonie versetzt, wird der Meditierende zum Selbstheiler. Wer seine Gedanken beruhigt und seiner Seelenkraft auf diese Weise ermöglicht, die innere Harmonie herzustellen, wird zu einem vollkommeneren menschlichen Wesen und erkennt neben der physischen und psychischen die spirituelle Dimension seines Wesens.

Mit der Intensivierung der spirituellen Wahrnehmung verstärkt sich auch der Energiefluß im Körper.

In einer Krisensituation ist das »Farbatmen« die wirksamste und bequemste Technik. Wenn Sie zum Beispiel wissen wollen, weshalb Ihnen unmittelbar vor dem Eintreffen der Gäste das Essen angebrannt ist, stellen Sie den Herd ab und entspannen sich einen Augenblick. Dann stellen Sie sich vor, die Luft habe eine violette Farbe, und atmen sie ein. Das Einatmen der violetten Farbe wird nicht nur beruhigend auf Sie wirken – da es die Farbe der höheren göttlichen Absicht ist, werden Sie vielleicht auch herausfinden, welche kosmische Lehre Ihnen durch das verbrannte Fleisch erteilt werden sollte.

Ich besitze eine Halskette aus farbigen Steinen, die ich immer bei mir habe. Wenn ich mir das Blau des Saphirs vergegenwärtigen will, bevor ich die blaue Farbe einatme, halte ich den blauen Stein ins Sonnenlicht (ein kleiner Stein genügt vollkommen) und »übertrage« dann das Blau des Steins auf die Luft, die ich einatme.

Das Einatmen der Farbe Rosa ist außerordentlich beruhigend, denn Rosa ist die Farbe des Göttlichen im Menschen. In einigen Gefängnissen, zum Beispiel in Attica und Folsom, werden die Wände der Zellen, in denen besonders unruhige Kriminelle untergebracht sind, neuerdings rosa gestrichen. Es gibt spirituell hochentwickelte Personen, die behaupten, daß sich im Menschen ein neues Energiezentrum zwischen dem Hals-Chakra und dem Herz-Chakra entwickelt. Sie bezeichnen es als das »Chakra des inneren Friedens«, und seine Farbe ist rosa.

Das Farbatmen wirkt nicht nur heilend, es bereitet auch Vergnügen. So wird abermals deutlich, daß uns die Mittel, mit denen wir uns gesund erhalten und unsere inneren Kräfte harmonisieren können, ständig zur Verfügung stehen – wenn wir unserem Bewußtsein nur erlauben, sie wahrzunehmen und von ihnen Gebrauch zu machen. Und: Sie kosten nichts.

In Kanada habe ich Anna Mitchel-Hedges besucht, die den berühmten Kristallschädel in ihrer Obhut hat. Vor siebzig Jahren hat sie ihn mit ihrem Vater Sir Michael Mitchel-Hedges bei archäologischen Ausgrabungen in Südamerika gefunden. Dieses Stück ist ein wahres Weltwunder und wäre für jedes Museum eine große Bereicherung. Aber Anna hat ihrem Vater und den Menschen, in deren Land der Schädel gefunden und ausgegraben wurde, versprochen, sie würde sich ihr ganzes Leben persönlich um diesen Fund kümmern. Alle Beteiligten waren sich der Tatsache bewußt, daß der Kristallschädel den unmittelbaren Kontakt zu einem Menschen brauchte und von ihm gehütet werden mußte.

Als ich in Annas Wohnzimmer kam, sah ich den Schädel auf dem Kaffeetisch liegen. Sie forderte mich auf, ihn in die Hand zu nehmen. Er war schwer und wog etwa zwölf Pfund. Ich hatte sofort das Gefühl, daß er auf mich reagierte. Es war ein seltsames, aber sehr angenehmes Gefühl. Ich setzte mich auf den Fußboden und nahm den Schädel auf meinen Schoß. Dann aber bekam ich Lust, ihn auf dem Teppich herumrollen zu lassen. Danach hatte ich das sichere Gefühl, daß er dabei vor Freude gelacht hatte: Er schien lebendig zu sein. Anna sagte mir, alle Menschen, die ihn berührten, hätten Ähnliches erlebt. Dann lächelte sie mir zu und verließ das Zimmer.

Ich legte mich auf den Boden und hielt den Schädel gegen das Licht. Dabei glaubte ich, neue Dimensionen und andere Welten vor meinem geistigen Auge zu erblicken, während der Kristall meine Gedankenkraft verstärkte. (Anna Mitchel-Hedges glaubte, der Kristallschädel sei ein Zeuge der untergegangenen atlantischen Kultur, er habe seine Identität durch die Jahrtausende bewahrt, um seine Botschaft den Menschen weiterzugeben.) Schließlich streckte ich mich auf dem Boden aus, legte den Schädel auf meine Brust und meditierte. Wieder hatte ich das Gefühl, daß er zu mir sprach. Vor meinen Augen erschienen Bilder von fremden Orten aus vergangenen Zeiten. Es war, als *müßte* ich sie sehen, und tief in meinem Inneren wußte ich, daß ich Teile meiner eigenen Vergangenheit erblickte und dabei emotionale Trümmer forträumte. Ich geriet in einen halbschlafähnlichen Zustand und erlebte mich in einem atlantischen Tempel. Die Wände waren aus Kristall, und die menschlichen Wesen, die meditierend darin saßen, sahen aus wie Zwitterwesen. Es waren Menschen, bei denen ein völlig harmonisches Gleichgewicht zwischen dem männlichen und dem weiblichen Element bestand. Plötzlich erkannte ich auch meinen Vater. Er trug eine Robe aus kristallinem Stoff und hielt einen Vortrag. Aber er bediente sich dabei nicht der Sprache, sondern der Gedankenübertragung. Sein Thema war die Bedeutung der Harmonie zwischen dem weiblichen Yin und dem männlichen Yang in jedem menschlichen Wesen. Dann wies er die Anwesenden an, sich auf das zweite Chakra, das Sexualzentrum, zu konzentrieren. Aber in dem Augenblick, als er näher auf die Bedeutung des zweiten Chakras einging, schlug die Standuhr in Annas Wohnzimmer zwei Uhr. Ich wurde aus meiner Meditation gerissen, nachdem ich zwei Stunden meditiert hatte! Solche bewußtseinserweiternden Erfahrungen werden möglich, wenn man sich auf dieses Abenteuer einläßt.

10. KAPITEL

LAUT-MEDITATIONEN

Höre auf die Laute jenseits der Stille.

Alle akustischen Wahrnehmungen sind für mich etwas ungeheuer Wichtiges. Mißtönende Geräusche machen mich verrückt. Laute Stimmen sind für mich ein Ausdruck der Unreife und eines gestörten Temperaments. Verkehrsgeräusche erscheinen mir unnatürlich, weil sie die Laute der Natur übertönen. Ich habe mich nie an die mit dem technischen Fortschritt verbundene Lärmbelästigung gewöhnen können. Eine friedliche, natürliche Stille ist für mich das Paradies, und wenn ich diese natürliche Stille für längere Zeit entbehren muß, leidet mein Wohlbefinden darunter. Deshalb ist die Konzentration auf heilende Laute in der Meditation so wichtig für mich geworden.

Die vom Menschen entwickelten wissenschaftlichen Instrumente und seine fünf Sinne können die Existenz fester Körper registrieren, weil sie sinnlich wahrnehmbar sind. Feste Körper sind zudem durch ihre sehr langsamen Schwingungen gekennzeichnet.

Dann kommen die Töne, deren Frequenz von 16 bis zu 32768 Schwingungen in der Sekunde reicht.

Steven Halpern schreibt in seinem Buch *Sound Health*, daß Lautschwingungen mit eintausend Perioden in der Sekunde leicht hörbar sind. Verdoppelt man die Schwingungsfrequenz auf zweitausend Perioden pro Sekunde, dann liegt der so entstandene Ton um eine Oktave höher. Wenn man den Umfang einer Klaviertastatur um 50 Oktaven erhöhen könnte, dann würden die Tasten am obersten Ende mit ihren Schwingungen Farben und nicht hörbare Töne erzeugen. Farbiges Licht hat eine Schwingungsfrequenz von fünfhundert Milliarden Perioden in der Sekunde.

Die Farbe des Lichts drückt sich je nach dem Farbton in verschiedenen Schwingungsfrequenzen aus. Wenn wir die Farben wie Musik »hören« könnten, dann läge die Farbharmonie um etwa 50 Oktaven höher als die hörbaren Töne.

Die westliche Tonleiter hat sieben Noten. (Die achte Note klingt ebenso wie die erste, liegt aber um eine Oktave höher.) Der Regenbogen hat sieben Farben; der menschliche Körper besitzt sieben Energiezentren. Sieben Farben entsprechen den sieben Energiezentren, und die Mystiker lehren, daß es sieben Ebenen des Bewußtseins gibt: die physische, die ätherische, die emotionale, die mentale, die astrale, die spirituelle und die seelische.

Die Schwingungsfrequenz jeder Farbe des Chakrasystems entspricht daher der einer bestimmten Bewußtseinsebene und einer bestimmten Note in der Oktave. Mit anderen Worten, wenn man die Schwingung der Farbe Rot (am Erd-Chakra) hören könnte, würde sie der Schwingungsfrequenz des C auf der Tonleiter entsprechen. Wenn man sich also in der Meditation auf die Farbe eines Chakras konzentriert, kann man die Meditation intensivieren, indem man den Ton summt, dem diese Farbe entspricht.

Rot	=	C
Orange	=	D
Gelb	=	E
Grün	=	F
Blau	=	G
Indigo	=	A
Violett	=	H

Ich habe festgestellt, daß ich mich sehr viel ausgeglichener fühle, wenn ich mich in der Meditation auf die Farben und Töne meiner Chakrazentren konzentriere.

Wenn ich mich auf die Farben der Chakras konzentriere, singe ich manchmal die Silbe »Om«. Zunächst fiel es mir schwer, beides miteinander zu verbinden, aber nach längerem Üben wurde es nicht nur leichter, sondern schien auch ganz natürlich zu sein.

Man sagt, die Silbe *Om* käme dem Schöpfungswort Gottes am nächsten. Es ist ein »Macht«-Wort und wird seit Jahrhunderten benutzt, um die Harmonie im Heilungsprozeß herzustellen. Das *Om* läßt sich ohne Schwierigkeiten summen, wenn man es aus der Tiefe der Kehle und der Brust nach oben dringen läßt. Indem ich dieses *Om* mehrere Male wiederhole, stelle ich den Kontakt zum Kern meines Wesens her. Ich habe die Erfahrung gemacht, daß ich, je länger ich *Om* singe, um so tiefer in die Bewußtseinszustände eindringen kann.

Da ich aber keine Nonne werden wollte, habe ich aufgehört *Om* zu singen, um meinen Bewußtseinszustand in der Meditation zu vertiefen. Ich tue es jetzt, um die Schwingungen der Farben und der Töne bei der Konzentration auf die Chakras miteinander in Einklang zu bringen. Ich lasse den Ton in meinem Inneren so lange schwingen, bis ich das Gefühl habe, daß er den Ort berührt, an dem ich die Verbindung meiner Seele mit dem Universum wahrnehme. Die Energie, die ich dabei fühle, wirkt besänftigend und heilend.

Wie stark Töne auf das eigene Innere wirken können, habe ich zum ersten Mal erfahren, als ich Gesangsunterricht nahm. Zunächst begriff ich nicht, weshalb ich mich nach dem Unterricht immer so wohl fühlte. Dabei kam es auch gar nicht darauf an, wie meine Stimme klang; es war die Wirkung der Schwingungen auf meinen Solarplexus, das Herz usw. Dann erinnerte ich mich, wie beliebt die Diathermie bei Tänzern und Athleten war: Bei diesem Heilverfahren werden Hochfrequenzströme eingesetzt, um bestimmte innere Körperabschnitte zu durchwärmen.

Da ich so empfindlich auf Geräusche reagiere, nehme ich auf meinen Reisen immer ein Gerät mit, das das sanfte Rauschen von Meereswellen wiedergibt. Dabei kann ich sogar zwischen Brandung I und Brandung II variieren. Wenn ich in einer Großstadt übernachten muß, lasse ich den Verkehrslärm durch Brandung II übertönen, um besser schlafen zu können.

Ich glaube, wir alle sind in einer kaum meßbaren Weise geräuschempfindlich. Unangenehmer Lärm kann sehr abträglich für das körperliche und geistige Wohlbefinden sein. Andererseits wirken schöne Musik und die friedlichen, rhythmischen Laute der

Natur erfrischend. Wir gleichen Empfangsgeräten, die sich auf den Empfang und das Senden elektromagnetischer Schwingungen einstellen lassen. Wenn unser Nervensystem durch unangenehme und laute Geräusche gestört wird, wirkt sich das abträglich auf unseren Gesundheitszustand aus.

Die Schumann-Resonanz ist eine Gleichung, die besagt, daß der Mensch mit einer durchschnittlichen Frequenz von 7,8 bis 8 Perioden in der Sekunde vibriert. Diese Schwingungen sind nicht hörbar, wenn wir entspannt sind. Auch die Frequenz der in der Meditation vom menschlichen Gehirn ausgehenden Schwingungen liegt im Bereich von acht Perioden in der Sekunde.

Physiker gehen davon aus, daß die Erde mit acht Perioden in der Sekunde vibriert und die Nervensysteme aller Lebensformen auf diese Grundfrequenz eingestellt sind. Es gibt daher eine unsichtbare harmonische Resonanz zwischen der Erde als einer lebendigen vibrierenden Wesenheit und dem Menschen, wenn er sich in einem entspannten Zustand befindet. Wenn wir Menschen erregt und verspannt sind, ist die Übereinstimmung mit der Schwingungsfrequenz der Erde gestört. Wenn wir uns dagegen im harmonischen Gleichgewicht befinden, besteht auch eine natürliche Übereinstimmung mit den von der Erde ausgehenden elektromagnetischen Schwingungen.

Wenn wir schöne Musik hören, werden Gewebe und Zellen von den Lautschwingungen der Musik massiert. Damit wird unser inneres Gleichgewicht hergestellt, und die Blutzirkulation, der Stoffwechsel und die Funktion der endokrinen Drüsen werden verbessert. Die Musik wird vielleicht deshalb als eine universale Sprache betrachtet, weil sie uns hilft, die von uns ausgehenden Schwingungen auf die gleiche Frequenz zu bringen. Die frühesten Formen der Musik – das Zusammenschlagen von Stöcken, das In-die-Hände-Klatschen, das Trommeln auf gespannte Tierhäute und das rhythmische Ausstoßen von Lauten – waren Ausdruck gemeinsamen rhythmischen Empfindens in Gestalt von Schwingungen.

In diesem Zusammenhang interessierte ich mich für Steven Halperns Aussagen zu dem Phänomen des *Entrainment* (der Angleichung). Dieser Begriff besagt, daß zwei oder mehr Oszillatoren, die im gleichen Energiefeld in etwa dem gleichen Rhythmus schwingen, ihre Rhythmen so lange verändern, bis sie alle die gleiche Frequenz erreicht haben. Dies ist ein kosmisches Naturgesetz. Eine solche Angleichung erfolgt nicht nur in jedem einzelnen menschlichen Körper, sondern auch bei der Begegnung mehrerer Menschen. Dabei verändert jeder von uns den eigenen Rhythmus so lange, bis wir einen gemeinsamen Rhythmus gefunden haben. Wenn jemand in unserer Umgebung leidet, dann fühlen wir das nicht nur, sondern passen unseren eigenen Rhythmus diesem Leiden an. Aus diesem Grunde ist jedes menschliche Individuum mit allen anderen verbunden und für sie mitverantwortlich.

Wenn wir uns als einzelne im inneren Gleichgewicht befinden, dann beeinflussen wir damit ganz wesentlich die Haltung anderer. Jede Störung des eigenen inneren Gleichgewichts wirkt sich andererseits aber auch negativ auf andere aus. Deshalb kann ein aggressiver und skeptischer Mensch die Haltung und die Reaktion anderer, »ausgeglichener« Menschen wesentlich beeinflussen und sogar aus dem Gleichgewicht bringen.

So hat mir die Konzentration auf Farben und Töne in der Meditation geholfen, inneren Frieden zu finden, und das wiederum hat sich positiv auf meine Gesundheit ausgewirkt. Ich glaube, auch andere könnten lernen, diese Techniken anzuwenden und die Verantwortung für ihr inneres Gleichgewicht zu übernehmen. Dies wäre der erste Schritt auf dem Wege der Erkenntnis, daß jeder die Möglichkeit hat, sich als ein harmonisches Wesen zu erfahren.

Die Naturwissenschaft sagt uns, daß das Universum ein überaus harmonisches Ganzes ist. Alles strebt nach Ausgewogenheit und Ordnung. Wir Menschen, die wir die Fähigkeit besitzen, über uns selbst nachzudenken, scheinen uns dagegen in Zuständen der Disharmonie und des Mißklangs besonders wohl zu fühlen. Ich glaube jedoch, daß sich die Dinge zu verändern beginnen: Allmählich erkennen wir, daß wir uns auch dafür entscheiden können, *glücklich zu sein.* Das Glücklichsein erfordert innere Ausgewogenheit, die innere Ausgewogenheit erfordert Wissen, und das

Wissen erfordert Disziplin, denn nur mit Disziplin läßt es sich im praktischen Leben verwirklichen. Das Wissen über Holismus und Selbstheilung ist ein Geschenk, das anzunehmen wir uns bisher geweigert haben. Wir vertrauen in erster Linie immer noch der Medizin, die sich mit der Heilung von Krankheiten beschäftigt, anstatt dem Kranken die Mittel in die Hand zu geben, die in ihm schlummernden heilenden Kräfte zu aktivieren. Immerhin aber gibt es bereits Ärzte, die zugeben, daß der Glaube des Patienten wesentlich zu seiner Heilung beitragen kann.

Wir bestehen nicht nur aus einer Ansammlung chemischer Stoffe, die mit Medikamenten behandelt werden können. Wir sind elektromagnetische Wesen, und es gibt viele Methoden, mit denen wir uns helfen können. Der Mensch reagiert auf die Schwingungen, die er wahrnimmt, etwa auf Laute, auf Elektrizität, Hitze, Licht und Farbe. Jenseits dieser Schwingungsbereiche gibt es jedoch Schwingungen, die sich mit wissenschaftlichen Instrumenten messen lassen. Röntgenstrahlen haben zum Beispiel eine Schwingungsfrequenz von zwei Billionen Schwingungen in der Sekunde.

In der Natur gibt es ein Schwingungskontinuum, aber sogar die Wissenschaft kann nur einen begrenzten Teil dieses Kontinuums erkennen.

Jenseits all dieser Realitäten liegen höhere Ebenen der Wirklichkeit mit noch höheren Schwingungsfrequenzen, von denen die westliche Wissenschaft bis heute nur wenig weiß. Dazu gehören die ätherischen, die astralen, die mentalen und die spirituellen Ebenen. Und jede Daseins- und Realitätsebene gehorcht ihren eigenen Gesetzen und Prinzipien.

Da jedes menschliche Wesen einen göttlichen Kern besitzt und die Schwingungen des Göttlichen in sich trägt, kann es von vielen Krankheiten geheilt werden, indem es sich in der Meditation auf die höheren Frequenzen der spirituellen Schwingungen konzentriert, sich diese Schwingungen vorstellt und die Verbindung mit ihnen aufnimmt. Auf dieser Basis wirken Menschen, von denen man sagt, sie hätten »heilende Hände«. Der Körper ist ein Produkt des Denkens und des Geistes. Energie folgt dem Denken. Der Körper folgt dem Bewußtsein. Unsere physische Welt ist das, was wir bewußt in sie hineinprojizieren und von ihr wahrnehmen.

Das Arbeiten mit Visualisationen in Verbindung mit Tönen oder Musik ist jedem möglich, der bereit ist, die von außen kommenden Schwingungen auf sich wirken zu lassen, um die innere Harmonie herzustellen.

Ich arbeite zum Beispiel nach dem folgenden Verfahren:

Wenn ich weiß, daß mich niemand stören wird, lasse ich mir ein heißes Bad ein. Dann schalte ich das Telefon ab und stelle meine Kristalle mit der Vorderseite nach innen auf die vier Ränder der Badewanne. Manchmal gieße ich etwas Badeöl ins Wasser, zum Beispiel Blütenessenzen oder Fichtennadelöl.

Ich stelle eine brennende Kerze in das Badezimmer und lege eine Platte mit einer Musik auf, die meiner jeweiligen Stimmung entspricht – aber niemals Rock 'n' Roll.

In der Wanne sitzend, atme ich dreimal tief ein; einmal für den Körper, einmal für den Geist und einmal für die Seele. Nun lasse ich die Musik über mich und durch mich hindurch fließen und atme die Farben ein, die mir gerade in den Sinn kommen. Das tue ich im tiefen Vertrauen auf ihre heilende Wirkung. Ich fühle, wie sich jede Farbe mit dem ihr entsprechenden Chakra »vermischt«. Dann stelle ich mir vor, daß ich mich in einem schönen Garten befinde, umgeben von Bäumen und Blumen, Vögeln und anderen Tieren. Wenn mich die Musik dazu anregt, *Om* zu singen, dann tue ich es. Ich fühle, wie ich von den Schwingungen der Töne durchdrungen werde. Wenn ich zur Musik das *Om* singe, spüre ich, wie die Töne und Farben in meinem Inneren tanzen. Das ist ein wunderbares Gefühl. Dabei werde ich wieder zum Kind. Alle inneren Spannungen lösen sich, und ich fühle mich befreit. Dann erlebe ich auf der Bühne meines Bewußtseins ein Abenteuer und lasse mich von meinen Gedanken entführen, wohin sie wollen. Manchmal ist es eine friedliche Reise, und manchmal ist es ein aufregendes Abenteuer und spannender als alle Filme, die ich gemacht habe. Ich vertraue darauf, daß mich mein Höheres Selbst auf Wege führt, die ich noch nie gegangen bin. Dabei fühle ich mich vollkommen sicher, denn ich weiß, ich kann jederzeit wieder in die Badewanne zurückkehren, in der ich sitze.

Manchmal begegne ich dabei Menschen, mit denen ich Konflikte lösen muß. Dann wieder begegne ich alten Freunden aus einem vergangenen oder auch aus diesem Leben. (Und ich habe in der Tat viele Freunde!) Je mehr ich mich loslasse, desto mehr Vergnügen habe ich daran, und desto weniger Streß spüre ich, wenn die Meditation vorüber ist.

Ich bin immer noch ich, aber ich habe mich verwandelt. Nun bin ich mir deutlicher bewußt, daß ich nicht nur ein in drei Dimensionen gefangenes Lebewesen bin; ich weiß, daß mein Ich viele Dimensionen besitzt, und jede dieser Dimensionen interessiert mich in gleicher Weise. Ich habe das Gefühl, Vergangenheit, Gegenwart und Zukunft auf einmal zu erleben, und ich erkenne, daß der Brennpunkt dieser Erfahrung in *diesem* Leben – mein Badewannen-Erlebnis – nur ein winziger Teil des Ganzen ist, das ich wirklich bin. Ich bin alles und jeder zugleich. Ich bin das Hologramm all dessen, was überhaupt existiert. Das gibt mir das Gefühl, als läge in mir die Essenz des großen Einsseins – und in dem Augenblick, da ich das erlebe, bin ich zu Hause.

11. KAPITEL

SEXUALENERGIE UND CHAKRAS – DIE KUNST DES TANTRA

Das ganze Leben ist ein Bumerang.
Wir empfangen, was wir geben.

Bis hierher haben wir uns eingehend mit der Spiritualität der Farben und Töne, der stillen Kraft des Höheren Selbst beschäftigt und gesehen, welche Bedeutung sie für den Körper haben, in dem wir leben. Dies alles aber bleibt bedeutungslos, wenn wir nicht auch über eine der elementarsten menschlichen Aktivitäten sprechen: über Sex. Sex ist so attraktiv und verwirrend wie nur irgendein menschliches Abenteuer, auf das wir uns einlassen.

Nach allem, was ich von Therapeuten und Fachpsychologen gelesen und erfahren habe, geht es bei Sex selten nur um Sexualität. Sex ist zumeist auch ein Mittel, um mit anderen Emotionen und Bedürfnissen fertig zu werden – etwa mit dem Streben nach Macht und Besitz, nach Herrschaft über andere, mit persönlichen Sorgen, mit mütterlichen und väterlichen Instinkten und ungezählten anderen Aspekten des menschlichen Daseins. Über diese Thematik haben die gleichen Fachleute Tausende von Büchern geschrieben. Die meisten dieser Untersuchungen betrachten den Sex, weil sie sich mit abnormen Verhaltensweisen beschäftigen, notwendigerweise als etwas Negatives.

Zu kurz kommt dabei die lebensnotwendige, positive Rolle des Sex bei den zwischenmenschlichen Beziehungen auf physischer und spiritueller Ebene. Lebensnotwendig aus dem einfachen Grunde, weil die Sexualität die Kraft ist, die das Überleben des Menschen sicherstellt. Positiv, weil sie von so fundamentaler Bedeutung ist und weil das, was wir auf dieser Ebene für ein anderes menschliches Wesen empfinden, der wirksamste Katalysator für die Herstellung einer lustvollen Intimität ist.

Nirgends habe ich etwas über die intuitiven Kräfte gelesen, die wir spüren, wenn wir uns von einem anderen Menschen angezogen fühlen. Und damit möchte ich mich jetzt beschäftigen. Ich glaube, wir fühlen uns nicht von einem Körper oder einem Gesicht angezogen. Ich meine, was uns anzieht, ist der Kern der Seele eines anderen Menschen. Möglicherweise erinnern wir uns sogar an ihn, weil wir ihm in einem früheren Leben an einem anderen Ort begegnet sind. Wenn zwei Seelen zusammentreffen und aufeinander wirken, wird der Sex zum Dialog der Körper, damit die Seelen, die einander wiedererkannt haben, ihre Beziehung tiefer erforschen und ausbauen können.

Ich glaube, jeder von uns hat die Erfahrung gemacht, daß er männliche und weibliche Eigenschaften in sich vereinigt. Jedes Geschlecht trägt eine andere Kombination von Energiemustern in sich. Das männliche Geschlecht ist aggressiver, mehr nach außen gewendet und vom Intellekt bestimmt, das weibliche empfänglicher, von einer intuitiven Kreativität und vom Gefühl bestimmt.

In den Kulturen Indiens, des Nahen und des Fernen Ostens repräsentiert das weibliche Geschlecht die Yin-Energie, das männliche die Yang-Energie. Diese beiden Energien ergänzen einander, und ihr Zusammenwirken macht aus dem Universum ein Ganzes. Dabei ist die Yang-Energie die nach außen gerichtete, sich offenbarende und die Yin-Energie die nach innen gerichtete und kreative.

Wenn man den Sexualtrieb aus dieser Perspektive betrachtet – das heißt von der Notwendigkeit her, zwischen Yin und Yang ein harmonisches Verhältnis herzustellen –, stößt man auf die Frage, welche emotionalen Bedürfnisse die sexuellen prägen. Bei diesen Zusammenhängen spielt das menschliche Chakrasystem eine entscheidende Rolle.

Aus dem Studium der oben erwähnten Kulturen habe ich gelernt, daß die drei unteren Chakras bei Männern und Frauen in erster Linie von der Yang-Energie aktiviert werden – also jener Energie, die vor allem auf der physischen oder irdischen Ebene unserer Existenz wirksam wird. Die drei oberen Chakras werden dagegen vor allem durch die Yin-Energie aktiviert, die im wesentlichen auf spiritueller Ebene wirkt.

Das Herz-Chakra in der Mitte ist androgyn. Es ist der Sitz der Seele oder des Höheren Selbst, und in ihm befinden sich Yin und Yang in vollkommener Harmonie. Das Höhere Selbst ist Ausdruck der göttlichen Energie, und auch in ihr wirken das kreative und das nach außen wirkende Prinzip, Yin und Yang, harmonisch zusammen.

Je mehr wir uns daher mit der Vollkommenheit des Höheren Selbst im Einklang befinden, desto intensiver erleben wir die vollkommene Ausgewogenheit in uns selbst und erfahren uns als androgyne Wesen. Das hat nichts mit Bisexualität zu tun. Es bedeutet nur, daß wir den weiblichen und den männlichen Aspekt in einem jeden von uns in einem harmonisch ausgewogenen Verhältnis wahrnehmen.

Wenn wir unsere Probleme und Konflikte im Hinblick auf das Leben, die persönliche Freiheit und das Streben nach Glück sorgfältig untersuchen, dann erkennen wir deutlich, daß es dabei oft sehr wesentlich ist, ob wir diese Probleme aus männlicher oder weiblicher Sicht betrachten. Dies gilt nicht nur im Hinblick auf den Sex, sondern betrifft auch die Art, wie wir unser kreatives Denken im praktischen Handeln zum Ausdruck bringen. Müssen wir unser Selbstbewußtsein stärken, weil wir fürchten, an unserer eigenen Passivität und Nachgiebigkeit zu scheitern? Müssen wir andere beherrschen, weil wir fürchten, von ihnen beherrscht zu werden? Wagen wir es, auf die Stimme der Intuition zu hören anstatt auf die lauten Forderungen des Intellekts?

Weil wir unvollkommene Geschöpfe sind und nach bestem Vermögen mit den Mängeln, den unerfüllten Bedürfnissen und den Ängsten in unserer Psyche fertig werden müssen, nähern wir uns, veranlaßt durch sexuelle Neigungen, den Menschen, mit denen wir glauben, diese Probleme lösen zu können. Wir fühlen uns unter Umständen von Personen sexuell angezogen, weil wir zu spüren glauben, daß sich in ihnen unsere eigenen Schwierigkeiten widerspiegeln. Der Sex wird so Vorwand und Brücke zur Intimität. Was wir verschwommen in uns selbst fühlen, erkennen wir manchmal mit geradezu blendender Klarheit in einem anderen.

Die Intimität gibt uns die Gelegenheit, uns damit auseinanderzusetzen. Eine Beziehung wird zunehmend positiver, wenn wir erkennen, daß wir uns selbst in unserem Partner sehen – im guten wie im bösen. So kann es sehr aufschlußreich und wichtig für uns sein, wenn wir uns fragen, weshalb wir gerade diesen Menschen lieben und keinen anderen – denn dabei entdecken wir, wer wir wirklich sind und ob wir uns selbst wirklich lieben oder nicht lieben.

Die Schwierigkeiten, die mit extrovertierten und introvertierten Verhaltensweisen verbunden sind, liegen in Wirklichkeit darin, daß es uns schwerfällt, das männliche und weibliche Element in uns ins Gleichgewicht zu bringen.

Der erste Schritt für jeden Partner besteht darin, den Wert des Männlichen und des Weiblichen in sich selbst anzuerkennen. Das ist nicht leicht. Viele Männer fühlen sich durch die in ihnen wirkende Yin-Energie bedroht. Wenn sie die Yang-Komponente in ihrem weiblichen Partner akzeptieren könnten, würde ihnen dies vielleicht helfen, ihre eigene Sensibilität, ihre Fähigkeit zur Intuition und zur Sanftheit zu akzeptieren. Dies trifft auch auf homosexuelle Beziehungen zu. Zur Beilegung von Meinungsverschiedenheiten und Mißverständnissen empfiehlt sich eine Praxis, die jedem Schauspieler vertraut ist: *Man lese den Rollentext des anderen.* Im gleichen Augenblick, da man beginnt, die Rolle des Gegners (oder Partners) zu spielen, beginnt man die Probleme auf beiden Seiten besser zu verstehen. Denn Sie dürfen nicht vergessen, daß dann auch die andere Seite *Ihren* Rollentext liest. Mit dieser Praxis läßt sich vieles klären; sie kann dazu beitragen, Ängste und Ärger abzubauen und das Verständnis für die Bedeutung der Kräfte des Yin und Yang zu erhöhen.

Kulturen, die um den Einfluß der Energie des Zodiak, des Tierkreises (einer Periode von 2100 Jahren) wissen, sind sich der Tatsache bewußt, daß die Energie des vergangenen Zeitalters der Fische eine maskuline Yang-Energie gewesen ist. Hier herrschte der Einfluß der Energie des aktiven Tätigseins, des rationalen Intellekts und der Willenskraft. Die westliche Welt war ein hervorragendes Beispiel für die Manifestation der Yang-Energie. Aber auch der größte Teil der übrigen Welt wurde im Zeitalter der Fische von der Yang-Energie beherrscht. Die meisten führenden Persönlichkeiten in der Welt waren Männer, die versuchten, die Probleme unseres Planeten in erster Linie mit Hilfe des Intellekts und des Willens zu lösen. Heute befinden wir uns im Zeitalter des Wassermanns, das von der weiblichen Energie des Yin beeinflußt wird. Daher ist es notwendig, Intellekt und Willenskraft durch Intuition und Spiritualität auszugleichen.

Der Mangel an Spiritualität in unserer Welt ist ein Mangel an Weiblichkeit, ein Mangel an weiblicher Spiritualität bei unseren führenden Persönlichkeiten und in unseren persönlichen Beziehungen. Wenn die kreative, spirituelle weibliche Yin-Energie nicht geachtet, genutzt, geehrt und bei der Lösung menschlicher Probleme eingesetzt wird, kann das für uns alle verhängnisvolle Folgen haben. Dieser Mangel führt zu Feindschaft, Furcht, zu Konflikten, Aggressivität und Mangel an Verständnis. Die großen spirituellen Meister lehren, daß im Umgang mit unseren »Feinden« an erster Stelle der Versuch stehen muß, sie zu verstehen. Zum zweiten müssen wir erkennen, daß es für die beiden einander entgegengesetzten Kräfte eine gemeinsame Basis geben muß, denn sonst könnte es nicht zum Konflikt kommen. Zwei einander entgegengesetzte Gesichtspunkte existieren nur in Beziehung zum gleichen Gegenstand; also besteht eine gemeinsame Basis. Ein besseres Verständnis für diese gemeinsame Basis gibt uns offensichtlich bessere Möglichkeiten für die Lösung des Konflikts.

Deshalb muß sich unsere Aufmerksamkeit von den Gegensätzen abwenden und auf die Gemeinsamkeiten richten. Damit wird der Polarität der Stachel gezogen, und was ursprünglich die Gegensätze auslöste, kann nun zu einer Versöhnung der Kontrahenten führen: wenn sie nämlich erkannt haben, worin sie einander gleichen. Drittens läßt sich eine höhere Ebene spiritueller Entwicklung erreichen, wenn die einander entgegengesetzten Kräfte erkennen, daß die Unterschiede nur Katalysatoren für ein tieferes Verständnis und sogar für die Liebe sind. Man könnte hier von der liebenden Vereinigung der Gegensätze sprechen: Jede Seite spiegelt die ungelösten Probleme der anderen. Aus einem Feind wird so der beste Freund.

Diese Haltung zeugt von einer Einsicht auf höherer Ebene, die wir nur erreichen können, wenn wir uns zunächst über unsere eigene Haltung klarwerden: »Wovor fürchte ich mich? Die Antwort finde ich in meinem Gegner.«

Damit tritt der spirituelle Aspekt des Problems in den Vordergrund, denn wir lernen von unserem »Feind«. Unser Feind wird zu unserem Lehrer. An die Stelle des Bestrebens, andere zu beherrschen, tritt das Bedürfnis, sie zu verstehen und sich selbst zu beherrschen. Das ist das Prinzip, von dem die Kriegskunst im Fernen Osten ausgeht (t'ai chi, aikido usw.). Es ist die Methode zu einer wirklichen Lösung von Konflikten. Wir im Westen beginnen zu erkennen, daß die Lösung von Konflikten in der Welt damit beginnt, daß jeder seine eigene Haltung überprüft und korrigiert.

Zum Verständnis nicht nur dessen, was wir sind, sondern auch dessen, was wir werden können, ist die Herstellung des Gleichgewichts zwischen männlichen und weiblichen Kräften erforderlich. Das bedeutet, daß wir es uns nicht mehr leisten können, das weibliche Prinzip der Spiritualität in unserem innersten Wesen unbeachtet zu lassen. Wir müssen uns in unserem Verhalten stärker von den Inspirationen des Herzens leiten lassen, als wir es in der Vergangenheit getan haben. Nicht das Gehirn mit seinem Intellekt, sondern das Herz – unsere Gefühle und Emotionen – ist der Sitz des göttlichen Bewußtseins.

Die esoterische und mystische Literatur lehrt, daß die Menschen vor vielen Jahrtausenden zur Zeit der Lemurier und der frühen atlantischen Kulturen eine hohe Stufe der Spiritualität erreicht hatten. Damals kam in Körper und Geist des Menschen jene vollkommene Ausgewogenheit des Yin und des Yang in der Seele zum Ausdruck. Eine hohe technische Entwicklung hat die Menschen dann dazu verführt, der Spiritualität den Rücken zu kehren, und deshalb sind diese hochentwickelten Kulturen untergegangen.

Heute müssen wir unter Umständen mit einer ähnlichen Entwicklung rechnen. Die technische Entwicklung in der modernen Welt hat zu einer Krise der Spiritualität geführt. Ob man nun an die Existenz von Atlantis und Lemuria glaubt oder nicht, ist im Grunde unerheblich. Wichtig ist, daß die Leistungen einer Gesellschaft danach beurteilt werden müssen, wie weit die Spiritualität ihrer Mitglieder entwickelt ist. Das spirituelle Niveau einer Gesellschaft zeigt sich in ihrer Fähigkeit, mit allen anderen Gesellschaften harmonisch zusammenzuleben. Nur dann können der Mensch und die Gesellschaft in einer Weise leben, die die Kraft Gottes zum Ausdruck bringt. Dann wird das Gefühl der Trennung von Gott aufgehoben. Wir alle sind eins. Kreative Körperlichkeit und Liebe werden dann auf jeder vorstellbaren Ebene möglich.

Sobald der Mensch vor allem danach strebt, das Göttliche in sich zum Ausdruck zu bringen, werden diese Ausdrucksmöglichkeiten immer subtiler. Der Sinn des Lebens ist es dann, die physische Ebene mit Spiritualität zu durchdringen, um Gott ähnlicher zu werden, und die Fähigkeit zu entwickeln, dem einzelnen und dem ganzen Universum in stärkerem Maß mit Gefühl und Liebe zu begegnen.

Was hat das alles nun mit dem Sex und den Chakras zu tun? Wir befinden uns heute in einer Situation, in der sexuell übertragene Krankheiten zu einer Krise geführt haben, die ähnlich schwerwiegende Folgen haben kann wie ein Krieg. Diese Krankheiten werden schneller übertragen, als wir sie unter Kontrolle bringen können. Es ist so, als forderte uns die Natur selbst dazu auf, uns nach innen zu wenden, um unsere ausgewogene Yin-Yang-Identität zu finden, bevor es zu spät ist, und die Verantwortung für uns selbst zu übernehmen, anstatt ständig zu versuchen, sie anderen aufzubürden. Es ist so, als litten wir alle an einem unbestimmten Gefühl der Frustration und des Verlusts, einem Mangel an Ganzheit. Dieses unbestimmte Gefühl, etwas verloren zu haben, und das ebenso unbestimmte, aber ständig vorhandene Bedürfnis, diese Lücke durch die Person eines anderen menschlichen Wesens auszufüllen, führen nur zu weiteren Frustrationen. Ich glaube, wenn wir uns nach innen wenden, um das Gleichgewicht in uns selbst wiederherzustellen, wird die echte Erfüllung all unserer Sehnsüchte folgen.

Hier ist die Arbeit mit den Chakras von entscheidender Bedeutung. Das Verständnis für die Bedeutung der Chakras wird uns dabei helfen, gesunde und natürliche sexuelle Beziehungen herzustellen, denn dabei richtet sich unsere Aufmerksamkeit auf die spirituellen Zentren in unserem Inneren. In früherer Zeit wurden die tantrischen Techniken und Übungen entwickelt, um das sexuelle Bewußtsein von Männern und Frauen auf eine Stufe zu heben, auf der diese Energien getrennt und vereint zur Wirkung gebracht werden konnten.

Die dabei angewandte Methode bestand darin, sich in der Meditation liebevoll auf die sieben Bewußtseinszentren in dem Partner zu konzentrieren und sich um das Verständnis ihrer Bedeutung zu bemühen. Dabei saßen sich die Partner gegenüber und stellten sich innerlich auf die Farben, die Schwingungsfrequenzen, die emotionale Bedeutung und die göttliche Energie in den Chakras des Partners ein, bis diese Übung zu einem erotischen und sinnlichen Höhepunkt kam. Dabei wurde der Blutkreislauf beider Individuen erotisch aktiviert.

Der tantrische Sex wurde dann zur spirituellen Wahrnehmung der Energiezentren des Partners, und jeder erkannte in seinem Gegenüber sein eigenes Selbst. Dabei wurde die sexuelle Begierde spiritualisiert und in der Weise realisiert, daß die Kundalini (die Lebenskraft) vom untersten Chakra zum Kronen-Chakra aufstieg, den Orgasmus auslöste und damit einen Zugang zu Gott und einer höheren spirituelle Erkenntnis schuf.

Der Akt der Zeugung wurde zu einem spirituellen Akt, bei dem die Seelenkraft eine entscheidende Rolle spielte. So erfolgte die Empfängnis bei einer erhöhten Schwingungsfrequenz, und die neue Seele fand die für sie geeignete Vereinigung von Ei und Sperma vor.

Die individuellen Formen der Erotik, des Magnetismus, mit dem sich beide Partner gegenseitig anzogen, wurden entsprechend den durch die Chakras bestimmten vorherrschenden Charaktereigenschaften der einzelnen Personen entwickelt. Wenn ein Partner sich sexuell von dem anderen angezogen fühlte, kam es darauf an, sich auf die emotionalen Zentren einzustellen, die von den Rädern der Chakras am besten repräsentiert wurden. Auf diese Weise entwickelten sich die Zonen der Sinnlichkeit entsprechend den emotionalen Bedürfnissen, welche von den sieben Chakras reguliert wurden, und ein Partner, der feinfühlig auf die entsprechenden Körperstellen reagierte, wurde zu einem Liebenden, der die Bedürfnisse des anderen erfüllen konnte.

In der Vereinigung beider Partner kommt es dann zur Umkehrung der maskulinen und femininen Polaritäten. Das Maskuline wird passiver und das Feminine aktiver. So entsteht beim vollendeten Sex eine androgyne Einheit.

Der Sex wird so zum Ausdruck der Zweigeschlechtlichkeit der Seele; zwischen Yin und Yang herrscht ein vollkommen harmonisches Gleichgewicht. Sex wird zu einem spirituellen Ereignis, das nichts gemein hat mit Machtbedürfnissen, Sadismus, Masochismus, Erniedrigung oder dem Wunsch, den anderen besitzen zu wollen. Wenn der Sex diese Hindernisse überwunden hat, wird er zum spirituellen Akt, zum Ausdruck reinen Gefühls und erzeugt das Gefühl der Berührung mit dem Göttlichen.

Das sexuelle Erlebnis des Dialogs der Körper zur Vereinigung von Yin und Yang kann bewirken, daß wir jahrelang mit einem Partner vereinigt bleiben. Denn diese Erfahrung erinnert uns an das Gleichgewicht, das vor Jahrtausenden bestanden hat. Wir haben das Gefühl, zusammenzugehören und eins zu sein.

Viele Menschen gewinnen im Verlauf des raschen Aufblühens ihrer Spiritualität eine andere Beziehung zum Sex als zuvor. Sie berichten, daß ihre sexuellen Spannungen nachlassen, weil ihre innere Ausgewogenheit zugenommen hat. Sie haben das Gefühl, der Sex habe sie verlassen – und nicht umgekehrt. Es ist nicht mehr so dringend notwendig, einen Partner zu suchen und zu finden, der die eigenen physischen Bedürfnisse befriedigen kann. Das eigene Selbst empfindet Erfüllung und gewinnt eine neue innere Klarheit. Die Menschen sind sich dann ihrer eigenen inneren Ausgewogenheit stärker bewußt, wenn sie sich von anderen angezogen fühlen. Die Beziehung wird zu einer Verbindung von Partnern, die sich gegenseitig anerkennen und nicht aus Angst vor der Einsamkeit Hilfe bei anderen suchen.

Wer der Spiritualität des Sex vertraut, überläßt sich dem weiblichen Aspekt seines Wesens. Das ist nicht leicht, solange wir in einer vom Yang beherrschten Welt leben. Dabei ist das Wort »Hingabe« das Schlüsselwort: Hingabe an die weibliche Gottheit der Intuition, die Göttin der Kreativität, die verborgene göttliche Flamme des Selbstvertrauens im eigenen Inneren. Hier kommt es nicht darauf an, ob man ein Mann oder eine Frau ist; die Energie der weiblichen Gottheit verlangt danach, zum Ausdruck zu kommen. Es ist die Energie der Toleranz, der Hingabe, des Nährens und der bedingungslosen Liebe. Wenn jeder von uns die weibliche Gottheit in sich anerkennt, dann gelingt uns die spirituelle Durchdringung der physischen Ebene.

Aber wir haben uns zu lange davor gefürchtet, dem Weiblichen in uns zu vertrauen. Diese Furcht hat Vorurteile geweckt. »Kann ich es wagen, darauf zu vertrauen, daß ich nicht unterliege? Kann ich es wagen, mich weiterzuentwickeln, anstatt immer nur ums Überleben zu kämpfen?«

Das sind die Fragen zur Sexualität, die sich in dem neuen Zeitalter der Spiritualität stellen. Die männliche, nach außen wirksame Energie ist sichtbar; die weibliche, kreative Energie wirkt im verborgenen. Dem weiblichen Prinzip zu vertrauen heißt, dem Unsichtbaren vertrauen: unsichtbaren Wahrheiten, unsichtbaren Dimensionen, einer unsichtbaren Wirklichkeit und unsichtbaren Wesenheiten – der unsichtbaren Gottheit.

Eine völlig nach außen gerichtete Identität dem Gleichgewicht einer noch nicht erkannten und erprobten Identität zu opfern – das ist die Aufgabe, der sich jeder stellen muß.

Wir haben gelernt, physisch zu überleben, aber wir wissen noch nicht, welche Haltung wir gegenüber der spirituellen Evolution einnehmen sollen. Vielleicht haben wir uns nach der Sintflut und dem Untergang der damals bekannten Welt aus einer elementaren Existenzangst heraus gezwungen gesehen, um das Überleben zu kämpfen, und zwar auf Kosten des spirituellen Vertrauens in den Prozeß der Evolution. Eine geistig entwickelte Seele wird stets überleben, aber Mangel an Vertrauen und Furcht hindern uns daran, diese Wahrheit zu erkennen.

So hängt unser Überleben heute davon ab, daß wir uns der Notwendigkeit bewußt werden, unser physisches, mentales und spirituelles Gleichgewicht zu finden – wobei das spirituelle Gleichgewicht am bedeutsamsten für uns ist. Vielleicht kommt es in unserem Leben vor allem darauf an, das Sichtbare und das Unsichtbare miteinander zu vereinigen; also das Männliche und das Weibliche in uns selbst ins Gleichgewicht zu bringen und beides wachsen zu lassen – auch in unseren Partnern. Dann wird das Materielle vom Spirituellen durchdrungen sein und das Spirituelle materielle Gestalt erhalten. Und wir werden die beiden Pole in uns als gleichwertig erkennen und uns in unseren Beziehungen als das zum Ausdruck bringen, was wir wirklich sind – androgyne Geschöpfe, in denen vollkommene Harmonie zwischen dem männlichen und dem weiblichen Aspekt herrscht.

12. KAPITEL

VERGANGENHEIT UND ZUKUNFT WERDEN ZUR GEGENWART

Wir sind vorübergehende Verkörperungen
von Erinnerungen.

Ich habe in meinem bisherigen Leben immer unter Zeitdruck gestanden, weil ich glaubte, nie genug Zeit zu haben. Ich erinnere mich, daß ich schon als Teenager das Gefühl gehabt habe, die Zeit sei so etwas wie ein Feind. Ich glaube, ehrgeizige Menschen wie ich kennen dieses Gefühl sehr gut. Die Zeit war für mich eine motivierende Kraft (d. h. der Mangel an Zeit veranlaßte mich, noch mehr zu tun), aber diese Einstellung hat mich nicht glücklicher gemacht. Sie ließ mich produktiv werden, aber nahm mir die innere Ruhe.

Im Laufe der Zeit gewann ich die Überzeugung, es müsse möglich sein, eine Beziehung zur Zeit zu entwickeln, die es mir erlaubte, gleichzeitig glücklich und produktiv zu sein. Ich bin nie der Meinung gewesen, daß es besser ist, eine neurotische Künstlerin zu sein als ein glückliches Faultier. Als ich mich mit spirituellen und metaphysischen Gedanken zu beschäftigen begann, stellte ich fest, daß sich meine Einstellung gegenüber dem Zeitbegriff veränderte. Damit will ich nicht sagen, daß ich meine Verabredungen nicht mehr pünktlich einhielt, weil ich in der Ekstase der Meditation das Zeitgefühl verloren hatte. Es war vielmehr so, daß ich, wenn ich mich entspannte und darauf vertraute, genügend Zeit zu haben, gewöhnlich auch nicht mehr in Zeitnot geriet. Es hatte den Anschein, als ließe die Zeit sich strecken. Wenn ich daran *glaubte*, daß die Zeit ausreichen würde, dann reichte sich auch meistens aus. Die Meditation hatte in diesem Zusammenhang eine große Bedeutung für mich.

Als ich anfing zu meditieren, nahm die Zeit eine neue Bedeutung für mich an. Ich hatte gelesen, daß Einstein gesagt hat, die lineare Zeit sei eine Erfindung des Menschen und helfe ihm, sich im

Raum zu orientieren. Hatte *ich* meinen Zeitbegriff erfunden, um mich auf den Erfolg hin zu orientieren?

In der Meditation hatte ich das Gefühl, eins mit dem Universum zu sein, und die Zeit verlor für mich die Bedeutung, die sie bislang gehabt hatte. Ich fühlte mich vollkommen entspannt in der Gegenwart. Das half mir zu erkennen, daß ich ein Teil des Ganzen und damit allgegenwärtig bin. Meine Produktivität nahm sogar zu, weil ich aus diesem Einssein neue Kräfte schöpfte und nicht mehr in der ständigen Sorge lebte, ein in der Zukunft liegendes Ziel vielleicht nicht erreichen zu können. Dieses esoterische, »mystische« Konzept ist heute zum Kern des wissenschaftlichen Denkens des New Age geworden.

Doch der seelische Bereich versagt sich jeder zeitlichen oder räumlichen Messung. Begriffe wie »jenseits von Zeit und Raum« kommen einem in den Sinn, wenn man den grenzenlosen Bereich seelischer Erfahrungen beschreiben will.

Was man in der Meditation erlebt, vermittelt einem das Gefühl, daß Vergangenheit und Zukunft ebenso real existieren wie die Gegenwart. Wir haben deutliche emotionale Vorstellungen von Zeiten und Orten, die in der »Vergangenheit oder in der Zukunft« liegen – und doch haben wir das Gefühl, daß dies alles in der Gegenwart geschieht.

Bei solchen Erlebnissen werden wir uns der Tatsache bewußt, daß jeder Augenblick in einem zeitlichen Kontinuum in Wirklichkeit *Gegenwart* ist.

Mit anderen Worten, der lineare Zeitablauf, den wir wahrnehmen, entspricht einem von uns gewählten Standpunkt, der uns in die Lage versetzt, uns auf das zu konzentrieren, was uns während eines Augenblicks interessiert und fesselt. Verließen wir diesen Standpunkt und sähen die Dinge aus einer anderen Perspektive, dann könnten wir eine andere Zeit und ein anderes Abenteuer erleben, indem wir die Wahrnehmung eines anderen Augenblicks ausdehnen.

Deshalb entspricht auch die Vorstellung einer linear verlaufenden Reinkarnation (einer zeitlichen Abfolge mehrerer Leben) einer subjektiven Erfahrung, die sich aus der Konzentration auf den einen Augenblick ergibt. So ist die Zeit des Lebens, das wir gegenwärtig führen, nur der von uns selbst geschaffene Blickpunkt, der gleichzeitig mit anderen von uns geschaffenen Erlebnissen existiert, auf den wir jedoch »jetzt« unsere Aufmerksamkeit richten.

So weiß ich zum Beispiel, daß ich einen vollständigen, aus Rumpf, Kopf, Armen und Beinen bestehenden Körper habe. Wenn ich mich jedoch entschließe, meine Aufmerksamkeit ausschließlich auf meine rechte Hand zu richten, nehme ich die anderen Körperteile immer weniger wahr – dies hängt von der Intensität ab, mit der ich mich auf meine Hand konzentriere. Das heißt allerdings nicht, daß der Rest meines Körpers nicht mehr existieren würde; es bedeutet nur, daß ich mir nicht gleichzeitig der Existenz meines ganzen Körpers bewußt bin. Die rechte Hand entspricht in diesem Beispiel dem gegenwärtigen Leben: Dieses Leben existiert, weil ich mich darauf konzentriere; das bedeutet jedoch nicht, daß die Gesamtheit der Erfahrungen meiner Seele deshalb zu diesem Zeitpunkt nicht vorhanden wäre.

Anders betrachtet, wenn Einstein, Alain Aspect und andere Physiker recht haben und Vergangenheit und Zukunft in einer höheren Dimension wirklich zur Gegenwart werden, dann trifft dies auch für die Gesamtheit der Erfahrungen unserer Seele zu.

Dieses Konzept hat mich zutiefst beeindruckt und entscheidend beeinflußt. Wenn jeder Augenblick im zeitlichen Kontinuum Gegenwart ist, dann sind die Probleme, die wir in dieser Zeit haben, nicht so gravierend – abgesehen von der Tatsache, daß sie das Ergebnis dessen sind, was »vorher« geschah. So läßt sich auch das Gesetz des »Karma« besser begreifen. Man kann die Ursprünge einer schmerzlichen Erfahrung in der Zeit zurückverfolgen und dabei sehen, mit welcher Perfektion sich das Gesetz von Ursache und Wirkung auswirkt.

Plötzlich wird man sich der Tatsache bewußt, daß das Karma keine Strafe ist. Man erfährt vielmehr nur, daß sich der Kreis dessen schließt, was man selbst in Gang gesetzt hat. Die von einem ausgegangene Energie kehrt wie ein Bumerang zurück, und man empfängt, was immer man gegeben hat, ohne Rücksicht darauf, »wann« es geschehen ist. Da Zeit und Energie Gegenwart sind, entscheiden wir, was wir erfahren wollen, und richten unsere Aufmerksamkeit darauf. Das bedeutet, wir haben einen freien Willen.

Wir entscheiden uns für unsere eigene Realität und erzeugen sie selbst. Das bedeutet, daß wir aus den unendlichen Möglichkeiten von Energiemustern jene Harmonien auswählen, welche diejenigen emotionalen Impulse erzeugen, die uns die besten Möglichkeiten geben zu lernen, welche Entscheidungen wir treffen müssen.

Immer wenn ich Sorgen habe oder mich über etwas aufrege, gehe ich »nach innen« und bitte mein Höheres Selbst, mich zum Ursprung dessen zu führen, was ich fühle. Wenn ich diszipliniert der inneren Eingebung folge, kann ich meine Schwierigkeiten auf Ursachen zurückführen, die in einem vielleicht Jahrtausende zurückliegenden Leben entstanden sind. Bei dieser Suche habe ich das Gefühl, als geschähe alles jetzt in diesem Augenblick. Mein jetziges Leben ist das Ergebnis vieler Erfahrungen und eines Karma, das sich in zahlreichen vergangenen Leben angesammelt hat. Ich bin das Produkt all meiner Leben und Erfahrungen, wie ich auch heute als Erwachsene das Produkt meiner kindlichen Erfahrungen bin.

Wenn ich daran zurückdenke, was ich als Kind erlebt habe, erinnere ich mich *jetzt* an meine kindlichen Emotionen. Die Wirkung kann ebenso stark sein wie damals, wenngleich sie durch die Wahrnehmung einer Erwachsenen gefiltert ist. Während der Rückführung in der Hypnose erlebt der Mensch Ereignisse aus der Vergangenheit im gleichen emotionalen Zentrum wie damals. Der Hypnotisierte wird nicht von den Denkgewohnheiten eines Erwachsenen beherrscht, die seine Reaktionen in der Gegenwart bestimmen; er erlebt in der Hypnose das Vergangene in sich selbst *als Kind*, denn in diesem Augenblick *ist* er ein Kind.

So gelangen wir zu einer Erweiterung unseres begrenzten linearen Zeitbegriffs und erkennen, daß die Realität uns weitaus mehr Möglichkeiten bietet, als wir bisher angenommen haben.

Die Strukturen und Techniken des Denkens und Begreifens bei der Erforschung des eigenen Wesenskerns sind bei uns in den westlichen Kulturen ganz anders geartet als in den östlichen. Wir haben gelernt, linear zu denken und wahrzunehmen. Dabei müssen wir uns streng an die Gesetze der Logik und an unseren analytischen Verstand halten. Diese Denkvorgänge vollziehen sich in der linken Hirnhälfte. Wer mit der linken Gehirnhälfte denkt, läßt einem Gedanken den nächsten folgen und schreitet auf einem deutlich vorgezeichneten, aber eingegrenzten Weg voran, wobei jedesmal Ursache und Wirkung einander folgen. Dieses Verfahren ist die Grundlage des wissenschaftlichen deduktiven Denkens, das kennzeichnend für unsere großen technologischen Leistungen ist. Dabei wird jedoch alles, was nicht unmittelbar auf der verfolgten Linie oder im engen Bezugsrahmen des zu erforschenden Gegenstandes liegt, unbeachtet gelassen.

Die östlichen Denksysteme sind weniger linear und geradlinig. Sie gewähren den Gedanken einen weiteren Spielraum und erlauben die Erforschung von Parallelen und Abzweigungen von der ursprünglichen Richtung. Das Denken im Osten ist weniger exakt, diffuser und abstrakter. Daher kann es gleichzeitig zahlreiche einander widersprechende Konzepte berücksichtigen. Der östliche Wissenschaftler oder Denker kann deshalb ein weiter gespanntes Beziehungsnetz zwischen den Ereignissen erkennen, das einem mit der linken Gehirnhälfte denkenden westlichen Menschen nur verwirrend und paradox erscheinen würde. Das im Westen übliche rationale und objektive Verfahren folgt den Regeln der klassischen Logik und ist, was die lineare Realität betrifft, außerordentlich zuverlässig. Aber westliche Denker haben Schwierigkeiten, im Hinblick auf das Wesen der Realität selbst neue Vorstellungen zu gewinnen und eine umfassendere Sicht der Dinge zu entwikkeln.

Doch in jüngster Zeit, das heißt in den vergangenen zwanzig Jahren, haben wir im wissenschaftlichen Denken und Forschen des Westens eine ganz neue Strömung erlebt, bei der Begriffe und Vorstellungen entwickelt wurden, die bislang in den Bereich des

Mystischen verwiesen wurden. Allein aus der Quantentheorie haben sich faszinierende Möglichkeiten für Spekulationen über das Wesen des Universums ergeben, was wiederum zu der Frage führt, auf welche Weise der Stoff, aus dem unser Universum besteht, seine Informationen erhält. Wie entscheidet zum Beispiel eine Gruppe undifferenzierter Zellen im menschlichen Körper, die alle den DNS-Code für den ganzen menschlichen Körper enthalten, aus welchen Einzelzellen ein Kopf, ein Arm oder irgendein anderer Körperteil entstehen wird? Wer oder was informiert eine Zelle davon, welche spezielle Aufgabe sie übernehmen muß, da doch in ihr das Potential für die Entstehung aller Körperteile enthalten ist?

Weder der Osten noch der Westen kennt die Antwort, aber im Westen sind brillante Hypothesen formuliert worden, die sich alle mit der Grundfrage »Was ist das Bewußtsein?« beschäftigen. Die radikale Theorie des Biochemikers Rupert Sheldrake über das von ihm so bezeichnete »morphologische« Feld, von der wir schon gesprochen haben, gründet sich auf die erwiesene Fähigkeit einzelner Spezies, bestimmte Verhaltensmuster voneinander zu »lernen«, obwohl die Angehörigen dieser Spezies in räumlich weit voneinander entfernten Gruppen leben. Das morphologische Feld überspannt nach diesen Erkenntnissen Zeit und Raum.

Dieses und viele andere Denkmodelle, die sich auf die Ergebnisse praktischer Versuche stützen, bestätigen die Richtigkeit der holistischen Vorstellung von Raum und Zeit.

Das östliche Denken bedarf keiner Beweise wie die lineare Logik des Westens; seine Vorstellungen bewegen sich auf neuen Ebenen intuitiver Wahrnehmung und sind deshalb flexibler. Hier handelt es sich um das Denken der rechten Gehirnhälfte. Dieses Denken ermöglicht ein intuitives und subjektives Verfahren, mit dessen Hilfe neue Denkformen und Gedankenkombinationen geschaffen werden können. Zugleich läßt sich dieses Denken stets von der in einem jeden von uns schlummernden spirituellen Realität leiten.

Dieser Realität überlassen wir uns in der Meditation, die im Osten von vielen Menschen regelmäßig praktiziert wird.

In der Meditation erleben viele von ihnen Ereignisse aus vergangenen Leben. Zum Teil sind es dramatische Vorgänge, aus denen sich bestimmte Ängste erklären lassen, die das gegenwärtige Leben belasten.

Für die östlichen Systeme ist die Reinkarnation eine Selbstverständlichkeit. Die Menschen im Osten sind davon überzeugt, daß sich das Höhere Selbst an alle vergangenen Leben erinnert, auch wenn unser Bewußtsein im Wachzustand diese Erinnerung nicht wahrnimmt.

In der Meditation beginnt man, die subtile universale Energieschwingung zu fühlen, welche die Inder *Prana*, die Chinesen *Chi*, die Ägypter *Ka* nennen und die Wilhelm Reich als Organenergie bezeichnet. Mesmer spricht von tierischem Magnetismus, Reichenbach von dem Od. Das ist die Energie der göttlichen Quelle in einem jeden Menschen. Wenn wir uns auf diese Schwingung einstellen, spüren wir automatisch eine stärkere innere Ausgeglichenheit.

Nun, da der Einfluß der östlichen Gedankenwelt bei uns im Westen immer deutlicher zu spüren ist, beginnen auch wir, den Begriff der Realität weiter zu fassen als bisher. Auch wir wollen uns mittlerweile nicht mehr so ausschließlich auf die engen Grenzen der linearen Logik und der empirischen Beweisbarkeiten festlegen. Was wir mit unserem Erinnerungsvermögen, unserer Vorstellungskraft und unserer intuitiven Phantasie wahrnehmen, wird nicht mehr ohne weiteres in den Bereich des »Irrealen« verwiesen, sondern eher als das Potential eines erweiterten Bewußtseins angesehen. Denn die physischen Dimensionen der Realität, wie wir sie wahrnehmen, sind unter Umständen nicht die einzigen erfaßbaren Dimensionen, ja, sie sind es sogar mit an Sicherheit grenzender Wahrscheinlichkeit nicht.

Der Physiker David Bohm hat die Theorie von den »verborgenen Variablen« entwickelt, die auf irgendeiner anderen Ebene oder auf mehreren Ebenen der Realität existieren und sogar über die »Unsicherheit« der Quanten hinausgehen. Nachdem Bohm den Inder Krishnamurti kennengelernt hatte, entwickelte der

Physiker neue Gedanken zu der Frage, welche Bedeutung die Theorie von den Beziehungen zwischen den subatomaren Partikeln für das Universum haben könnte.

In seinem Buch *Die implizite Ordnung* kommt Bohm zu dem Schluß, daß die Welt der subatomaren Partikel nicht nur Teil eines zusammenhängenden Ganzen ist, welches auf mehreren Ebenen existiert, sondern daß die sichtbare Welt – die dreidimensionale Welt, die wir wahrnehmen – nur eine Projektion einer höheren, aus vielen Dimensionen bestehenden Realität ist. Auch das schließt die Vorstellung von der Ganzheit der Zeit ein, von der unauflöslichen Verbundenheit all dessen, was existiert, und von den Beziehungen aller Teile des Ganzen zueinander.

Auf diese Weise werden das Denken und Wahrnehmen bei uns im Westen harmonischer, und der Spielraum, uns als spirituelle Lebewesen zu erforschen, weitet sich aus, eine Tatsache, die wir eines Tages als ebenso wichtig erkennen werden wie den technologischen Fortschritt. In Wirklichkeit haben wir schon heute angefangen, die physikalischen Gesetze unserer Seelenenergie zu erforschen.

Die intuitive Wahrnehmungskraft der Seele ist tief im menschlichen Wesen verwurzelt. Wir im Westen haben jedoch unsere spirituellen Wurzeln lange unbeachtet gelassen. Das intuitive Denken hat in der Evolution der Menschheit seit jeher einen tieferen Wert gehabt als die begrenzten durch die Logik vermittelten Erkenntnisse, denn es ist auf höhere Dimensionen und auf das Göttliche ausgerichtet. In diesen Bereichen fühlen wir uns mit der Quelle der göttlichen Energie in unserem Inneren verbunden, die uns unbegrenzte Möglichkeiten der Inspiration und des Ausdrucks unseres innersten Wesens in der Liebe gibt.

Bei den meisten Kindern sind die Fähigkeiten der linken und rechten Gehirnhälfte harmonisch ausgeglichen. Kinder sind auch empfänglich für übersinnliche Eindrücke, bis sie die konditionierten Techniken des Denkens zu lernen beginnen und damit die Grenzen dieser Vorstellungswelt akzeptieren müssen. Der Grund dafür, daß sie für übersinnliche Wahrnehmungen empfänglich sind, liegt darin, daß die Zirbeldrüse, die nach den esoterischen Lehren des Ostens das Organ ist, welches die telepathischen Fähigkeiten steuert, in diesem frühen Lebensstadium hoch entwickelt ist. Diese Drüse schrumpft im Lauf der Zeit aus Mangel an Stimulation, wenn das Kind älter wird, »logisch« denken lernt und nun mehr die linke Gehirnhälfte benutzt als die rechte, welche die Intuition und das Gefühl steuert.

Das medial veranlagte Kind sieht Dinge, die Erwachsenen, deren Bewußtsein in erster Linie von der linken Gehirnhälfte gesteuert wird, verborgen sind. Es nimmt eine Dimension wahr, die wir als die vierte Dimension bezeichnen und die jenseits der von uns wahrgenommenen »Wirklichkeit« liegt.

Die vierte Dimension ist der Bereich des kosmischen Bewußtseins. Es ist die Dimension, von der Einstein gesagt hat, sie habe weder Zeit noch Raum. Die Mystiker sagen, es sei die Dimension der Seele und diese Dimension umfasse ein Universum, in dem Wissen, Weisheit und Zeit als Ganzes existieren.

Die alten Meister und die Weisen unserer Tage erklären, daß der menschliche Geist, wenn er mit dem kosmischen Bewußtsein der Seele eins geworden ist, die Fähigkeit besitzt, alle Mysterien des Lebens und des Universums zu begreifen.

Nach östlicher Auffassung ist der Mensch in seinem innersten Wesen Geist, der sich auf physischer Ebene verkörpert hat, eine in der Materie inkarnierte Seele. Wenn der Geist bei der Geburt in den physischen Körper eintritt, erfährt er eine Beschränkung. Der Tod des physischen Körpers ist die Rückkehr des Geistes in seine wahre Heimat. So ist auch unsere Vorstellung vom Tode abhängig von unserem Weltbild. Auch hier unterscheidet sich das wissenschaftliche Denken im Westen von den östlichen Vorstellungen – im Hinblick auf die »Beschaffenheit« der Wirklichkeit.

Die Erkenntnisse der modernen Quantenphysiker und die Vorstellungen der alten Seher und Mystiker scheinen allmählich zu den gleichen Auffassungen über die »Beschaffenheit« der Wirklichkeit im Universum zu kommen.

»Der Stoff, aus dem das Universum besteht, ist im Grunde etwas Geistiges«, schrieb der große englische Physiker Arthur Eddington. Die gleiche Auffassung vertreten auch die ZEN-Meister, die erklären, das Universum bestehe aus unseren eigenen mentalen Bildern.

Wir nehmen die Realität mit unserem Bewußtsein auf. Es gibt keinen wirklichen Unterschied zwischen dem, was wir wahrnehmen, und dem, was wir als Wirklichkeit begreifen.

An dieser Stelle möchte ich über ein faszinierendes New-Age-Experiment sprechen, das diese Zusammenhänge verdeutlicht.

A. R. G. Owen berichtet in seinem Buch *Can We Explain the Poltergeist* von seinem Versuch, gemeinsam mit acht Freunden und seiner Frau einen Poltergeist zu *erschaffen*. Gemeinsam dachten sie sich eine völlig imaginäre Person aus, wobei jeder von ihnen bestimmte Teile dieses Wesens beschrieb. Dabei entstand eine Persönlichkeit, deren Name, Geschlecht, Alter, Aussehen, Geburtsdatum, persönliche Neigungen und Verhaltensweisen genau festgelegt wurden, darunter auch – zur »Kontrolle« – unrichtige historische Einzelheiten über Ereignisse während der Lebenszeit dieses Menschen.

Über einen Zeitraum von mehr als einem Jahr kam die Gruppe wöchentlich einmal zusammen und versuchte, mit diesem Geschöpf Kontakt aufzunehmen, was jedoch nicht gelang. Dann las Mrs. Owen zufällig den Bericht über ein ähnliches Experiment, das um die Jahrhundertwende vorgenommen worden war. Damals waren spiritistische Sitzungen mit Tischrücken und ähnlichen Praktiken ein beliebtes Gesellschaftsspiel. Der Freundeskreis im Hause Owen nahm die Angelegenheit jetzt nicht mehr so ernst und fing an, sich bei diesen Zusammenkünften sehr viel lockerer zu benehmen. Man unterhielt sich zwanglos und genoß ganz einfach das fröhliche Zusammensein. Doch eines Tages wurde die Gesellschaft durch ein lautes Klopfen im Tisch aufgeschreckt. »Philip« wollte an der Party teilnehmen.

Man einigte sich auf eine Kommunikationsmethode, und Philip bestätigte die Angaben, über die man sich bei der Charakterisierung seiner Person geeinigt hatte – einschließlich der historischen Unrichtigkeiten. Doch dann begann Philip zum allgemeinen Erstaunen seine Lebensgeschichte weiter auszuschmücken. Er erzählte, seine Eltern seien an den Pocken gestorben, er selbst sei ein passionierter Jäger gewesen, habe Jagdfalken besessen und als Spion für Karl I. gearbeitet. Sein Bericht enthielt ungezählte Einzelheiten, von denen in der Gruppe niemals die Rede gewesen war, und daraus ergaben sich auch Charaktereigenschaften, an die keiner der Anwesenden gedacht hatte. So wurde Philip zum Beispiel sehr ungeduldig, wenn die Versammlung anfing, Spekulationen darüber anzustellen, auf welche Weise die von ihnen geschaffene Person entstanden war.

Der ursprünglich nur im Bewußtsein der Gruppe existierende Philip war zur lebendigen Realität geworden...

Die moderne Quantenphysik hat erkannt, daß sich das Wesen dessen, was beobachtet wird, auch bei Einhaltung der strengsten für Laboratoriumsversuche geltenden Regeln verändert, wenn es vom Bewußtsein des Beobachters entsprechend beeinflußt wird. So kommen die Physiker zu dem Schluß: »Das Universum ist wahrscheinlich ein einziger gigantischer Gedanke.«

Was hat uns das alles zu sagen? Mir zeigt es, welche große Bedeutung der Art und Weise zukommt, wie wir denken und unsere Wahrnehmungen verarbeiten. Wir sind verantwortlich dafür, welche Haltung wir gegenüber unseren Wahrnehmungen einnehmen. Jeder von uns trifft diese Entscheidung auf seine ganz persönliche Weise. Die objektive Wirklichkeit verändert sich entsprechend unserer subjektiven Einstellung zu ihr. Zwei einander widersprechende Auffassungen von der Realität sollten daher mehr voneinander und über sich selbst lernen, um einen Mittelweg, eine Ordnung zu finden, die beiden Realitäten gerecht wird.

Wenn wir anfangen, mit diesem Konzept der Realität zu arbeiten und zu leben, dann deshalb, weil wir die schöpferische Kraft und die Auswirkungen des Denkens stärker berücksichtigen.

Fritjof Capra schreibt in *Das Tao der Physik*, daß »die Physiker erkannt haben, daß all ihre Theorien über natürliche Phänomene einschließlich der ›Gesetze‹, von denen sie sprechen, Schöpfungen des menschlichen Geistes sind, Eigenschaften der Realität, wie wir sie wahrnehmen, und nicht Eigenschaften der objektiven Realität.«

Da sogar Naturwissenschaftler der Auffassung sind, daß es entsprechend der Natur des menschlichen Denkens viele Ebenen der Realität geben kann, wollen wir im folgenden einige übersinnliche Phänomene betrachten, welche die Menschen bei ihrem Bemühen um die Erweiterung der Realität und das Verständnis der Gesamtheit von Raum und Zeit schon immer interessiert haben.

Auch in der Bibel finden sich zahlreiche Berichte über übersinnliche Phänomene wie Wunder, Propheten, die das Wort Gottes hörten, und geistige Wesen, die in Bedrängnis geratenen Menschen Rat und Hilfe brachten. Einige dieser Berichte könnten sogar den Eindruck erwecken, als wären Raumschiffe auf der Erde gelandet. Überall wird vom menschlichen Geist und der Bedeutung der Seele gesprochen, und auch die Gesetze des Karma werden häufig erwähnt. Immer wieder ermahnt uns die Bibel zur allesumfassenden Liebe und zum Glauben an unsichtbare spirituelle Kräfte.

Im Alten Testament wirbeln himmlische Fahrzeuge, die menschenähnliche Wesen befördern, in feurigen Wolken vom Himmel herab. Diese Fahrzeuge haben große Räder, und als die menschenähnlichen Wesen sie wieder besteigen, erheben sie sich vom Boden und steigen brennend zum Himmel auf. Der Prophet Hesekiel berichtet, daß über dem Himmel auf einem Stuhl, der »gestaltet war wie ein Saphir«, ein menschenähnliches Wesen saß und zu ihm sprach. Es befahl ihm, zu dem abtrünnigen Volk Israel zu gehen und ihm das Strafgericht Gottes anzukündigen. Darauf wurde Hesekiel aufgehoben und »kam zu den Gefangenen, die am Wasser Chebar wohnten..., und setzte mich zu ihnen, die da saßen, und blieb daselbst unter ihnen sieben Tage ganz traurig«. Diese Stelle hat mich ganz besonders beeindruckt.

Die in den Evangelien enthaltene Lebensgeschichte Jesu ist allgemein bekannt. Weniger bekannt sind seine Beziehungen zur

Bruderschaft der Essener. Aus den Schriftrollen, die 1948 in einer Höhle bei Qumran am Toten Meer entdeckt wurden, geht hervor, daß Christus dieser Bruderschaft angehörte, die unter anderem auch an die Reinkarnation glaubte. Ihre Lehren sind so universal und enthalten so viele Elemente unserer heutigen Esoterik und wissenschaftlichen Erkenntnisse, daß es sich lohnt, näher darauf einzugehen, wer diese Menschen waren und was wir über sie wissen.

Die Essener lebten in einfachen Verhältnissen, hatten keine Sklaven oder Diener und teilten ihren ganzen Besitz untereinander. Sie lebten vom Ackerbau und Obstbau und verfügten über ein profundes Wissen im Hinblick auf die von ihnen kultivierten Pflanzen, die Jahreszeiten, die klimatischen Veränderungen und die Methoden, mit denen der karge Wüstenboden fruchtbar gemacht werden konnte.

In ihren Lebensgewohnheiten folgten sie einem aus alter Zeit überlieferten Gesetzeskodex, verfügten über sehr genaue astronomische Kenntnisse und über eine hochentwickelte Heilkunst. Ihre prophetische Gabe verdankten sie zum Teil langen Fastenperioden.

Sie standen vor Sonnenaufgang auf und nahmen täglich rituelle Bäder in kaltem Wasser. Tagsüber arbeiteten sie auf den Feldern und unterbrachen diese Arbeit nur mittags und bei Sonnenuntergang zum Essen und Beten. In ihrer großen Ehrfurcht vor allem Lebendigen aßen sie kein Fleisch und behaupteten, man dürfe sich nur von frischen, lebendigen Pflanzen ernähren, nicht aber von etwas, das getötet worden sei. Die von der lebendigen Nahrung ausgehenden Schwingungen waren nach ihrer Auffassung für die Erhaltung der Gesundheit notwendig. Ein langes Leben schien ihnen erstrebenswert, und viele von ihnen erreichten ein Alter von mehr als 100 Jahren.

Sie nahmen sich viel Zeit für die Meditation über die »himmlischen Kräfte« und bemühten sich darum, bei allem, was sie taten, die schöpferische Liebe zum Ausdruck zu bringen.

Uns liegen schriftliche Zeugnisse über das Leben der Essener von einigen ihrer Zeitgenossen vor. Zu ihnen gehören der römische Schriftsteller Plinius, der alexandrinische Philosoph Philo, der römische Historiker Josephus und der griechische Philosoph Selonius. Sie alle bezeichnen die Essener als einen besonderen Volksstamm, der mehr Beachtung verdiene als irgendeine andere menschliche Gemeinschaft. Sie seien die älteste Gruppe von Eingeweihten, die im Besitz einer aus Zentralasien stammenden Lehre seien. Diese Lehren seien durch Jahrtausende überliefert worden, und die Menschen, die ihnen folgten, besäßen einen hohen und unveränderlichen Grad der Heiligkeit.

Die Lehren der Essener finden sich auch im Zendawesta des Zarathustra. Sie enthalten die Grundkonzepte des Brahmanismus, der hinduistischen Weden und der Upanischaden. Die Tradition des Yoga, auch der unterschiedlichsten Schulen, läßt sich auf die gleiche Quelle zurückführen wie das Wissen der Essener. Buddha hat die gleichen Grundsätze gelehrt wie sie, und sein heiliger Bodhibaum entspricht dem Baum des Lebens bei den Essenern. In Tibet haben die Lehren der Essener in Gestalt des tibetanischen Lebensrades ihren Ausdruck gefunden.

Das Wirken der Bruderschaft der Essener hat Lehren inspiriert, die sich durch ihre universale Gültigkeit und zeitlose Weisheit auszeichnen. Diese Lehren sind in den Hieroglyphen der sumerischen Kultur aus der Zeit 6000 Jahre vor Christus erhalten geblieben. Einige essenische Symbole findet man sogar in Überlieferungen aus noch früherer Zeit.

Spuren ihrer Lehren gibt es in fast jeder Kultur und Religion der Welt. Ihre fundamentalen Grundsätze wurden im alten Persien, in Ägypten, Indien, Tibet, China, Palästina und Griechenland gelehrt. Besonders aufschlußreich sind die Übersetzungen aus den hebräischen und aramäischen Urtexten von Edmond Bordeaux Szèkely. Nach seiner Auffassung hat die Lehre der Essener zwei oder drei Jahrhunderte vor Christus in Palästina, Ägypten und Syrien ihre reinste Ausprägung erfahren. In Palästina und Syrien bezeichnete man die Mitglieder der Bruderschaft als Essener, in Ägypten als Therapeuten oder Heiler.

Die Pythagoreer und Stoiker im alten Griechenland folgten den gleichen Grundsätzen wie die Essener, ebenso auch die Anhänger der Adoniskultur in Phönizien und die alexandrinische Philosophenschule in Ägypten. Die Lehre der Essener hat einen wesentlichen Einfluß auf die westliche Kultur gehabt, zum Beispiel auf die Freimaurer, die Gnostiker und die Kabala. Und Jesus war ein essenischer Meister und Heiler.

Ich gehe hier so ausführlich auf die Essener ein, weil ihre Lehren, Grundsätze, Wertvorstellungen und Prioritäten denjenigen des New Age so ähnlich sind. Sie verwendeten Kräuter und Pflanzen zur Heilung Kranker und glaubten, daß alles und jeder von der göttlichen Kraft durchdrungen sei. Sie meditierten über unsichtbare Geister, welche das Leben auf der Erde lenkten und schützten, und über den Gott im Inneren des Menschen. Und sie glaubten an die Reinkarnation, die der Seele Gelegenheit gibt, sich von ihrem Karma zu befreien. Denn sie waren sich bewußt, daß jeder aus freiem Willen sein eigenes Karma schafft. Sie glaubten an die Bedeutung ihrer mystischen Erfahrungen und Prophezeiungen und nannten sich Kinder des Lichts. Ebenso glaubten sie an die Existenz unsichtbarer Sphären und Dimensionen und nahmen mit Wesenheiten aus diesen Bereichen Kontakt auf. Ihr mathematisches und astronomisches Wissen zeugt von einem tiefen Verständnis für die Harmonie des Lebens im ganzen Kosmos.

Jesus kannte die Glaubensinhalte und Techniken der Essener. Seine Wundertaten und Heilungen standen im Einklang mit Naturgesetzen, wobei er auf einer höheren Bewußtseinsebene wirkte, zu der die meisten von uns keinen Zugang haben. Allerdings hat er gesagt: »Wer an mich glaubt, der wird die Werke auch tun, die ich tue, und wird größere denn diese tun...«

Die Wunder Christi würden wir heute als Vorauswissen, Prophetie, Levitation, Telepathie und geistige Heilung bezeichnen. Aber auch viele andere vor und nach Christus haben über die gleichen Kräfte verfügt. Sie erklären, diese Kräfte kämen nicht nur von Gott im »Himmel«, sondern auch von dem Gott in ihnen selbst, der mit dem kosmischen Bewußtsein in Verbindung steht.

So klingt das, was Jesus und die Essener mit ihren Lehren über die Liebe, das Licht, die kosmischen Gesetze und die goldenen Regeln des Karma sagen, sehr ähnlich wie die Aussagen der heutigen Metaphysiker des New Age. Diese »neuen« Denksysteme wurzeln in uralten Erkenntnissen und Mysterien. Neu ist nur die Tatsache, daß die Bruderschaft unserer von der linken Gehirnhälfte beherrschten Wissenschaftler beginnt, ihren pragmatischen Materialismus als einzigen Weg zur Erkenntnis aufzugeben und mit dem Denken der rechten Gehirnhälfte auszugleichen, das ihnen neue Einsichten über die Bedeutung des Bewußtseins und des kosmischen Denkens vermittelt. *Ihre* neue Theorie, die besagt, daß die Menschheit (und vielleicht alles Leben auf der Erde) am Schöpfungsvorgang im Universum durch dessen bewußte Wahrnehmung beteiligt ist, zeigt uns einmal mehr, daß jeder einzelne für das, was er denkt und tut, verantwortlich ist.

Angesichts der Tatsache, daß sich die in der heutigen Welt wirkenden Energien ständig intensivieren, wird es zusehends notwendiger, daß wir sorgsam darauf achten, *was* wir denken. Da jeder selbst dafür verantwortlich ist, was er in seinem Leben erfährt, ist es besonders wichtig, daß wir uns dessen, was wir denken, und der Folgen dieser Gedanken deutlich bewußt werden.

Bevor ich anfing, mich mit Metaphysik und der Verwandlung von Energie zu beschäftigen, wußte ich nicht, wie wichtig es ist, seine Gedanken im Zaum zu halten. Jetzt weiß ich es und nehme mich sofort zusammen, wenn ich Furcht oder Zorn in mir aufsteigen fühle. An die Stelle der negativen setze ich eine positive Haltung, indem ich Furcht und Zorn von mir weise. Es ist mir klargeworden, daß ich mich selbst für meine Emotionen entscheiden kann. Und wenn es mir gelingt, ein negatives Gefühl zurückzuweisen, erkenne ich, daß diese Empfindung auf Einbildung beruhte. Aber auch solche Einbildungen haben ihren Sinn. Wenn ich mich zum Beispiel über einen anderen ärgere, dann hilft mir diese Empfindung, die feindseligen Gefühle zu erkennen, die sich im Grunde gegen mich selbst richten. Wenn ich andere kritisiere und ungeduldig mit ihnen bin, dann lerne ich daraus, welche Fehler ich bei mir selbst bekämpfen muß. Ich stelle fest, daß ich mit mir selbst sehr viel zufriedener bin, wenn es mir gelingt, das Negative, das ich in anderen sehe, ins Gegenteil zu verwandeln. Das ist nicht leicht, aber im Lauf der Zeit wird es zu einer mentalen Disziplin, bei der es eigentlich nur darum geht, die Dinge aus einer anderen Perspektive zu sehen. Ich versuche, in allem Negativen, das mir begegnet, das Positive zu finden, und bemühe mich dann darum, es zu verstärken. Das ist wesentlich befriedigender, als in der eigenen Negativität zu verharren; aber es ist nicht einfach für mich, weil ich ebenso wie viele andere daran gewöhnt war, meine Mitmenschen kritisch zu beurteilen und mich auf ihre Fehler zu konzentrieren, anstatt zu versuchen, ihnen Verständnis entgegenzubringen und etwas daraus zu lernen.

Ich weiß jetzt, daß alles, was ich tue, von meinen Gedanken beherrscht wird, und meine Gedanken werden von dem Vertrauen beherrscht, das ich zu mir selbst habe. Wenn ich mich daher von der Vorstellung leiten lasse, daß innere Klarheit und Mitgefühl nicht nur in meinem Herzen, sondern auch im Herzen eines jeden anderen Menschen zu finden sind, dann erkenne ich, wie ich die Vorurteile loswerden kann, mit denen ich nur meine eigene Kreativität und die der anderen behindert habe.

So ist es für mich zur wichtigsten Aufgabe geworden, den Horizont meines Verständnisses für mich und andere zu erweitern, um aus der Quelle zu schöpfen, die mir innerhalb des von mir zu überblickenden Abschnitts von Zeit und Raum unendliche kreative Kräfte zufließen läßt. Ich lebe in einer von mir selbst geschaffenen Welt, und nur ich kann diese Welt gestalten.

13. KAPITEL

SPIRITUELLE ABENTEUER

Hier geht es nicht um Leben und Tod –
es geht um sehr viel mehr.

Als meine spirituelle Neugier im Laufe der Jahre zunahm, fing ich an, mich mit übersinnlichen Phänomenen zu beschäftigen, die mancher als »okkult« bezeichnen würde – was leider für viele auch die Bedeutung »unheimlich« hat. Aber ich wußte, daß das Wort »okkult« nichts anderes bedeutet als »verborgen«. Das Wissen, das unserem empirischen und logischen Verständnis verborgen ist, hat in der Tat manchmal etwas »Unheimliches« an sich. Aber ich konnte bald erkennen, daß uns diese Bereiche nur deshalb »unheimlich« erscheinen, weil wir der Wirklichkeit so enge Grenzen setzen. Im folgenden werde ich eigene Erlebnisse schildern, weil sie zeigen, wie die Persönlichkeiten, die ich beobachtet habe, mit der spirituellen Dimension in ihrem Innern umgehen; wie es ihnen gelingt, eine in ihnen schlummernde Anlage zu wecken und die außerordentliche Fähigkeit zu entwickeln, über die allgemein anerkannten Grenzen der rationalen Realität hinauszugehen. Einiges von dem, was ich berichte, wird dem Leser in der Tat irrational erscheinen. Doch meine Erlebnisse waren durchaus »real«; das können auch andere, die dabei waren, bezeugen. Ich kann dazu nur sagen: »Man muß *dabeigewesen* sein!«

Ich möchte ausdrücklich darauf hinweisen, daß ich das Glück gehabt habe, nur mit Heilern und Medien zusammengetroffen zu sein, die in spirituellen und metaphysischen Kreisen als absolut zuverlässig gelten. Die Personen, von denen ich berichte, sind zudem in der herkömmlichen wissenschaftlichen Weise beobachtet, befragt, getestet und außerordentlich eingehend untersucht worden – und zwar von Ärzten und Wissenschaftlern, die sich dabei erprobter wissenschaftlicher Methoden bedient haben. Sie alle sind im wesentlichen zu der gleichen Schlußfolgerung gelangt:

»Weder bei den Untersuchungen noch bei ihren Ergebnissen hat es sich nachweisen lassen, daß es sich irgendwo um Betrug oder Täuschung handelte. Trotzdem können wir die Untersuchungsergebnisse nicht nach wissenschaftlich geltenden Kriterien erklären.«

Ich habe viele Medien, für übersinnliche Eindrücke empfängliche Personen, Hellseher usw. kennengelernt. Jede dieser Persönlichkeiten hat mich etwas gelehrt. Sogar diejenigen, denen ich nicht ganz glauben konnte, haben dazu beigetragen, daß sich mein Unterscheidungsvermögen geschärft hat. In den vergangenen fünfzehn Jahren habe ich zu viele übersinnliche Erfahrungen gemacht, um an den alten Definitionen der »Wahrheit« festzuhalten.

Ich erwähne diese Menschen auch deshalb, weil sie ihre übersinnlichen und spirituellen Fähigkeiten mit Hilfe der Konzentration auf ihr Chakrasystem entwickelt haben. Sie alle erklärten, daß ihnen die Arbeit mit den Bewußtseinszentren der sieben Chakras einen Weg zu höherem Wissen und zur Entwicklung ihrer eigenen Fähigkeiten öffnete.

Eines dieser Medien ist mir durch seine spirituellen und kreativen Fähigkeiten besonders aufgefallen. Sein Name ist Luis Antonio Gasparetto; er ist ein Heiler und stammt aus Brasilien. Ich habe ihn durch die schwedische Ärztin Anne Marie Bennstrom kennengelernt, die selbst eine bedeutende Heilerin und eine bemerkenswerte Persönlichkeit ist. Sie leitet einen Ashram, in dem die Patienten den härtesten spirituellen Disziplinen unterworfen werden. Die Menschen kommen zu ihr, um sich von körperlichen Beschwerden heilen zu lassen; am Ende allerdings stellen sie gewöhnlich fest, daß ihr Geist geheilt worden ist.

Anne Marie arrangierte für mich eine Begegnung mit Gasparetto in seinem Haus in Südkalifornien. Dabei wurde ich von einer Frau namens Maria begleitet, die ihn kannte und uns miteinander bekannt machen sollte.

Ich betrat ein sauberes, aufgeräumtes Heim, das aus zwei aneinandergekoppelten großen Wohnwagen bestand. Es war (wie das bei den meisten spirituell veranlagten Menschen der Fall ist) einfach und geschmackvoll möbliert und makellos sauber. Als ich den Wohnraum betrat, fielen mir sofort zwei Originale von van Gogh auf, die gegenüber an der Wand hingen. Ich wandte mich um und erblickte einen Rembrandt in seiner ganzen leuchtenden Schönheit. An anderen Wänden hingen Gemälde von Picasso, Toulouse-Lautrec und ein Modigliani. Ich wollte es nicht glauben. Wie kamen diese Gemälde hierher? Man hatte mich zwar auf die Begegnung mit Gasparetto vorbereitet, aber ich war nicht darauf gefaßt, so etwas zu sehen.

Luis ist der bekannte Brasilianer, der als Medium mit den berühmtesten Malern der Welt in Verbindung tritt. Er behauptet, selbst kein künstlerisches Talent zu besitzen – mit Ausnahme seiner besonderen Begabung als Medium. So haben sich nun die großen Meister »im Jenseits« darauf geeinigt, abwechselnd mit Luis in Verbindung zu treten, sobald dieser in Trance gefallen ist und einer von ihnen das Bedürfnis hat zu malen.

Gasparetto behauptet, sie wollten damit beweisen, daß die Seele des Menschen auch nach dem körperlichen Tode am Leben ist. Gasparetto ist in Brasilien eine bekannte Persönlichkeit. Er hat sogar seine eigene Fernsehshow, bei der er in Trance fällt und nach Anweisung der verstorbenen Künstler malt. Außerdem ist er ein erfolgreicher Heiler und leitet spirituelle Zentren, wobei er sich für seine Dienste nicht bezahlen läßt. Er hat festgestellt, daß er heilen *muß*, um selbst gesund zu bleiben.

Vielleicht lag es daran, daß er mich schon aus meinen Filmen kannte; jedenfalls hatten wir vom ersten Augenblick an das Gefühl, gut miteinander auszukommen. Er saß mit gekreuzten Beinen auf einem Sofa und lächelte wie ein junger Mann, der mit sich selbst und seinem Leben zufrieden ist. Er sah gut aus, war gut gelaunt und mitteilsam.

Er bot mir Tee und Plätzchen an, erzählte mir aus seinem Leben und beschrieb mir, wie er seine medialen Fähigkeiten entdeckt hatte.

Gasparetto wurde am 16. August 1949 in São Paulo geboren.

Seine Eltern gehörten dem brasilianischen Mittelstand an und waren beide medial veranlagt, was in Brasilien nichts Ungewöhnliches ist. Seine Mutter Dona Zibia Gasparetto, ein bekanntes Medium, war katholisch erzogen, löste sich jedoch unter dem Einfluß ihres spiritualistischen Ehemanns von der traditionellen Religion und studierte die von dem französischen Medium Allen Kardec herausgegebenen Interpretationen der christlichen Evangelien.

Der Spiritualismus von Kardec hat in Brasilien zahlreiche Anhänger; es gibt dort auch einige Zentren, die seine Lehre verbreiten. So wurde Luis schon in früher Kindheit von seinen Eltern dazu angeregt, seine mediale Veranlagung weiterzuentwickeln.

Im Alter von dreizehn Jahren begann er, unter dem Einfluß verstorbener Künstler zu malen. Zunächst erkannte niemand, was hier geschah, denn die Gemälde waren nicht signiert. Seine Verwandten kannten die Werke der großen europäischen Maler nicht, und Luis selbst zeigte, wenn er nicht in Trance war, keine besondere Begabung für die Malerei.

Doch eines Tages wurde er von einem durchreisenden Journalisten »entdeckt«, der den Stil der einzelnen Gemälde erkannte und erkärte, Luis sei das Medium dieser bedeutenden Künstler.

Im Lauf der Jahre verstärkten sich seine medialen Fähigkeiten, und unter seiner Hand entstanden großartige Gemälde. Er hielt sich nun selbst für einen bedeutenden Maler und glaubte, die Gemälde seien seine eigenen Schöpfungen. Aber schon nach wenigen Wochen ließen ihn die Maler im Stich, und was er nun zustande brachte, war alles andere als Kunst. Dies war für ihn der Beweis, daß er tatsächlich auf Anweisung der Seelen verstorbener Meister gearbeitet hatte. Er bedauerte, von diesem Wege abgewichen zu sein und sich selbst überschätzt zu haben. Er mußte jedoch ein ganzes Jahr warten, bis die Maler wieder die Verbindung zu ihm aufnahmen. Er erkannte nun, daß es seine Lebensaufgabe war, diesen Malern als Medium zu dienen und als Lehrer seine spirituellen Erfahrungen weiterzugeben, um zu beweisen, daß niemand den Tod fürchten müsse – die Künstler hatten ja den Nachweis erbracht, daß die Kunst ebenso wie das Leben ewig und zeitlos ist.

Nachdem wir unseren Tee getrunken hatten, führte mich Luis in das Eßzimmer.

Er zog einen mit Farbe verschmierten Overall an, schüttete den Inhalt eines Beutels mit Acrylfarbentuben auf den Eßtisch und stellte einen Kassettenrecorder mit brasilianischer Walzermusik auf volle Lautstärke. Dann beugte er sich über den Tisch und schien sich in einen anderen Bewußtseinszustand zu versetzen. Das dauerte nicht lange, etwa eine Minute. Nun legte Maria eine leere Leinwand vor ihn flach auf den Tisch. Wie in einem Zeitrafferfilm wurde Luis von einer unsichtbaren Kraft ergriffen und fing an, mit großer Geschwindigkeit den Inhalt der Tuben auf die Leinwand zu drücken. Dabei gab er gutturale Laute von sich und knetete und schob die Farbe mit geradezu unglaublicher Kraft und Schnelligkeit auf der Leinwand hin und her. Er malte gleichzeitig mit der rechten und der linken Hand! Dann sprach er englisch mit holländischem Akzent.

Ich fragte mich, warum er nicht holländisch sprach. Aber ich hatte schon vor längerer Zeit einmal gehört, daß Wesenheiten, die durch Medien sprechen, das Wissen und die am leichtesten zugängliche »Informationsbank« des Mediums benutzen. So wurde seine Energie weniger stark in Anspruch genommen, als wenn man ihn gezwungen hätte, eine fremde Sprache zu sprechen. Ich habe selbst Medien beobachtet, die im Trancezustand Sprachen benutzten, die sie normalerweise nicht kannten, aber in diesen Fällen waren die Medien hinterher vollkommen erschöpft.

Jetzt sprach Luis davon, wie das Malen ihm geholfen habe, mit seinem Wahnsinn fertig zu werden. Er schien sich vor meinen Augen in van Gogh verwandelt zu haben. Unter seinen Händen entstand innerhalb von drei Minuten ein Blumenstilleben mit einer Vase. Das ging so schnell und mit solcher Heftigkeit vor sich, daß ich wieder an einen Zeitrafferfilm denken mußte. Das Bild glich nicht den bekannten Sonnenblumen von van Gogh; die einzige Ähnlichkeit bestand darin, daß auch hier die Blumen in einer Vase standen. Aber die breiten, dicken Pinselstriche, die wilde Energie und die kühne Komposition waren unverkennbar der typische Stil van Goghs! Luis hatte mir gesagt, seine Maler würden niemals ein Gemälde zweimal malen. Sie würden sich auch noch im Jenseits weiterentwickeln, müßten aber für unsere Welt in ihrem alten Stil malen, um erkannt zu werden.

Luis verwendete keine Pinsel. Er trug die Farbe mit den Fingern auf, und die Kraft, die auf sie einwirkte, bestimmte die Linien, Kurven und Formen, die auf der Leinwand entstanden. Dabei benutzte er auch die Handballen, die Knöchel usw. Es war, als »wüßte« die unsichtbare Kraft, wie eine bestimmte Wirkung erzielt werden kann, und zwar ohne die Anwendung der traditionellen Maltechniken.

Als der van Gogh fertig war, warf Luis die Leinwand auf den Teppich. Eine zweite Leinwand wurde vor ihm ausgebreitet. Die von Luis ausgehende Energie veränderte sich nun. Er arbeitete hastiger, mit größerer Entschiedenheit, und die einzelnen Linien traten klarer hervor. Jetzt begann er englisch mit spanischem Akzent zu sprechen. Seine Arme und Hände bewegten sich mit größerer Präzision, als er zielsicher nach den Farbtuben griff und die Farben auf die neue Leinwand drückte. Im gleichen Augenblick fing Picasso an, davon zu sprechen, wie notwendig es sei, die Disziplin zu wahren und unermüdlich zu arbeiten. Seine Stimme war rauh und tiefer als die normale Stimme von Luis. In starken grünen und roten Farben entstand die Seitenansicht eines mageren männlichen Gesichts. Wie nicht anders zu erwarten, lag das Auge an der falschen Stelle. Auch dieses Bild war innerhalb von drei Minuten fertig. Luis schob die Leinwand vom Tisch. Und wieder veränderte sich seine Energie; es war erstaunlich zu sehen, wie eine neue Persönlichkeit Besitz von ihm ergriff. Die ganze Zeit ertönte die Musik laut und durchdringend aus dem Kassettenrecorder, als absorbierten die Maler die Schwingungen dieser Laute und benutzten sie, um ihre Bewegungen ihrem Rhythmus anzupassen.

Plötzlich wurde Luis viel ruhiger und sanfter. Er lächelte. (Von Anfang an waren seine Augen geschlossen gewesen; um sie vor jeder Lichteinwirkung zu schützen, zog er es vor, im Dunklen zu malen.)

Er lächelte noch immer, während seine Finger mit zarten und gefühlvollen Bewegungen das Gesicht eines jungen Mädchens malten. Ich fühlte, wie mir die Tränen in die Augen traten und die Wangen hinunterliefen. Ich wußte nicht, warum ich weinte. Luis – nein, es war nicht Luis – fing an, französisch zu sprechen, und während das Bild des jungen Mädchens auf der Leinwand entstand, wurde mir klar, daß der Maler Renoir sein mußte. Er sagte mir auf französisch etwas über meine Gefühle, und ich konnte ihm ohne weiteres in dieser Sprache antworten – obwohl ich das Französische nicht beherrsche, konnte ich mich jetzt ganz fließend mit ihm unterhalten.

Er sprach von ihrem Gesicht und ihrer Unschuld. Ich fragte ihn, weshalb ich so bewegt sei, und er erwiderte, daß ich mich mit ihrer Reinheit identifiziere. Ich hätte ihn gern gefragt, ob ich sie gekannt hatte und nun wiedererkannte, tat es aber nicht. Darauf sagte er, er habe verstanden, was ich dachte, beantwortete meine Frage aber nicht.

Luis berührte liebevoll die feinen Züge ihres zarten Gesichts mit Fingerspitzen und Knöcheln. Ich mußte die ganze Zeit weinen. Vorsichtig legte er die Leinwand auf den Boden und wartete.

Doch dann fing er an, schelmisch zu lachen. Seine Haltung hatte sich verändert. Er war nun heiter und väterlich zugleich.

Auf den unteren Rand der Leinwand drückte er purpurne und blaue Farben, dann orange und rote Töne auf den oberen Rand. Ich erkannte die Umrisse eines Gesichts. Er wandte sich mir mit geschlossenen Augen zu und sprach nun englisch mit französischem Akzent.

»'allo«, sagte eine Stimme, aber es war nicht die von Luis.

Mir kam sie sofort bekannt vor. Ich wischte mir die Tränen aus den Augen und erwiderte: »Hallo.«

»Es ist schön, Sie wiederzusehen«, fuhr er fort und malte weiter, während er sprach.

»Wie?« antwortete ich. »Haben Sie mich gekannt?«

»Sie gekannt?« sagte er in tadelndem Ton. »Sie haben mir oft Modell gesessen.«

»Wirklich?«

»Ja.«

»Wo?«

»Pigalle«, antwortete er.

In mir leuchtete irgend etwas auf. Pigalle? Ich erinnerte mich daran, wie wohl ich mich in diesem Pariser Stadtteil bei den Aufnahmen zu den Filmen *Irma La Douce* und *Can Can* gefühlt hatte.

»Sie sind oft in Pigalle gewesen«, fuhr er fort, »wie man aus Ihren Filmen sieht.«

»Wer sind Sie?« fragte ich.

Er lachte. »Ich bin Ihr Mentor und Freund«, sagte er. »Ich bin Toulouse.«

»Toulouse-Lautrec?« Ich hatte das Gefühl, eine sehr dumme Frage gestellt zu haben, war aber zugleich freudig erregt.

»Ja natürlich«, antwortete er. »Ich male Sie so, wie ich Sie damals in Pigalle gekannt habe.«

Ich sah mir jetzt das Gesicht an, das auf der Leinwand entstand. Es war ein ausgesprochen häßliches, kinnloses Gesicht.

»Sie waren nicht schön«, sagte er, »aber Sie hatten Freude an den Männern, und die Männer hatten ihre Freude an Ihnen.«

Ich lachte. »War ich eine Nutte?«

Jetzt lachte er nicht. »Nein«, sagte er. »Sie waren eine Tänzerin aus Holland, die in ihrer Heimat keine Arbeit finden konnte. Deshalb waren Sie nach Paris gekommen. Sie haben auf verschiedene Weise Ihren Lebensunterhalt verdient, unter anderem damit, daß Sie mir Modell gestanden haben. Wir waren gute Freunde.«

Ich sah ihm beim Malen zu, bis er das Porträt beendet hatte. Das Mädchen hatte orangerote Haare, und was er über das Gesicht gesagt hatte, stimmte.

»Damals hat Sie ebenso wie jetzt der Gedanke verfolgt, zu dick zu sein. Sie müssen verstehen, mein Kind, wenn Sie sich an Ihren Fettpolstern festhalten, dann halten Sie sich an der Vergangenheit fest. Lassen Sie das Fett Teil der Vergangenheit sein. Erlauben Sie ihm zu verschwinden. Freuen Sie sich an der Gegenwart, da gibt es kein Fett.«

Ich hatte den ganzen Vormittag daran gedacht, daß ich abnehmen müsse. Auf der Fahrt ins Orange County hatte ich ständig überlegt, was ich tun sollte, um zehn Pfund abzunehmen. Ich starrte das Medium an, in dem eine Energie wirkte, die meine Gedanken kannte und mein Porträt aus einem Leben malte, an das ich mich schon immer zu erinnern glaubte. Er lächelte. Das Bild war fertig.

»Damals hießen Sie Janette«, sagte er, schrieb den Titel unter das Bild und signierte es mit seinen Initialen. Dann gab er eine grundsätzliche Erklärung ab.

»Wir Künstler haben uns in unserer nichtphysischen Dimension darauf geeinigt zu beweisen, daß wir nie aufgehört haben zu existieren. Wir haben nur die irdische Ebene verlassen.«

»Ich verstehe«, sagte ich. »Was sehen Sie, wenn Sie so malen?«

»Wir sehen das Licht«, antwortete er. »Jede Farbe hat ihre eigene Lichtschwingung. Wir fühlen die Schwingung durch die Hände des Mediums. Das ist ein sehr angenehmes Gefühl.«

Nachdem er das Porträt von Janette beendet und seine Absichten erläutert hatte, spürte ich, daß er uns verlassen wollte, um den anderen Malern Platz zu machen. Er schenkte mir das Gemälde nicht. Dazu war unsere Begegnung viel zu sachlich gewesen. Die Leinwand wurde ebenso wie die anderen auf den Fußboden gelegt, und Luis nahm die Verbindung zu anderen Malern auf. Er arbeitete jetzt noch schneller und zeigte dabei ganz unglaubliche Fertigkeiten.

Seine Bewegungen beschleunigten sich, und dabei nickte er heftig mit dem Kopf. Seine Augen blieben fest geschlossen, und er bedeckte das Gesicht mit der linken Hand. Ganz mechanisch legte er eine neue Kassette mit einem lauten klassischen brasilianischen Stück in den Recorder. Die Maler, die sich jetzt durch ihn manifestierten, waren Modigliani, Monet, Manet, Leonardo da Vinci und der brasilianische Maler Partinari. Anstelle der Acrylfarben benutzte er jetzt Pastellstifte, Aquarell- und Ölfarben, je nach der von dem einzelnen Künstler verwendeten Technik. Um seine Handflächen zu reinigen, wischte er sie einfach am Vorderteil seines Overalls ab. Während der ganzen Zeit öffnete er niemals die Augen. Für kein Bild brauchte er mehr als fünfzehn Minuten; die meisten entstanden sogar in wesentlich kürzerer Zeit. Manchmal bearbeitete er die Leinwand mit solcher Kraft, daß wir sie festhalten mußten, damit sie nicht vom Tisch rutschte. Gelegentlich legte er den Kopf auf den linken Arm, während die Bewegungen des rechten von dem unsichtbaren Künstler gelenkt wurden.

Dann trug er die Ölfarben mit der linken Hand auf, während die rechte untätig blieb, und fing an, mit der linken Hand zu malen. Ich beobachtete den Vorgang sehr genau. Die Qualität des Bildes blieb die gleiche. Dann benutzte er gleichzeitig auch die rechte Hand. Nun malte er mit zwei Händen gleichzeitig zwei verschiedene Bilder auf zwei nebeneinander liegenden Leinwänden! Ich sah mir das Bild an, das unter seiner linken Hand entstand; es war ein Modigliani, und er malte es verkehrt herum!

Diese Sitzung dauerte etwa eine Stunde. Ein Gemälde nach dem anderen – all die großen Maler, als hätten sie Schlange gestanden, um sich noch einmal hier auf der Erde manifestieren zu können. Jeder von ihnen signierte sein Gemälde und verschwand dann sofort, um dem nächsten Platz zu machen.

Schließlich warf Luis eine leere Leinwand auf den Boden. Er zog Schuhe und Socken aus (er war immer noch in Trance), krempelte die Hosen auf, suchte einige Farbtuben heraus, öffnete sie und warf sie auf die am Boden liegende Leinwand. Dann quetschte er mit den Zehen die Farben aus den Tuben und fing an, mit den Füßen zu malen! Zugleich legte er zwei weitere Leinwände auf den Tisch und malte nun gleichzeitig Rembrandt mit den Füßen, Monet mit der linken und Picasso mit der rechten Hand. Es war eine unglaubliche Vorführung!

In zwölf Minuten waren drei Bilder entstanden, und die drei Maler signierten sie gleichzeitig!

Ich war erschöpft.

Luis wachte aus der Trance auf. Er öffnete die Augen, blinzelte in das nachmittägliche Sonnenlicht und lächelte. Dann warf er einen raschen Blick auf die Leinwände.

»Suchen Sie sich aus, was Sie wollen«, sagte er.

Ich erzählte ihm, daß Toulouse mich als Janette gemalt hatte.

»Das Bild müssen Sie nehmen«, sagte Luis. »Aber nehmen Sie auch noch ein paar andere.«

Ich entschied mich für den ersten van Gogh, den Renoir, weil mich dieses Gemälde besonders stark beeindruckt hatte, und aus verständlichen Gründen für das Porträt der Janette von Toulouse. Für Anne Marie wählte ich den Picasso mit dem einen Auge, denn sie mußte sich am folgenden Tag einer Augenoperation unterziehen.

Luis und ich unterhielten uns noch eine Stunde, und er erklärte mir, welche Gefühle ihn bewegen, bevor er zu malen anfängt.

»Ich spüre, daß sich in meinen Muskeln und Nerven etwas verändert«, sagte er, »so, als müßten die Maler meinen Körper auf diese Arbeit vorbereiten. Dann habe ich das Gefühl, daß ich etwas Wunderbares erleben werde. Ich bin eingehüllt in eine Schicht wohltuender Energie. Dann sprechen sie auf telepathischer Ebene zu mir und sagen, was sie malen wollen. Nun falle ich in Trance. Ich höre, wie sie mir mitteilen, daß ich bereit bin anzufangen. Wenn sie von meinem Körper Besitz ergriffen haben, verändert sich mein Gefühl. Ich spüre, daß von jedem Maler entsprechend seiner Persönlichkeit eine andere Schwingung ausgeht. Einige sind freundlicher als andere. Ich spüre die Seelenqualen van Goghs – das ist schwer zu ertragen. Picasso ist ungeduldig und barsch. Er ärgert sich, wenn die Leute reden, während er arbeitet. Manchmal geht sein Temperament mit ihm durch, und er zerreißt die Leinwand. Toulouse ist mein häufigster Gast. Er unterhält sich gern mit mir über seine Arbeit. Bei einer Gelegenheit äußerte er sich selbstkritisch über seine anatomischen Kenntnisse. Eine Sitzung, die in Gegenwart vieler Menschen stattfand, benutzte er dazu, anatomische Studien zu machen. Er skizzierte viele Akte in den verschiedensten Posen. Meine Mutter legte die Leinwände vor mich hin; doch als sie sah, was er gezeichnet hatte, war sie entsetzt und entschuldigte sich bei den Anwesenden. Darauf erschien Toulouse drei Monate nicht mehr. Als er wiederkam, fragte ich ihn, wo er gewesen sei. Er sagte, man habe ihn angewiesen, über die Verantwortung des Künstlers zu meditieren; er müsse darauf achten, wie seine Bilder auf die Menschen wirken.«

Luis erzählte mir noch manches über seine Beziehungen zu den verschiedenen Künstlern. Seitdem er sich bewußt war, was er tat, erinnerte er sich auch daran, daß er sich vor dem Eintritt in dieses Leben bereit erklärt hatte, ihnen als Medium zu dienen. Er habe das getan, weil die Menschen am Ende dieses Jahrhunderts begreifen müßten, wie wichtig es sei, daß die Kommunikation zwischen den »Toten« und den Lebenden hergestellt wird. Sie müßten erkennen, daß sich der Geist der Menschheit zwar weiterentwickle, aber ewig bleibe.

Wir setzten unser Gespräch fort, bis ich mich auf den Heimweg nach Los Angeles machen mußte, denn sonst wäre ich auf der Stadtautobahn in den dichtesten Stoßverkehr gekommen.

Der Tag mit Luis Gasparetto war eine so angenehme Erfahrung für mich, daß ich immer noch lächeln muß, wenn ich an ihn denke. Zwar weiß ich nicht, wie dieses Phänomen zustande kommt, aber es bereitet mir keine Schwierigkeiten, es zu akzeptieren. Ich kenne das Phänomen der künstlerischen Inspiration aus meinem eigenen Leben, und stets hatte ich dabei den Eindruck, daß das, was geschah, »von außen« kam. Wer war es, der mich inspirierte? Vielleicht ist es Gott, der sich dabei in den Menschen manifestiert!

14. KAPITEL

DAS LICHT VON INNEN

Wir sind komplexe Lebewesen
und bestehen aus göttlichem Geist.
Wir leben in einer unsterblichen Seele
und in einem sterblichen Körper.

Mauricio Panisset wurde am 6. März 1930 in der brasilianischen Stadt Minas Gerais als drittes Kind eines methodistischen Pfarrers geboren, der ein besonderes Interesse für die Metaphysik hatte. Aber schon sehr bald erklärte Mauricios Mutter, sie könne mit der unkontrollierbaren Aufsässigkeit ihres Sohnes nicht fertig werden. In ihrer Verzweiflung schickten die Eltern den neunjährigen Jungen zu seiner Großmutter, die auf dem Lande lebte. Sie hofften, in der Freiheit des Landlebens werde er mit seinem unzähmbaren Temperament besser fertig werden können.

Hier unternahm er lange Spaziergänge in den Wald, wo er, wie er später berichtete, von »Lichtern« verfolgt wurde. Diese Lichter erschienen ihm als leuchtende Kugeln, und wenn sie auftauchten, »sprachen« sie mit ihm. Da er jedoch fürchtete, seine Angehörigen und die Leute auf der Farm seiner Großmutter würden ihn noch mehr ablehnen, wenn sie davon erfuhren, erzählte er damals niemandem von seinen Begegnungen.

Mit Beginn der Pubertät verschwanden die Lichter.

Im Jahre 1949 – er war damals 19 Jahre alt – trat er in die Armee ein, und als er eines Abends Wache stand, tauchten die Lichter wieder auf. Von nun an nährte und entwickelte er seine liebevollen Beziehungen zu ihnen weiter und las mit glühendem Interesse die Werke von Blavatsky, Leadbetter und Alice Bailey, die Kabbala und alles, was er an esoterischer Literatur finden konnte. Daneben vertiefte er sich in das Studium des Buddhismus, des Schiismus und des Hinduismus.

1943, nach seiner Entlassung aus der Armee, wurde er Freimaurer des 33. Grads (fortgeschrittener Schüler der Metaphysik).

Er heiratete, wurde Vater mehrerer Kinder, ließ sich scheiden und heiratete nach einiger Zeit zum zweitenmal. 1966 nahm er eine Anstellung im Erziehungsministerium an. Bei Arbeiten auf dem Sendeturm des Ministeriums verlor er den Halt und stürzte 40 Meter in die Tiefe. Im Sturz glaubte er, sterben zu müssen, aber er brach sich nur ein Bein und verlor nicht einmal das Bewußtsein. Er war überzeugt, daß dieses »Wunder« in einem Zusammenhang mit den Lichtern stand, und schloß daraus, daß er eine besondere »Mission« hatte.

Nach dem Sturz vom Sendeturm verließen ihn die Lichter nicht mehr. Sie schienen sich jedoch verändert zu haben. In ihrer Gegenwart verstärkte sich sein Körperbewußtsein, und er stellte fest, daß er Zugang zu den »Akashic Records« hatte. (Das sind Ereignisse, die von Energien im Äther gespeichert werden. Sie sind besonders sensiblen Menschen zugänglich und ermöglichen ihnen Einblicke in die vergangenen Leben anderer Menschen.)

1969 nahm er die Lichter so intensiv wahr, daß er wieder das Gefühl hatte, sie würden zu ihm »sprechen«.

Am 19. April 1969 sprach eines der Lichter so deutlich zu ihm, daß Mauricio es nicht überhören konnte. Das Licht sagte: »Du mußt dein eigenes Licht dazu benutzen, Kranke zu heilen. Du mußt ins Krankenhaus gehen.« Mauricio wurde krank und litt unter Bewußtseinsstörungen. Er konnte nicht mehr schlafen. Die Ärzte sagten ihm, er sei nur nervös und erschöpft. Er selbst glaubte, verrückt zu werden. Wieder befahlen ihm die Lichter, Kranke zu heilen. Er selbst glaubte nicht, daß er diese Fähigkeit besaß, und war vollauf damit beschäftigt, den Lebensunterhalt seiner Familie zu sichern und dafür zu sorgen, daß sich seine zweite Ehe positiv entwickelte. Doch sein Gesundheitszustand besserte sich nicht.

Als er eines Abends spät mit seiner Frau und seinen vier Kindern auf einer Landstraße unterwegs war, tauchten neben seinem Wagen die Lichter auf. Er hielt an und stieg aus. Ein sehr starkes Licht kam auf ihn zu, hielt vor ihm an und verwandelte sich in ein durchsichtiges Wesen, das sich als »Uhr« bezeichnete. Die Lichtgestalt sagte Mauricio, er müsse Kranke heilen, um selbst gesund zu werden. Mauricio sah sich nach seiner Frau und seinen Kindern im Wagen um und fragte sie, ob sie das gleiche sähen wie er. Sie nickten. Darauf verschwand die Lichtgestalt.

Es dauerte aber noch zwei Jahre, bis Mauricio auf die Anweisung von Uhr reagierte. Bis zu diesem Zeitpunkt hatte er sich innerlich dagegen gesträubt, als Heiler zu arbeiten. Aber als er schließlich begann, besserte sich auch sein eigener Gesundheitszustand.

Einige Jahre später hatte er ein ähnliches Erlebnis. Wieder war er mit seinem Wagen unterwegs, folgten ihm die Lichter, und er hielt an. Darauf näherte sich ihm ein helles gelbes Licht und verwandelte sich in ein Wesen, das sich »Akron« nannte.

»Du mußt fortfahren zu heilen«, sagte Akron. »Dazu bist du verpflichtet.«

Mauricio hatte sich an die Gegenwart der Lichter gewöhnt, aber für andere war es ein erstaunliches Phänomen. Wenn er mit der aus seinen Händen ausströmenden Energie Kranke heilte, wurden auch die Lichter sichtbar. Nach einiger Zeit begannen sich auf seiner Brust die Stigmata der Chakras zu bilden. Diese Stigmata sahen aus wie Narben, dir durch Verbrennungen entstanden waren. Das erste Stigma war ein kleines Kreuz auf der Haut seiner Brust. Es erschien zu keiner Zeit als offene Wunde, sondern sah von Anfang an so aus wie eine schon lange verheilte Narbe.

An einem Abend des Jahres 1980 stand Mauricio auf seiner Farm in Fazenda das Parteiras und genoß den Sonnenuntergang. Da erschien über ihm eine schwere Regenwolke und öffnete sich. Aus der Mitte der Wolke tauchten drei Lichter auf, die aussahen wie Sterne, und kamen auf ihn zu. Sie näherten sich ihm, wurden dabei aber nicht größer. Wenn er den Lichtstrahl seiner Taschenlampe auf die Lichter richtete, verschwanden sie. Dann vereinigten sich die drei Lichter zu einer großen Lichtkugel. In seinem Kopf vernahm Mauricio die Botschaft: »Ich bin Enoch. Gehe häufiger in die Krankenhäuser, und heile. Du hast nicht mehr viel Zeit. Ich werde bei dir sein.«

Mauricio protestierte und sagte: »Ich habe keine Zeit mehr, und es ist mir gleich, ob die Zeit drängt. Ich habe meine eigenen Probleme.«

Enoch erwiderte: »Es wird keine Probleme mehr für dich geben.«

Während das Licht Enochs vierzig Minuten lang vor ihm schwebte, spürte Mauricio ein Brennen auf der Brust. Danach war es wieder verschwunden.

Als er sich am Abend auszog, um zu Bett zu gehen, sah er, daß über den sieben Chakrazentren neue Stigmata in seine Haut eingebrannt waren. Auf seiner Brust war es der Stern Enochs. Nach diesem Erlebnis wurde er ständig von den Lichtern begleitet. Sobald Mauricio seine Tätigkeit als Heiler unterbrechen wollte, erschien das Licht Enochs vor ihm, tadelte ihn und verlangte, er solle fortfahren, andere zu heilen.

Heute ist Mauricio Panisset ein Heiler, wie man ihn sonst nirgends findet.

Auch auf Mauricio hat mich Anne Marie Bennstrom aufmerksam gemacht. Sie flog mit ihm von Brasilien, wo sie ihn im Rahmen ihrer metaphysischen Forschungen kennengelernt hatte, in die Vereinigten Staaten und brachte ihn zu mir in mein Haus auf dem Mount Rainier. Der Berg hatte bis dahin noch nie eine solche Demonstration von Lichterscheinungen erlebt.

Als Mauricio mein Haus betrat, hatte ich das Gefühl, einer Kreuzung zwischen Charlie Chaplin und Cantinflas zu begegnen (dem genialen mexikanischen Komiker, der mit mir in dem Film *In achtzig Tagen um die Welt* aufgetreten war). Mauricio nahm mich zur Begrüßung in die Arme, und ich stellte fest, daß er einen Bierbauch hatte (später stellte sich heraus, daß es ein Weinbauch war). Ein Ledergürtel sorgte dafür, daß seine Hosen nicht herunterrutschten, und er hatte einen etwas komischen schlurfenden Gang.

Er trug ein am Kragen offenes Hemd, und wenn er sich nach vorn beugte, konnte man die Chakrastigmata und den Stern

Enochs auf seiner Brust sehen. Außer Anne Marie befanden sich noch zwei Frauen, Maria und Francesca, in seiner Begleitung. Er war etwa 1,63 Meter groß, untersetzt, weißhaarig und von der Sonne gebräunt. Offensichtlich war er es gewohnt, die Aufmerksamkeit der Menschen auf sich zu ziehen, und es machte ihm nichts aus, mit seinem Harem in der Welt herumzureisen.

Seine Augen blitzten schelmisch, und doch hatte ich das Gefühl, daß sich in diesem Mann eine tiefe Weisheit verbarg, obwohl er es für nötig zu halten schien, den heiligen Narren zu spielen. Er fing sofort an, in gebrochenem Englisch Witze zu machen, und zwar in einem fast anzüglichen Ton.

Mein Hausangestellter Simo und ich bewirteten unsere Gäste mit Wein und einem kleinen Imbiß. Bis Sonnenuntergang unterhielten wir uns über Mauricios Leben und seine Tätigkeit als Heiler.

Mauricio sagte mir, er werde ständig von den beiden Lichtwesen Akron und Shalla begleitet. »Sie schützen mich mit ihrem Licht und helfen mir, andere Menschen zu heilen. Sie werden es selbst sehen.«

Nun, ich habe es tatsächlich »gesehen«.

Ich habe zahlreiche übersinnliche Phänomene gesehen, die mich mehr oder weniger beeindruckt haben. Was ich hier erlebte, war wirklich außergewöhnlich.

Ich glaube, Mauricio brauchte den Wein, um sich zu entspannen, obwohl er es bestritt, als ich ihn danach fragte. Jedenfalls war er erst bereit anzufangen, nachdem er allein eine Flasche geleert hatte.

Er hatte ganz gemütlich auf meiner Couch gesessen und sprang nun plötzlich auf. Im selben Moment wurde mein Wohnzimmer von einem Lichtblitz erleuchtet. Es ließ sich nicht feststellen, woher das Licht kam. Es blitzte nur auf. Ich vermutete zunächst, daß irgend jemand eine Blitzlichtaufnahme gemacht hatte, aber dieses Licht war sehr viel heller.

Dann faßte mich Mauricio bei der Hand und sagte: »Kommen Sie mit.«

Er führte mich in das Gästezimmer, wo er schlafen sollte. Auf dem Tisch stand ein Stereo-Kassettenrecorder, den er sofort einschaltete. Es war eine Aufnahme tiefer, volltönender religiöser Gesänge.

»Legen Sie sich bitte auf das Bett«, verlangte er. Anne Marie und die anderen waren im Wohnzimmer geblieben. Ich hatte keine Ahnung, was er mit mir vorhatte.

Ich legte mich auf das Bett. Mauricio schien zu überprüfen, in welche Richtung mein Kopf zeigte. »Drehen Sie sich um«, sagte er. »Sie müssen mit dem Kopf in Richtung des magnetischen Nordpols liegen.« Ich drehte mich in die gewünschte Richtung, blieb ruhig liegen und wartete. Im Zimmer war es dunkel, aber ich wußte, daß er an der gegenüberliegenden Wand stand, ganz still, als wartete er auf eine Anweisung.

Plötzlich kam Mauricio näher, fiel neben dem Bett auf die Knie, neigte den Kopf und fing an zu singen und zu beten. Dabei atmete er in tiefen Zügen, wie ich es noch nie gesehen hatte. Diese offenbar zur Konzentration notwendige Atemübung dauerte eine ganze Weile. Dabei spielte der Kassettenrecorder die religiösen Gesänge.

Mauricio richtete den Oberkörper auf, atmete tief ein und dann mit aller Konzentration und einem lauten »Pau« aus. In diesem Augenblick wurde das ganze Zimmer von einem starken Licht erleuchtet, das aus seinem Solarplexus kam. Ich sah einen gezackten Blitz, der aus der Mitte seines Körpers seine Arme und Hände entlangfuhr und sich in das Zimmer entlud! George Lucas wäre es schwergefallen, einen solchen Effekt zu erzeugen. Ich war verblüfft und zutiefst erschrocken über die Intensität des elektrischen Lichts, das aus seinem Körper gekommen war. Dann hörte ich einen zischenden Laut, und die ganze Luft roch nach Ozon. Hatte ich das wirklich erlebt, oder täuschte ich mich? Während ich mir diese Frage stellte, stand er auf. Ich konnte sehen, wie er sich in der Stille des dunklen Zimmers bewegte. Nun stand er neben dem Bett unmittelbar hinter meinem Kopf. Er lehnte sich über mich und fing an, die Energie in meinem Körper zu »lesen«, indem er seine flachen Hände mit den Handflächen nach unten über meinen

Körper hielt. Dann berührte er jedes meiner sieben Energiezentren und »las« die Ausstrahlungen der Chakras. Während er das tat, atmete er tief in einem Zustand der »Vergeistigung«, wie er es später nannte.

Er beugte sich zu meinem Gesicht herunter und legte seine Stirn auf meine (sein drittes Auge auf mein drittes Auge). Wieder atmete er tief ein und ließ dann, als hätte er von seinem unsichtbaren Beschützer ein Zeichen bekommen, die Luft mit einem lauten »Pau« aus den Lungen, worauf ein elektrischer Lichtstrahl aus seiner Stirn in meine schoß. Es war ein Schock für mich, denn ich war nicht darauf vorbereitet. Ich empfand dabei aber keine Schmerzen. Ich nahm an, er öffnete mein drittes Auge, das einem übersinnliche Wahrnehmungen vermittelt. Dabei hatte ich das Gefühl, als würden meine Augen von sanften elektrischen Funken getroffen. In meinen Augäpfeln prickelte es. Ich glaubte, meine Kopfhaut sei angesengt, und fragte mich, ob jetzt auf meiner Stirn die gleichen Narben entstanden seien, wie ich sie bei ihm gesehen hatte. Unwillkürlich mußte ich daran denken, wie ich dann auf einer Großaufnahme aussehen würde! Aber ich beruhigte mich bei dem Gedanken, daß ich die Narbe mit einem Pony verdecken könnte.

Mauricio beließ es aber nicht bei einem einzigen Lichtstrahl, sondern ließ gleich drei Blitze in meine Stirn fahren. Ich lachte innerlich und dachte: Wahrscheinlich ist es einer für den Körper, einer für den Geist und einer für die Seele gewesen.

Dann trat er an die Seite des Bettes und legte mir die Hände auf das Herz-Chakra. Während er einen starken Druck auf meine Brust ausübte, atmete er wieder ein. Wie ein Arzt, der den Herzschlag nach einen Stillstand wieder in Gang bringen will, pumpte er und gab bei jedem Ausatmen ein lautes »Pau« von sich. Dabei floß ein elektrischer Lichtball durch seine Hände an der Stelle in meinen Körper, wo ich das Herz vermutete.

Ich hatte das Gefühl, als Beobachter danebenzustehen.

Es würde schwer sein zu beweisen, daß ich nicht geträumt hatte. Mauricio »elektrifizierte« mein Herz mehrere Male, und jedesmal zeigten sich die elektromagnetischen Lichterscheinungen in einer anderen Form.

Anschließend trat er zurück und schlug mit den Händen durch die Luft, als müßte er seine Batterien aufladen. Auch dabei holte er tief Atem. Wenn er ausatmete, zuckten die elektrischen Blitze durch seinen ganzen Körper. Während er arbeitete, war das ganze Zimmer hell erleuchtet. Später erfuhr ich, daß das Licht, das er im Schlafzimmer ausstrahlte, durch die Wände des Hauses drang und auch das Innere aller anderen Räume erleuchtete! (Später habe ich gesehen, wie er das gleiche auch am hellen Tage tat und dabei nur einen Lendenschurz trug, um zu beweisen, daß er kein elektrisches Gerät in seiner Kleidung versteckt hatte, mit dem er diese Blitze hätte erzeugen können.)

Mauricio ließ sich auf ein Knie nieder und veränderte mehrmals seine Körperhaltung. Da es dunkel im Zimmer war, konnte ich seine Umrisse nur sehen, wenn er es mit der elektrischen Energie auflud. Dann erfüllten Blitze das Zimmer wie bei einem nächtlichen Gewitter. Er streckte den Arm in die Höhe, und sein Körper schien zu einem Blitzableiter geworden zu sein, nur daß das Licht in umgekehrter Richtung von der Mitte seines Körpers ausging und über den Arm durch die Fingerspitzen nach oben strahlte. Nach dieser verwirrenden Vorführung stürzte Mauricio aus dem Zimmer und fiel im Korridor erschöpft nieder. Ich stand vom Bett auf und ging zu ihm. Er war schweißbedeckt und brauchte dringend Wasser. Während ich mich um ihn kümmerte, blitzten die Lichter im Schlafzimmer weiter! Es war wie in einem Science-fiction-Film – doch es war unbestreitbare Wirklichkeit.

Anne Marie brachte ihm Wasser. Er trank mehrere Gläser, und während er das tat, entluden sich weitere Lichtblitze aus seinem Körper. Plötzlich stand er auf, ging ins Badezimmer und ließ die Tür offen. Er öffnete den Reißverschluß an seiner Hose, und als er in das Klobecken urinierte, leuchtete sogar der Urin!

Anne Marie lachte. »Haben Sie so etwas schon gesehen?«

»Nein«, antwortete ich schockiert. Ich fragte mich, ob ich es wirklich sah.

Als Mauricio aus dem Badezimmer herauskam, war er nicht mehr in Trance. Wir versammelten uns wieder im Wohnzimmer. Er verlangte nach Wein. Ich glaubte, daß nun vielleicht auch der Wein aufleuchten würde, aber das geschah nicht. Er stürzte ihn hastig hinunter.

Vielleicht hatte der Wein ihn gestärkt; jedenfalls führte Mauricio seine Heilmethoden mit den Lichterscheinungen Simo und mir noch einmal vor. Das dauerte einige Stunden. Einmal unterbrach er das Trinken und ging auf den Balkon hinaus, um den Garten vor meinem Haus taghell zu erleuchten.

Ich beobachtete ihn sehr genau, konnte aber keinen Gegenstand entdecken, mit dem er diese Lichteffekte hätte erzeugen können. Er hatte nichts in den Händen.

Es wäre ohnedies nicht möglich gewesen, ein so blendendes Licht mit irgendeinem Gerät zu erzeugen, denn das Licht kam aus dem Inneren seines Körpers. Ich konnte die Stelle genau sehen. Es war, als würde sein Körper von einem inneren Blitzstrahl aufgeladen. In allen Zimmern meines Hauses entluden sich solche Lichtblitze. Feierten Akron und Shalla dort ihre eigene Party? Mir war das alles unbegreiflich, und ich hatte das Gefühl, mich in einer anderen Dimension der Wirklichkeit zu befinden. War er die Leitung, welche die physische Ebene mit der Dimension des Lichtes verband? Wurden wir nur dadurch geheilt, daß wir uns in seiner Gegenwart befanden? Er machte keinen sehr spirituellen Eindruck und zeigte bei dem, was er tat, keine besonders andächtige Haltung. Für ihn schien das alles eine Selbstverständlichkeit zu sein.

»Ich versetze die Chakras mit der Energie des Lichts in Harmonie«, sagte er in einem fast gleichgültigen Ton. »Es ist Enoch. Es sind Akron und Shalla. Es ist Gott – *nicht ich.*«

Dann trank er wieder ein Glas Wein und machte seine Scherze mit uns.

»Zeigen Sie uns Ihre Chakras«, sagte Anne Marie. Mit einem Glas Wein in der einen Hand knöpfte er mit der anderen sein Hemd auf und zeigte uns, während er trank, die Stigmata seiner Chakras. An genau den Körperstellen, unter denen die esoterischen Chakras liegen, sahen wir die kreisförmigen Brandnarben. Sie glühten und pulsierten.

»Manchmal bluten sie, wenn er nicht heilt«, sagte Anne Marie. Mauricio nickte und trank lächelnd das Glas Wein aus. Dann spürte er wieder das Verlangen, sein Licht auszustrahlen. Ich nehme an, dieses »Verlangen« wurde von Akron und Shalla gesteuert; sie hatten wohl auch unsere Energieströme überwacht, um festzustellen, wo sie harmonisiert werden mußten, um uns zu heilen.

Als ich Mauricio den Vorschlag machte, mit uns zu Abend zu essen, lehnte er ab. Er machte weiter seine Witze, trank Wein und spielte mit seinen Lichtern. Dann wieder ging er im Zimmer umher, atmete tief, neckte uns, zwickte die weiblichen Anwesenden ins Kinn und sang Kinderlieder.

Während ich ihn beobachtete, mußte ich daran denken, mit welcher Ehrfurcht wir sonst allem Metaphysischen begegnen. Wenn jemand die Fähigkeit hat, die Dimensionen zu überbrücken, möchten wir vor ihm niederknien und ihm unsere Ehrfurcht bezeugen. Mauricio erwartete nichts dergleichen. Er machte sich sogar darüber lustig und begleitete seine Vorführungen mit derben Scherzen. Vielleicht ist diese Seite seines Charakters dafür verantwortlich, daß er sich so lange geweigert hat, die Aufgabe eines Heilers zu übernehmen.

Gegen zwei Uhr morgens schlug uns Mauricio vor, schlafen zu gehen. Er wollte noch etwas aufbleiben, aber wir anderen sollten uns zurückziehen.

»Ich möchte noch eine Lichtheilung vornehmen, bevor Sie einschlafen«, sagte er.

Ich führte ihn in mein Schlafzimmer, legte mich angezogen ins Bett, und er beugte sich über mich.

»*Schutz für sie*«, sagte er, an seine Lichtgestalten gewendet. Darauf erzeugte er eine Reihe greller Lichtblitze, die alles, was vorher geschehen war, in den Schatten stellten. Mein ganzes Schlafzimmer und der Balkon waren hell erleuchtet. Durch das Fenster konnte ich deutlich die Umrisse des Mount Rainier sehen.

Pausenlos gingen die Lichtblitze von ihm aus. Es war furchteinflößend, unglaublich, nicht zu fassen. Und doch wurde ich innerlich immer ruhiger und schlief sofort ein, nachdem er gegangen war. So friedlich hatte ich in meinem ganzen Leben noch nie geschlafen.

Am folgenden Tag reiste Mauricio ab. Auf einem Spaziergang am Fluß entlang stellte ich fest, daß ich eine viel intimere Beziehung zu allem Lebendigen um mich her gewonnen hatte. Mein Mitgefühl war so tief wie nie zuvor. Ich hätte aus Liebe zu allen leidenden Lebewesen weinen können und hatte das Gefühl, mehr tun zu müssen, um den Menschen zu helfen. Schließlich setzte ich mich auf einen verwitterten Baumstamm und versuchte zu meditieren. Doch ich fing an zu schluchzen, denn als ich mich in der unberührten Landschaft umsah, wurde mir bewußt, daß alles durch die Liebe zusammengehalten wird. Ich wußte nicht, woher diese Liebe kam, aber ich wußte, daß sie in mir war und in allem Lebendigen um mich her. Es war, als hätte sich ein neues Fenster geöffnet, das es mir erlaubte, diese große Wahrheit zu begreifen.

Ich saß auf dem Baumstamm und dachte darüber nach, welche Rolle das »Licht« in einem *emotionalen* Erlebnis spielt. Welche Verbindungen bestanden hier? War das Licht der physische Ausdruck der Liebe? Manifestierte sich die göttliche Energie in der äußeren Form des Lichts?

Ich dachte an all die Menschen, die ein blendendweißes Licht sahen, wenn ihre Seele den Körper verließ. Stets sagten sie danach, sie hätten »gewußt«, daß das Licht Gott sei. Und dieses Lichterlebnis wurde jedesmal von einem überwältigenden Gefühl der Liebe begleitet. Ist es also das Licht, in dem wir auch die Liebe finden? Ist das Licht die Manifestation der Liebe auf der Ebene des Physischen? Gibt es ein noch stärkeres Licht, das im unendlichen Bereich des kosmischen Bewußtseins auf uns wartet?

Vielleicht würden sich Naturwissenschaft und Spiritualität einmal auf dieser Ebene begegnen. In dem Ringen der Naturwissenschaft um die Erkenntnis Gottes und der Schöpfung lag die Antwort vielleicht bei den subatomaren Lichtpartikeln, die das Bewußtsein zusammenhielten. Waren diese subatomaren Lichtpartikel in Wirklichkeit Partikel der göttlichen Energie? Gab es dafür eine so einfache Erklärung? Und war diese einfache Erklärung für uns Menschen deshalb inakzeptabel, weil wir uns davor scheuten, für diese Erkenntnis die Verantwortung zu übernehmen?

Einige Monate später lud ich Mauricio ein, bei einem vier Tage dauernden Seminar, das ich am Gefallenengedenktag in Kalifornien abhalten wollte, als Heiler aufzutreten. Er sagte mir, er habe seine »Lichter verloren«, weil er seiner Verpflichtung zu heilen nicht nachgekommen sei. Ich erwiderte, dies könnte eine Gelegenheit sein, das Versäumnis gutzumachen. Darauf erklärte er sich bereit zu kommen.

Als er den Versammlungsraum betrat, in dem 300 Menschen auf die Überraschung warteten, die ich ihnen versprochen hatte, sagte er, seine »Lichtfreunde« seien zurückgekehrt. Er sah sich die Versammlung an und begann sofort, die Menschen umzugruppieren. Ganz ruhig sagte er zu mir: »Ich habe noch nie vor einer so großen Gruppe geheilt. Ihre Energien müssen zerstreut werden, denn sonst werden meine Energieleitungen überladen.« Er teilte die Menschen in drei Gruppen ein und forderte sie auf, ihm keine Energie zu senden, er habe selbst genug davon.

Während er ruhig vor der Gruppe stand, begann er, tief zu atmen, zu meditieren und wieder zu atmen. Dann, während er mit einem lauten »Pau« ausatmete, verwandelte er sich in einen menschlichen Blitzableiter.

Als ich die Reaktion der Leute sah, mußte ich daran denken, wie ich selbst reagiert hatte. Sie waren verblüfft, wollten es nicht glauben, waren begeistert, einige von ihnen waren mißtrauisch, doch die meisten schienen überzeugt zu sein, daß hier etwas geschah, was sich mit menschlicher Logik nicht erklären läßt. Mauricios Lichtvorführungen dauerten etwa eine Stunde. Einige Anwesende behaupteten, von ihren Schmerzen und Beschwerden geheilt zu sein, andere schluchzten erschüttert, wenn sie daran dachten, was sie ihrem Körper angetan hatten. Nun war die selbst erzeugte Spannung von ihnen gewichen. Wieder andere genossen es ganz einfach, von diesem Licht durchflutet zu werden, auch wenn sie keine Erklärung dafür hatten.

Kurz gesagt, der Abend war ein Erfolg, nicht nur für die Gruppe, sondern auch für Mauricio, denn seine Lichtgestalten waren zu ihm zurückgekehrt. Als die Tagungsteilnehmer am folgenden Morgen ihre Reisevorbereitungen trafen und sich telefonisch mit ihren Freunden und Mitarbeitern in Verbindung setzten, hörte ich, wie zwei Rechtsanwälte aus New York, die Mauricios Vorführung miterlebt hatten, mit ihren Kollegen in New York sprachen. Sie schilderten, was am Abend zuvor geschehen war. Nach einer Pause sagte einer von ihnen: »Aber ich habe es mit eigenen Augen gesehen.« Der andere sagte: »Aber er hat seinen Körper niemals berührt, um irgendein elektrisches Gerät einzuschalten.« Eine weitere Pause. Ich konnte mir sehr gut vorstellen, wie skeptisch die Gesprächspartner in New York waren. Sie glaubten sicher an Halluzinationen oder ähnliches. Sehr bald beendeten die beiden Anwälte das Telefongespräch. Sie sahen sich an, versuchten die Peinlichkeit der Situation irgendwie zu überbrücken und erklärten dann fast gleichzeitig: »Sie haben mir nicht geglaubt.«

Ich ging zu ihnen, legte ihnen die Hände auf die Schultern und versuchte, nicht zu herablassend zu wirken. »Willkommen in unserem Club. Sie werden sich noch daran gewöhnen. Aber auch die Leute, die Sie für verrückt erklärt haben, werden sich daran gewöhnen müssen.«

15. KAPITEL

UNSER KÖRPER BESTEHT AUS ATOMEN DES BEWUSSTSEINS

Wo es keinen Widerstand gibt,
da gibt es auch keinen Schmerz.

Endlich entschloß ich mich, etwas zu versuchen, von dem ich schon seit Jahren gehört hatte. Da es meinen eigenen Körper betraf und keine Täuschung im Spiel sein konnte, ist es für mich zu dem beeindruckendsten Ereignis im Verlauf meiner Bemühungen um das Verständnis der Beziehungen zwischen der physischen und der nichtphysischen Welt geworden.

Ich will ganz einfach erzählen, was geschah.

Ich hatte zahlreiche Videoaufnahmen von chirurgischen Eingriffen mit Hilfe übersinnlicher Techniken aus Brasilien und den Philippinen gesehen. Eines dieser Videobänder hatte mir ein Arzt gegeben, der sich selbst einer Augenoperation unterzogen hatte und damit von einer Krankheit geheilt worden war. Ich hatte viele Bücher über das Leben dieser mit übersinnlichen Kräften arbeitenden Chirurgen gelesen und kannte Personen, die behaupteten, von ihnen geheilt worden zu sein.

Außerdem hatte ich bei abendlichen Talkshows »Zauberkünstler« gesehen, die versuchten, dieses Phänomen als Schwindel zu entlarven, indem sie selbst sehr geschickt solche »psychische Chirurgie« vorführten. Sie verwendeten Hühnereingeweide und rot gefärbte Kügelchen, um Blut vorzutäuschen. Gewöhnlich war es ein sehr unappetitlicher und ekelerregender Vorgang. Ich habe diese Leute mit leidenschaftsloser Neugier beobachtet. Für mich waren sie Personen, welche die Naivität ungebildeter Menschen ausnutzten, die an Märchen glauben wollten. Das »Entlarven von Scharlatanen« war für sie augenscheinlich nur ein Mittel, Geld zu verdienen.

Die Videoaufnahmen, die ich gesehen hatte, unterschieden sich ganz wesentlich von den Vorführungen dieser Zauberkünstler, denn die chirurgischen Eingriffe waren in Kliniken und in Gegenwart von Ärzten und Krankenschwestern vorgenommen worden. Die Patienten mußten den Heilern nichts bezahlen, wenn sie es nicht freiwillig taten, und das emotionale Umfeld war friedlich – man könnte sogar sagen, andächtig.

Immerhin hatte ich in so vielen Filmen mitgewirkt, in denen mit außerordentlich geschickten Trickaufnahmen besondere Wirkungen erzielt wurden, daß ich zunächst an dem, was ich sah, zweifelte. Ich wollte es selbst erleben und mich nicht durch Vorurteile belasten.

In einem besonders eindrucksvollen Film hatte ich den Pfarrer Alex Orbito aus Manila operieren gesehen. Er nahm seine Eingriffe hintereinander bei Personen vor, die in einer langen Schlange darauf warteten, an die Reihe zu kommen. Zunächst knetete er sanft die Haut eines jeden Patienten, bis sie sich öffnete. Dann griff er mit den Händen in das Innere des Körpers, suchte die kranke Stelle auf, entfernte Blutgerinnsel und anderes Gewebe, zog die Hände wieder heraus, und der »Einschnitt« schloß sich wieder. Der Körper des Patienten war zwar noch blutverschmiert, es zeigte sich aber kaum die Spur einer Narbe. Die Kamera lief während des ganzen Vorgangs ununterbrochen. Das heißt, es gab keine Schnitte. In zwanzig Minuten operierte Orbito etwa zwanzig Patienten. So dauerte jede Operation durchschnittlich sechzig Sekunden. Dabei wurden die verschiedensten Leiden behandelt: Geschwüre, Rückenschmerzen, Kröpfe, Krebs, Hirntumore, Augenkrankheiten und Herzkrankheiten. Die Aufnahmen waren beeindruckend, aber ich traute ihnen nicht.

Eines Tages erfuhr ich von einem Freund, daß Alex Orbito in Amerika war. Ich erzählte es meiner Tochter Sachi, die an Rükken- und Genickschmerzen litt. Sachi hatte als erste den Mut, Alex zu konsultieren, und als sie mir die Prozedur beschrieb, beschloß ich, ihn kennenzulernen.

Eigenartigerweise sollte ich ihn ausgerechnet in Las Vegas aufsuchen, wo ich schon viele beeindruckende übersinnliche Erlebnisse gehabt hatte.

Nachdem sie sich von Alex hatte behandeln lassen, war Sachi von ihren Schmerzen geheilt. Er hatte ihr jedoch gesagt, wenn die Schmerzen eine karmische Ursache hätten, dann müßte sie selbst etwas dagegen unternehmen und sich vertrauensvoller mit der göttlichen Energie verbinden, als sie es bisher getan habe.

Ich rief die spirituelle Akupunkturheilerin Chris Griscom aus Galisteo an und bat sie, auch nach Las Vegas zu kommen. Wir nahmen uns ein Hotelzimmer und erwarteten dort den Besuch des Pfarrers Alex Orbito.

Orbito war am 25. November 1940 in einer Ortschaft des Kreises Cuyapo in der philippinischen Provinz Nueva Ecija, etwa zweihundert Kilometer nordwestlich von Manila, zur Welt gekommen. Seine Eltern waren arme Landarbeiter auf dem Besitz eines Gutsherrn.

Bis zu seinem vierzehnten Lebensjahr war sich Orbito seiner Heilkraft nicht bewußt. Doch dann träumte er von einem geheimnisvollen alten Mann, der sich als der geistige Führer des Jungen zu erkennen gab. Er gab ihm ein persönliches Mantra, mit dessen Hilfe sich Alex in einen veränderten Bewußtseinszustand versetzen konnte. In diesen Träumen offenbarte der alte Mann dem jungen Alex, er sei ein großer Heiler.

Alex beachtete diese Mitteilungen nicht weiter, bis er eines Morgens von der gelähmten Mutter eines Freundes gerufen wurde. Sie erzählte, sie habe in der vergangenen Nacht einen Traum gehabt, in dem Alex sie von ihrer Lähmung heilte. Nun erinnerte er sich, daß er den gleichen Traum gehabt hatte!

Er besuchte die alte Frau. Sie erkannten einander, obwohl sie sich bisher noch nie begegnet waren. Wortlos nahm er eine neben ihrem Bett stehende Flasche mit Kokosnußöl, massierte ihr Bein, wie er es im Traum getan hatte, sprach ein kurzes Gebet und forderte sie auf zu gehen.

Zum erstenmal nach zehn Jahren stand sie auf und konnte gehen.

Jetzt wußte Alex, daß er ein Heiler war. In seinen Händen besaß er eine Kraft, deren Wirkungsweise er selbst nicht verstand.

Aber er wollte gar kein Heiler sein. Was er nicht verstehen konnte, machte ihm angst. Außerdem wurde er von Leuten ausgenutzt, die erfahren hatten, daß er diese Gabe besaß. Oft ließen sie ihn kommen, ohne ihm etwas zu bezahlen, und er mußte selbst sehen, wie er wieder nach Hause in sein Dorf zurückkam.

Später wurde er Pfarrer in der Union Espiritista Christiana de Felipinas und wollte nicht mehr als Heiler arbeiten. Aber sobald er diese Tätigkeit aufgegeben hatte, wurde er selbst krank. So arbeitete er wieder als Heiler – und wurde gesund. Er stellte fest, daß er regelmäßig krank wurde, wenn er sich weigerte, Menschen, die sich in Not befanden, zu heilen. Nun beschloß er endgültig, der Menschheit durch seine spirituelle Heilkunst zu dienen. Er bereiste die ganzen Philippinen und heilte Hunderte von Menschen, ohne etwas dafür zu verlangen. Schließlich richtete er in seinem bescheidenen Haus in Quezon City eine eigene Klinik ein.

Während wir auf Orbito warteten, unterhielt ich mich mit Chris Griscom, die mir sagte, sie habe schon von ihm gehört und würde sich geehrt fühlen, wenn er sie behandelte. Ich hatte immer noch Zweifel.

Als ich die Tür des Hotelzimmers öffnete, stand vor mir ein sehr jung aussehender, ungewöhnlich magerer Mann in einem frisch gebügelten weißen Hemd mit Krawatte. Dazu trug er eine Sporthose und eine Fußballjacke aus Satin. Er hatte seine Frau und deren Freundin mitgebracht. Sein Lächeln nahm mir sofort jede Scheu. Ich hatte das Gefühl, ihn schon lange zu kennen.

Ihn zu kennen und zu mögen war das eine, aber sich seiner spirituellen Chirurgie anzuvertrauen war eine ganz andere Sache.

Nachdem wir uns eine Zeitlang im Wohnzimmer unterhalten hatten, gingen wir in das Schlafzimmer meines Appartements. Alex sah sich das Bett an, und mir war klar, daß es dort geschehen würde.

Seine Frau und ihre Freundin nahmen ein Plastikgefäß, Verbandstoff und Alkohol aus einer Papiertüte. Mir zog sich der Magen zusammen.

Alex setzte sich auf einen neben dem Bett stehenden Stuhl.

»Ich heile nicht«, sagte er ruhig. »Gott heilt. Er benutzt mich nur als sein Instrument, durch das die heilende Kraft, die göttliche Energie, fließt. Ich versetze die Chakras ins Gleichgewicht, damit der Patient sich selbst heilen kann.« Wieder wurde ich daran erinnert, wie wichtig die Chakras sind.

Chris lächelte. Ich fragte mich, was nun geschehen würde.

Eigentlich war mit mir alles in Ordnung – ich war nicht krank und hatte keinerlei Beschwerden. Deshalb überlegte ich mir, weshalb ich eigentlich hier war und warum ich ihn gebeten hatte zu kommen. Doch irgend etwas (vielleicht war es mein Höheres Selbst) schien mir zu sagen: »Weil du lernen mußt, der physischen Erfahrung einer höheren Schwingung zu vertrauen.«

Schön und gut, aber ich wollte auf keinen Fall die erste sein. Ich machte Chris ein Zeichen. Sie legte sich auf das Bett.

Alex neigte den Kopf und betete still etwa fünf Minuten lang. Als er aufblickte, strahlte sein Gesicht vor Glück. Er hatte uns erzählt, daß ein anderer spiritueller Arzt durch ihn wirkte, mit dessen Energie die Operation durchgeführt werden würde.

»Ziehen Sie die Bluse aus«, sagte Alex, »ich muß etwas für Ihr Herz tun.« Chris zog sich die Bluse aus. Ich war froh, daß sie einen Büstenhalter trug. Ich hatte keinen an.

Die Frau von Alex und ihre Freundin setzten sich neben ihn.

Wie auf ein Kommando hob Alex die Arme und schien dann eine Richtung zu suchen. Dann legte er die Hände sanft auf den Oberkörper von Chris und begann die Haut oberhalb der Gürtellinie zu kneten. Dann geschah das, was ich auf der Videoaufnahme gesehen hatte: Seine Hände schienen die Haut zu öffnen, und plötzlich befanden sie sich beide in ihrer Brust. Ich wollte nicht glauben, was ich sah. Chris blutete, und man hörte einen gurgelnden Laut, als seine Hände in der Nähe ihres Herzens etwas suchten.

Ich beobachtete Chris sehr aufmerksam. Sie stöhnte vor Vergnügen und sagte: »Diese Hitze in seinen Händen, ich fühle diese märchenhafte, heilende Hitze.«

Soweit ich sehen konnte, waren seine Hände tatsächlich in ihrer Brust! Sehr behutsam entfernte er mit der rechten Hand etwas, das aussah wie ein Blutgerinnsel. Er legte es in das Plastikgefäß. Dabei blieb seine linke Hand in der Brust.

Dann sagte er, als hätte er eine Anweisung bekommen: »Jetzt Ihre Nieren.« Er zog seine Hände aus der Brust, und die Öffnung schloß sich, als hätte er die Hände aus einer mit Wasser gefüllten Schüssel gezogen. Seine Frau wischte das Blut mit einem Stück Verbandstoff ab, das sie zuvor in Alkohol getaucht hatte.

Unmittelbar darauf verschwanden seine Hände im Bauch von Chris. Wieder sagte sie etwas über die Hitze. Diesmal waren seine Hände bis zu den Handgelenken in ihrem Körper. Man hörte das Blut und irgendwelche Flüssigkeiten gluckern, während er die Hände in ihrem Inneren sanft hin und her zu bewegen schien. Ich trat ans Bett und blickte hinunter.

Mir stockte der Atem. Ich wollte meinen Augen nicht trauen. Seine Hände waren buchstäblich bis zu den Handgelenken in ihrem Leib. Ich schlug mir mit den flachen Händen ins Gesicht, um mich zu vergewissern, daß ich nicht träumte. Dann ging ich im Zimmer auf und ab. Ich hatte das Gefühl, in eine andere Wirklichkeit geraten zu sein. Ich beugte mich noch einmal über Chris. Seine Hände waren tatsächlich *in* ihrem Leib! Beide Hände. Und ich träumte nicht.

»Was hast du für ein Gefühl«? fragte ich Chris.

»Nun«, sagte sie und verzog etwas das Gesicht, »ich spüre es, aber es ist eher eine Art Druck als ein Schmerz.« Alex kümmerte sich nicht darum, was wir sagten. Es war, als wäre er *irgendwo anders und ein ganz anderer!*

Sehr rasch entfernte er weitere Blutgerinnsel aus ihrem Bauch, legte sie in das Plastikgefäß und zog die Hände heraus. Ich sah sehr genau hin. Und wieder war es so, als hätte er seine Hände im Wasser und nicht im menschlichen Körper gehabt. Es ging ganz glatt und sah unheimlich einfach und leicht aus. Die tiefe, klaffende Wunde schloß sich. Wieder wusch seine Frau das Blut mit alkoholgetränktem Verbandstoff ab, und Chris stand auf. Sie lächelte.

Sie fühlte sich offensichtlich ganz wohl. Nun wendete sich Alex mir zu. »Bitte«, sagte er nur.

»O Gott«, dachte ich. »Ich bin eine Tänzerin und treibe Gymnastik. Ich will selbst bestimmen, was mit meinem Körper geschieht. Ich bin auch sonst nicht bereit, mich operieren zu lassen, schon gar nicht auf diese Art.«

Nur widerwillig legte ich mich auf das Bett.

»Bauchspeicheldrüse«, sagte Alex sofort, als hätte er von irgendeiner unbekannten Macht eine Anweisung bekommen. Er hatte seine Hände aufgehoben, und sie schwebten über meiner Brust. Ich sah zu Chris hinüber und dann zu ihm.

»Warten Sie einen Augenblick«, sagte ich. Ich hatte Angst. Chris lächelte und setzte sich auf das Bett. Dann faßte ich Alex' Frau bei der Hand. Ich mußte mich irgendwo festhalten.

Alex wartete ungerührt – nur schien es nicht Alex zu sein.

Ich schloß die Augen. Ich versuchte zu meditieren und die Verbindung zu meinem Höheren Selbst aufzunehmen. Doch ich konnte es nicht finden; ich war zu nervös. Ich war »außer mir«. Ich hatte das alles in die Wege geleitet, und nun wünschte ich, ich hätte es nie getan. Würde ich bei dieser Operation Schmerzen empfinden, weil ich nervös war und nicht genügend Vertrauen und Glauben besaß? »O Gott«, dachte ich, »auf was habe ich mich hier eingelassen?«

Ich schloß wieder die Augen und betete still: »Höheres Selbst, ich bitte dich, komm zu mir. Bitte komm, Höheres Selbst, ich brauche diese Verbindung.«

Ich wartete. Alex wartete. Chris wartete. Seine Frau und deren Freundin warteten.

Dann ging ich mit geschlossenen Augen langsam nach innen. Ich verbannte die Furcht aus meinem Bewußtsein. Allmählich rückte das Höhere Selbst in mein Gesichtsfeld. Ich werde es nie vergessen. Mein androgyner Freund saß mit aufgestütztem Kinn in der Haltung des *Denkers* von Rodin auf einem Stein. Doch diesmal hatte die Gestalt meines Höheren Selbst Flügel. Ich mußte innerlich lachen. Es war wie in einem Science-fiction-Film.

Ich war erleichtert und glücklich, endlich den Kontakt hergestellt zu haben. Dann sah ich, daß mein Geistwesen mir gönnerhaft zulächelte.

»Soll ich es tun?« fragte ich. Im Grunde wußte ich nicht, weshalb ich diese Frage stellte.

Mein Höheres Selbst sah mich verächtlich an, und seine Antwort klang nicht wie die eines göttlichen Wesens: »Weißt du nicht, was für ein Dummkopf du bist? Du hast diese Situation selbst herbeigeführt, um einen Beweis dafür zu haben, daß der Körper nichts anderes ist als ein Traum. Nun entspanne dich, und fang an.«

Ich öffnete die Augen, blickte Alex an und nickte. »Fangen Sie an«, sagte ich, »ich bin bereit.«

Kaum hatte ich das gesagt, berührten seine Hände schon ganz sanft die Stelle über meiner Bauchspeicheldrüse und waren, ohne daß ich es wirklich wahrgenommen hatte, in mein Inneres eingedrungen, um die »negativen Energieklümpchen«, wie er es nannte, zu entfernen. Ich wollte ihm sagen, es seien die Reste der süßen Speise, die ich gestern gegessen hatte. Aber diese Art Humor schien hier nicht angebracht zu sein. Ich konnte mich nicht dazu überwinden hinunterzuschauen, um zu sehen, was dort geschah, sondern hielt die Augen geschlossen.

»Wie sieht es aus?« fragte ich Chris.

»Es ist unglaublich«, sagte sie. »Ich kann in dich hineinsehen. Was fühlst du?«

Ich wollte etwas Komisches antworten, aber dann hörte ich mich sagen: »Ich habe das Gefühl, es ist geträumte Wirklichkeit.«

»Sicher«, sagte Chris. »Unser Körper ist nichts anderes als ein Traum, den wir für die Wirklichkeit halten, damit wir das Abenteuer eines Daseins im Körper erleben können.«

Ich war jetzt nicht in der Verfassung, einen solchen metaphysischen Dialog zu führen. Chris lächelte.

Alex zog seine Hände aus der über der Bauchspeicheldrüse entstandenen Öffnung heraus.

»Nieren und Dickdarm«, sagte er. Bevor ich etwas dagegen unternehmen konnte, hatte er meine Hosen ein Stück weiter heruntergezogen, und seine Hände kneteten sanft die Haut unmittelbar unterhalb meines Nabels. In etwa drei Sekunden waren seine beiden Hände bis zu den Handgelenken in meinem Leib. Diesmal sah ich hin. Es war genauso wie vorher bei Chris. Ich hatte keine Schmerzen, sondern spürte nur einen gewissen Druck. Ich hörte ein schwappendes Geräusch der Körperflüssigkeit und der Eingeweide, die hin- und hergeschoben wurden. (Mit Worten läßt sich kaum beschreiben, was hier geschah.) Er entfernte weitere »negative Streßklumpen« und zog darauf erst die rechte und dann die linke Hand aus der Öffnung.

Wieder wischte seine Frau das Blut mit einem in Alkohol getauchten Stück Verbandstoff von der behandelten Stelle. Dann brachte die Freundin die Plastikschüssel ins Badezimmer, schüttelte den Inhalt in die Toilette und kam zurück. Alex neigte den Kopf und schien aus der Trance ins normale Wachbewußtsein zurückzukehren. Er stand auf. »Alles in Ordnung?« fragte er und sah mich aufmunternd an.

Ich nickte. Ich war sprachlos. Er ging aus dem Zimmer, wohl um sich auf das Mittagessen vorzubereiten. Ich stand auf und ging ins Badezimmer, setzte mich auf den Rand der Badewanne und fing an zu schluchzen.

Den Rest des Tages blieb ich allein und versuchte, das Geschehene innerlich zu verarbeiten. Ich bin ein stark körperorientierter Mensch und daran gewöhnt, seine Mechanismen zu beherrschen – das hatte ich bei meiner harten Arbeit als Tänzerin gelernt. Und doch hatte dieser schlanke, sensible, schmächtig aussehende »geistige Heiler« in einem veränderten Bewußtseinszustand seine Hände durch meine Haut ins Innere meines Körpers gesteckt und, ohne daß ich Schmerzen dabei empfand, von ihm so bezeichnete »negative Gedankenformen, die sich in Blutgerinnseln festsetzen«, herausgeholt und in eine Plastikschüssel geworfen. Ich konnte die Bedeutung dieses Vorgangs nicht verstehen.

War das gemeint, wenn es hieß, man solle darauf vertrauen, daß

»die Hand Gottes« nicht nur heilen, sondern auch die Materie durchdringen kann, ohne Schmerzen zu verursachen – so als wäre der menschliche Körper nichts anderes als materialisierte Gedanken, ein Spielzeug, ein Instrument, mit dessen Hilfe sich das Abenteuer des Daseins erleben läßt? Als wäre er nur ein Traum, der uns bestimmte Erfahrungen vermitteln soll? Ich konnte dieses Problem jetzt nicht lösen und wendete mich deshalb wieder dem praktischen Leben zu.

Chris kehrte nach Galisteo zurück, und ich blieb allein in meinem Haus, ging hinaus, setzte mich neben das Schwimmbecken und ließ meine Gedanken wandern.

In der folgenden Nacht hatte ich sehr lebhafte Träume. Als ich aufwachte, fühlte ich mich in wunderbarer Weise gestärkt, leicht und voller Energie, als wäre eine schwere Last von mir genommen, die ich nicht erst hätte aufnehmen sollen.

»Wir müssen noch mehr tun«, hatte Alex gesagt. »Ich muß Ihre Chakraenergien ins Gleichgewicht bringen.«

Als ich ihn fragte, welche Bezahlung er verlange, sagte er, das wolle er mir überlassen. Er baue gerade ein Heilzentrum auf den Philippinen für arme Menschen, die nicht viel für ihre Gesundheit ausgeben könnten.

Ich beschloß, mich weiter von ihm behandeln zu lassen und dann zu entscheiden, welche Summe ich ihm zur Verfügung stellen würde.

So wurde die Behandlung fortgesetzt. Am folgenden Tag nahm er spirituelle chirurgische Eingriffe an meinem Herzen, an meinem dritten Auge, an meinen Eierstöcken und an meinem Kehlkopf vor. Dann forderte er mich auf, mich auf den Bauch zu legen, und öffnete meine ganze Wirbelsäule. Dabei befreite er mich von den »negativen Schwingungen«, die meine Rückenschmerzen verursacht hatten. Zwar konnte ich nicht sehen, wie er das Rückgrat öffnete, aber ich konnte den Vorgang innerlich fühlen. Der Eingriff verursachte keine Schmerzen, sondern ich spürte nur einen gewissen Druck. Ich fühlte seine Hände tief in meinem Rükken, konnte dabei aber kein Schneiden oder Stechen wahrnehmen.

Als er fertig war, zählte ich nach, was er getan hatte. Fünf »Operationen« in etwa drei Minuten.

Er erklärte, die durch seine Hände strömende spirituelle Energie würde gleichzeitig heilen und negative Einflüsse beseitigen. Deshalb hätte seine Behandlung in jedem Fall einen Nutzen, ob den behandelten Personen nun etwas fehle oder nicht.

Vielleicht habe ich es mir nur eingebildet, auf jeden Fall hat meine Energie wesentlich zugenommen, nachdem ich einige Tage mit Alex zusammengewesen war. Ich war innerlich ausgeglichener und konnte viel besser schlafen.

Anschließend las ich alles, was ich über die geistigen Heiler auf den Philippinen auftreiben konnte. Die von westlichen Ärzten verfaßten Bücher brachten vor allem deren Verwunderung und Skepsis zum Ausdruck – da es für diese Phänomene keine logischen Erklärungen gibt. Die philippinischen und asiatischen Autoren, besonders in der von Jaime T. Licauco herausgegebenen Schriftenreihe, waren eher geneigt, Realitäten anzuerkennen, die außerhalb des menschlichen Begriffsvermögens liegen. Auch hier zeigte sich der Unterschied zwischen dem (logischen) Denken der linken und dem (intuitiven) Aufnehmen von Gegebenheiten mit der rechten Gehirnhälfte.

In meinen Gesprächen mit Alex Orbito berichtete er von den Tests, Beobachtungen und wissenschaftlichen Untersuchungen, die mit ihm vorgenommen worden waren. Anschließend habe ich, soweit das möglich war, den Inhalt seiner Berichte überprüft und sie bestätigt gefunden. Als ich ihn fragte, weshalb er es für notwendig halte, daß die wissenschaftliche Welt an die Wirksamkeit seiner Methode glaubte, antwortete er: »Weil es der Wissenschaft nützen kann, wenn sie an die Hand Gottes und ihre Heilkraft glaubt.«

Orbito war 1974 nach Schweden eingeladen worden, wo ihn skandinavische Fachleute unter streng wissenschaftlichen Voraussetzungen untersuchten und aufforderten, seine Heilungen unbekleidet vorzunehmen. Dabei wurden sein Herzschlag, seine Hirnströme, sein Puls, seine Schweißabsonderung usw. gemessen. Mit Hilfe eines besonderen photografischen Verfahrens wurden seine Aura und die aus seinen Händen ausströmende Energie sichtbar gemacht, während er seine Eingriffe vornahm und heilte.

Orbito sagte, man habe ihn behandelt wie ein Versuchskaninchen und er werde sich niemals wieder einer so traumatisierenden Prozedur unterwerfen, denn es sei schwierig, angesichts einer solchen Skepsis und eines solchen Mißtrauens zu heilen. Mit vielen Ärzten stimmte er darin überein, daß der Patient, um gesund zu werden, an seine Heilung glauben muß.

Der Vorwurf, daß philippinische Heiler mit Blut gefüllte Kapseln und die Eingeweide von Tieren verwenden, um den Anschein zu erwecken, daß den Patienten etwas entnommen wird, läßt sich schwer beweisen.

Untersuchungen im Laboratorium haben ergeben, daß es sich manchmal um menschliches Blut und manchmal um eine wässerige Plasmaflüssigkeit handelt. Die Heiler selbst sagen, sie könnten sich das nicht erklären. Sie behaupten nur, daß es im Grunde nicht notwendig sei, die Haut zu zerteilen und Blutungen hervorzurufen oder dem Körper irgend etwas zu entnehmen, um eine Heilung zu bewirken. Aber der Patient brauche einen handgreiflichen Beweis dafür, daß er geheilt wird, denn nur dann lasse sich eine Besserung der Krankheit erreichen. Zu diesem Zweck veranlaßten sie eine Materialisierung des Blutes. Wenn der Patient sehe, daß er operiert wird, sei die Heilung sehr viel besser. Ebenso wie sie die Epidermis »entmaterialisieren«, um in den Körper einzudringen, »materialisieren« sie das Blut und die Blutgerinnsel, um eine gründlichere Heilwirkung zu erzielen. Der Körper sei ohnedies nur eine Illusion und die Manifestation des eigenen Denkens.

Ich zweifelte nicht daran, daß er mit seinen Händen in meinen Körper eingedrungen war. Ich hatte es gefühlt und gesehen, und zwar nicht nur bei mir selbst, sondern auch bei anderen, bei denen ich es beobachtet hatte. Hatte ich nun meinen eigenen Körper als eine physische Illusion empfunden? Die großen Meister haben alle erklärt, daß diese Vorstellung die Grundlage für das Verständnis der physischen Dimension in unserem Leben sei. Sie sagen, das Physische bestehe im Grunde aus Molekülen, die das Produkt unseres Bewußtseins sind. Das Bewußtsein führt zum gezielten Denken, und das Denken wird zur physischen Wirklichkeit.

Ich lud Orbito ein, für die kommenden Wochen in mein Haus nach Malibu zu kommen, um seine Arbeit besser beobachten zu können. Da es in der Weihnachtszeit war, ließ ich meine Bekannten wissen, daß Alex zur Feier dieses Festes Heilungen vornehmen werde. Bei dieser Gelegenheit würden freiwillige Spenden für seine Heilanstalt auf den Philippinen entgegengenommen.

Am ersten und zweiten Weihnachtsfeiertag kamen fast hundert Menschen. Es waren Freunde und deren Freunde, Neugierige und einige wirklich Kranke.

Alex, seine Frau und seine Gehilfin wurden in den Gästezimmern untergebracht, und ich richtete in meinem Yoga- und Gymnastikraum das Behandlungszimmer ein.

Hier konnten sich die Patienten auf den Massagetisch legen. Ich selbst beobachtete zahlreiche Operationen. Ich hätte vorher nie geglaubt, diesen Anblick ertragen zu können, aber es ging alles gut, und ich habe mir alles sehr genau angesehen.

Bevor die Menschen in das Zimmer kamen, meditierten sie eine Zeitlang. Fast alle vertrauten Alex, doch zunächst waren sie ebenso ängstlich, wie ich es gewesen war. Ich verstand diese widersprüchliche Reaktion; schließlich hatte ich sie an mir selbst erlebt. Die Menschen versuchten sich gegenseitig zu ermutigen, und Alex leitete, bevor er anfing, ein gemeinsames Gebet und eine »Hinwendung zu Gott«.

Bei einer dieser Operationen sah ich, wie Alex mit den Fingern einen Augapfel aus der Augenhöhle nahm, die Rückseite reinigte und ihn dann wieder einsetzte. Die Patientin fühlte keine Schmerzen. Sie stand auf, lächelte und sagte, sie habe nur einen »Druck« gefühlt.

Er entfernte Tumore aus Lungen und Mägen.

Er zog einen Zahn mit seinen Fingern und stillte das Blut.

Er entfernte Zysten und Gewächse aus allen nur denkbaren Körperteilen.

Wenn die Patienten Probleme mit ihren Genitalien hatten, verließ ich das Zimmer. Später erzählten sie mir, Alex habe Hämorrhoiden, Uterusgeschwüre usw. entfernt. Gewöhnlich griff er von außen in den Körper ein und nur selten durch die Vagina oder den After.

Er entfernte Brusttumore und einen Kropf.

Aus dem Hals einer sechsundachtzigjährigen Freundin, die an einer Arterienverkalkung litt, entfernte er Blutgerinnsel.

Bei einer anderen Patientin operierte er die Mundschleimhaut und heilte eine eitrige Parodontitis.

Dann entfernte er einen Hirntumor.

Einige wollten die Eingriffe bei anderen Patienten sehen, aber Alex arbeitete nur ungern in Gegenwart mehrerer Zuschauer und sagte, die Energie ihrer Skepsis schwäche seine Heilkraft.

Während dieser Zeit fuhr er auch nach Ojai, um Heilungen vorzunehmen. Einige Leute aus Los Angeles begleiteten ihn. Die meisten von ihnen hatte ich selbst eingeladen.

Ich erinnere mich noch an den ersten Tag in Ojai. Alex hatte im Gemeinderaum einer Unity-Kirche das Behandlungszimmer eingerichtet. Dreißig der Anwesenden wollten zuerst sehen, wie jemand anderes operiert wurde, bevor sie einen Eingriff an ihrem eigenen Körper zuließen. Ich stellte mich freiwillig zur Verfügung, denn viele waren meinetwegen gekommen.

Sie kamen einer nach dem anderen schweigend ins Zimmer. Ich lag vollständig bekleidet auf einem Tisch. Hinter dem Tisch stand Alex und betete, den gebeugten Kopf in den Händen. Er betete lange, wahrscheinlich um die Störung durch die vielen einander widersprechenden Energien im Raum zu überwinden (für übersinnliche Einflüsse empfängliche Personen nehmen die von anderen ausstrahlende Energie wahr, die manchmal eine negative Wirkung auf sie hat).

Noch immer hob Alex nicht die Hände, sondern flüsterte mir mit gesenktem Kopf zu: »Shirley, drüben an der Wand steht ein

Mann im blauen Pullover. Er ist negativ, sehr negativ. Er mag mich nicht, und ihm gefällt nicht, was ich tue. Sehr schwierig. Könnten Sie ihn bitten, das Zimmer zu verlassen?«

Ich wendete den Kopf und sah den Mann, von dem er sprach. Es war der Freund eines Journalisten, den ich eingeladen hatte. Ich wollte ihn nicht direkt ansprechen, sondern sagte: »Offenbar befindet sich jemand im Zimmer, der eine starke negative Energie ausstrahlt. Der Betreffende weiß Bescheid. Es wäre besser, wenn er später zurückkäme, sobald er ein positiveres Gefühl hat.« (Im Lauf vieler Jahre hatte ich endlich gelernt, diplomatisch zu sein.)

Der Mann in dem blauen Pullover und zwei andere verließen bereitwillig das Zimmer. Niemand machte ihnen einen Vorwurf. Alex betete wieder und versetzte sich in eine leichte Trance. Sein Ausdruck veränderte sich, und die »Operation« begann. Ich sah nicht, wie Alex seine Hände in meinen Leib versenkte, sondern blickte in die Gesichter der Menschen, die den Vorgang beobachteten. Sie waren erstaunt, erschreckt, fasziniert, schockiert und verblüfft. Wie soll man die Blicke von Menschen beschreiben, die etwas beobachten, das ihrer Vorstellung von der Wirklichkeit widerspricht? Eine Frau rief aus: »O nein, Shirley, sieh dich vor!« Ihre Befürchtungen waren so echt, daß ich sie zu beruhigen versuchte. Andere wunderten sich darüber, daß ich sprechen konnte, während Alex mit beiden Händen bis zu den Handgelenken in meinem Inneren arbeitete und dabei deutlich hörbare glucksende Geräusche erzeugte. Aus der Öffnung in meinem Leib floß reichlich Blut. Ich spürte einen erheblichen Druck und muß zugeben, daß ich diesmal auch einen leichten Schmerz empfand. Ich wußte, das lag an der Skepsis der Zuschauer. Deshalb schloß ich die Augen, entspannte mich und erzeugte in mir das Gefühl vollkommenen Vertrauens. Darauf ließ der Schmerz nach.

Bei kaum einer anderen Gelegenheit habe ich so deutlich erkannt, wie wichtig das Vertrauen im Zusammenhang mit der geistigen Heilung und überhaupt im spirituellen Bereich ist. Dabei mußte ich daran denken, wie ich bei manchen Gelegenheiten in meinem Leben überzeugt gewesen war, gesund zu werden, während andere der Meinung waren, die Krankheit werde länger dauern. Ich dachte an die Ärzte, die mich behandelt hatten: Wenn ich ihnen vertraute, war ihre Behandlung wirksamer. Die Genesung war ebensosehr meine Sache wie die der Ärzte. Der Heilkundige und der Kranke müssen zusammenarbeiten. Mein Körper hat immer auf meine Erwartung reagiert; das Physische folgt dem Geistigen.

Mehr als alles andere haben mich die chirurgischen Eingriffe spiritueller Heiler von dieser Wahrheit überzeugt.

Alex hatte gesagt: »Die Menschen brauchen einen Beweis dafür, daß sie geheilt worden sind, und deshalb gebe ich ihnen diesen Beweis. Im Grunde brauche ich nicht in ihren Körper einzudringen. Ich könnte das gleiche mit magnetischen Kräften erreichen. Aber besonders im Westen verlangen die Menschen handgreifliche Beweise, um daran zu glauben, daß sie spirituell geheilt werden, und deshalb manifestiere ich diese Beweise.«

Ich habe oft an diese Worte denken müssen. Galten diese Grundsätze auch für unsere Schulmedizin? Brauchten wir so drastische Maßnahmen wie die Chirurgie, um davon überzeugt zu sein, daß unser Körper von einer Krankheit geheilt wurde, obwohl wir uns mit unseren eigenen inneren Kräften selbst heilen könnten?

Und warum untersuchten wir Menschen, die mit alternativen Heilmethoden arbeiteten, nach für die Naturwissenschaft geltenden Kriterien, um zu Ergebnissen zu kommen, über welche die Naturwissenschaft schon verfügte? Die wissenschaftlichen Apparaturen sollen die Vorstellung bestätigen, daß der erforschte Gegenstand den bereits vorliegenden Ergebnissen der wissenschaftlichen Forschung entspricht. Aber wo bleibt hier die Möglichkeit einer erweiterten Wirklichkeit? Ist es nicht vorstellbar, daß es eine Wahrheit gibt, deren wir uns noch nicht bewußt geworden sind?

Viele Menschen glauben nach einer Behandlung durch einen geistigen Heiler, daß sie gesund geworden sind, weil sie sich körperlich wohler fühlen. Die Krankheit kehrt nicht zurück, und sie wissen, daß sie geheilt sind. Aber muß man denn diesen Menschen wirklich sagen, daß sie sich irren, bloß weil die traditionelle Medizin diese Zusammenhänge nicht begriffen hat? Soll man versuchen, sie davon zu überzeugen, daß die spirituelle Energie sie geheilt hat, damit sie wieder krank werden können, um mit Medikamenten und dem Messer des Chirurgen geheilt zu werden?

Wenn der Mensch nichts anderes ist als eine Ansammlung von »unbelebten einfachen Atomen«, sich aber doch als ein lebendiges und bewußtes Wesen erlebt, wo hat diese Veränderung stattgefunden? Wann ist es geschehen? Kann man das Bewußtsein »sehen«? Können wir es messen?

Wenn Alex Orbito oder andere Heiler durch ein höheres Bewußtsein wirken, das keine physische Form annimmt, dann ist dieses Bewußtsein das, was die Bibel als »Gott« bezeichnet. Die Bibel würde diesen Vorgang ein Wunder nennen. Wenn man aber annimmt, daß es einfach ein Bewußtsein auf höherer Ebene ist, das durch einen Menschen wirkt, der die richtige Schwingungsfrequenz ausstrahlt – wäre das nicht Grund genug, an die Existenz einer »erweiterten«, noch unbekannten Wirklichkeit zu glauben?

Wir scheinen uns nicht von der Vorstellung trennen zu können, daß wir an enge Grenzen gebundene, einsame Lebewesen sind, gefesselt an die Tretmühle starrer Identitätsbegriffe. Daher wehren wir uns gegen den Gedanken, daß wir mehr verstehen könnten, als wir zugeben wollen, denn damit wären wir gezwungen, uns in einem größeren Zusammenhang zu sehen und mehr Verantwortung dafür zu übernehmen, welchen Erkenntnissen und Wahrnehmungen wir uns öffnen wollen. Wenn wir das täten, dann würden wir erkennen, wie sich der Kreis schließt und *daß wir das sind, was wir uns vorstellen.* Würden wir unsere Vorstellungen korrigieren, könnten wir auch die objektive Welt verändern, die uns umgibt. Während der spirituellen chirurgischen Eingriffe, die an mir vorgenommen wurden, habe ich deutlicher als zu irgendeiner anderen Zeit gespürt, daß meine Vorstellungen dazu beigetragen haben, das Ereignis, das ich erlebte, zu gestalten, und daß mein Bewußtsein ein integrierender Teil dieses Ereignisses war.

Die Wahrnehmung meiner eigenen Identität war so begrenzt gewesen, daß ich einem Ereignis skeptisch gegenüberstand, das sich in einer erweiterten Wirklichkeit vollzog. Vielleicht hätte ich mich mit der begrenzten Wahrnehmung meiner selbst wohler gefühlt, weil mir alles, was außerhalb dieser Grenzen lag, fremd, ungewöhnlich und furchterregend erschien und ich lieber dem Teufel gefolgt wäre, den ich kannte, als dem Engel, den ich jetzt kennenlernen konnte.

Wenn mein Körper aus Molekülen besteht, die von meinem Bewußtsein veranlaßt worden sind, menschliche Gestalt anzunehmen, und das Ganze in Wirklichkeit eine Manifestation unsterblicher göttlicher Energie ist, dann kann ich begreifen, daß der mit übersinnlichen Kräften vollzogene chirurgische Eingriff durch die spirituelle Verbindung mit dem Göttlichen ermöglicht wird. Die lebenden Atome werden dabei mit einer Energie voneinander getrennt, die nicht verletzt, sondern das Physische so einfach und so sanft durchdringt, wie eine Hand sanft und ohne sich zu verletzen in eine Flüssigkeit eintaucht.

Mir braucht kein Wissenschaftler zu sagen, ob dies falsch oder richtig sei. Ich *weiß* es, denn ich habe es an mir selbst erlebt. Es ist so, wie Einstein gegen Ende seines Lebens gesagt hat: »Wissen ist Erfahrung. Alles andere sind nur Informationen.«

Nachdem sie Alex in Ojai erlebt hatte, lud Chris Griscom ihn ein, an ihrem *Light Institute* in Galisteo, New Mexico, zu heilen.

Ich bat einen in den Vereinigten Staaten angesehenen und mir persönlich bekannten Chirurgen, sich persönlich ein Bild von diesem Verfahren zu machen. Zu seinem Schutz will ich ihn Dr. Theodore Bennett nennen. Ted interessierte sich für meine praktischen Studien im Bereich der Mystik und der Spiritualität und war offensichtlich bemüht, das Ganze objektiv und unvoreingenommen zu betrachten.

Bennett lernte Orbito kennen, ließ sich sein Heilverfahren erklären und stellte ihm weitere Fragen.

Er war sich von Anfang an der Tatsache bewußt, daß Orbito von einer ganz anderen medizinischen Wissenschaft sprach. Orbito wiederum war sich klar darüber, daß die meisten in der traditionellen Medizin gutausgebildeten Ärzte Schwierigkeiten hatten zu verstehen, daß es eine unsichtbare Wahrheit geben könnte, die ebenso tiefgründig und zutreffend ist wie die sichtbare Wahrheit. Doch obwohl die Naturwissenschaft und die Medizin in den vergangenen hundertfünfzig Jahren gewaltige Fortschritte gemacht haben, gibt es vieles, was sich mit den herkömmlichen wissenschaftlichen Methoden weder verstehen noch erklären läßt.

Orbito sagte, er betrachte die Medizin nicht als eine begrenzte Wissenschaft, sondern eher als ein systematisiertes Wissen über die in der physischen Welt herrschenden Gesetze und Tatsachen, soweit wir diese verstehen. Er hoffe, daß die wissenschaftliche Lehre bald auch das tiefere Wissen über die spirituelle metaphysische Welt in ihrem Ausbildungsprogramm berücksichtigen würde.

Orbito vertrat die Auffassung, daß es in der Naturwissenschaft zwei große Bereiche gebe, den der physischen oder materiellen Welt mit einem wissenschaftlichen System von Gesetzen, die dieses System beherrschen und verständlich machen, und den einer spirituellen Dimension, in der die unsichtbare Welt enthalten ist, die ihr eigenes wissenschaftliches System enthält und nach bestimmten Gesetzen beherrscht und verstanden werden kann.

Er sagte, bis jetzt habe der Mensch auf dem Gebiet der Wissenschaft im Bereich des Sichtbaren und Materiellen Bedeutendes geleistet, aber die Beherrschung von Naturwissenschaft und Technologie ohne das Verständnis der spirituellen Kräfte in der Natur werde zwangsläufig zu negativen Folgen führen – z. B. zur Erzeugung von Waffen, die unseren Planeten bedrohen, und zu einer umfassenden Industrialisierung auf Kosten der Gesundheit und sogar des Lebens auf der Erde. Dagegen würde die Anwendung der Wissenschaften, die sich mit den Auswirkungen des »Unsichtbaren« auf unsere Welt beschäftigen, die Menschheit mit der Kraft der spirituellen Energie in Verbindung bringen, damit diese *mit* der Technologie zusammenwirken kann. Orbito sagte, es sei nicht seine Absicht, die spirituellen Heilmethoden an die Stelle der traditionellen Medizin zu setzen, sondern diese zu fördern und zu ergänzen. Er ging noch genauer auf dieses Problem ein und sagte, wenn eine Krankheit in den materiellen Bereich gehöre, dann könne sie nach traditionellen Methoden medizinisch behandelt werden. Wenn sie aber in den spirituellen Bereich gehöre wie etwa die sogenannten psychosomatischen Krankheiten, dann könnten spirituelle Heilmethoden angewendet werden. An der Heilung seien Körper und Geist beteiligt, und das eine schließe das andere nicht aus. Orbito sagte Bennett, nach seiner Ansicht sei alles Heilen, das medizinische und das spirituelle, ein von Gott gewolltes therapeutisches Verfahren mit dem Ziel, das körperliche und geistige Gleichgewicht herzustellen. Die Heilkunst gebe dem Menschen die Möglichkeit, jedes Ungleichgewicht in der physiologischen und der spirituellen Konstitution des Patienten zu korrigieren. Er glaube jedoch, daß schließlich die *spirituelle Therapie das Kernstück der medizinischen Therapie sei.* Ohne das spirituelle Element verliere die Medizin ihre Wirkung, ihre Heiligkeit und ihre Bedeutung. Da das menschliche Leben heilig sei, sei es auch eine heilige Aufgabe, es zu erhalten.

Weiter erklärte er, daß die Heilung von Kranken seit Jahrtausenden als göttlicher Gnadenakt angesehen werde. Dies sei besonders darin zum Ausdruck gekommen, daß es in der Geschichte der Menschheit eine Zeit gegeben habe, in der das Heilen von Kranken eine der wichtigsten Aufgaben der religiösen Führer gewesen sei. Der Eid des Hippokrates sei das Gebet des Arztes, das die Heiligkeit der Heilkunst zum Ausdruck bringe. Auch wenn Ärzte sich heute um die Heilung Kranker bemühen, vollziehen sie einen heiligen Akt, sie nehmen teil an etwas Göttlichem.

Deshalb sollte, wie Orbito sagte, die medizinische Praxis als eine edle spirituelle Aufgabe angesehen werden. Doch wir seien heute so stark technologisch orientiert und konzentrierten uns so sehr auf die alleinige Wirkung von Medikamenten, daß der Heilberuf selbst einen destruktiven Charakter entwickelt habe. Man ignoriere die Naturgesetze, denen der Mensch, alle Lebewesen und die

Energie folgen müßten. Deshalb müsse bald etwas geschehen, um die Teilnahme des Patienten und Gottes am Heilungsprozeß zu gewährleisten. Dies sei nach seiner Meinung die Aufgabe der spirituellen Therapie.

Der britische Mathematiker und Philosoph Alfred North Whitehead hat gesagt: »Wenn zwei Doktrinen einander widersprechen, dann ist das keine Katastrophe – es ist eine günstige Gelegenheit.« Orbito hat diesen Satz immer wieder zitiert.

Bennett fragte Orbito nach den Leuten, die ihn entlarven wollten, nach den Ergebnissen der wissenschaftlichen Untersuchungen, nach der Kraft, die er in sich fühlte usw. Orbito sagte, er sei nur ein Instrument. »Ich bin ein menschliches Wesen wie jeder andere, aber wenn ich heile, bin ich ein Instrument Gottes ... ohne die Hilfe aus dem Bereich des Göttlichen kann ich nichts ausrichten.«

Der für mich wichtigste Ausspruch von Alex war: »Das vornehmste Ziel der spirituellen Heilung ist es nicht, die physischen Leiden zu beseitigen, sondern das innere Bewußtsein, die Spiritualität und das Gefühl der Verbundenheit mit Gott zu wecken.«

Bennett hörte respektvoll zu, ohne sich ein Urteil anzumaßen, und beobachtete dann eine Reihe von Operationen. Er stand neben Orbito und blickte in das Innere menschlicher Körper, das er in seinem Operationssaal aus einer anderen Perspektive zu sehen gewohnt war. Hier gab es keine Anästhesie, keine Instrumente, keine Schmerzen, keinen postoperativen Schock, und die ganze Operation dauerte nicht länger als zehn Minuten. Und soweit er sehen konnte, gab es auch keine Blutkapseln, keine Hühnereingeweide und keine Taschenspielertricks. Bennett hatte Schwierigkeiten, das, was er gesehen hatte, einzuordnen. »Ich habe es gesehen, aber nicht verstanden«, sagte er. »Es ist mir unerklärlich, aber ich weiß, wir müssen noch viel lernen. Ich kann es einfach nicht begreifen.«

Es geschah aber auch noch manches andere, was Bennett rätselhaft vorkam.

Alex öffnete meine Bauchwand und legte ein großes Stück Verbandstoff in die Öffnung. Dann zog er die Hände heraus, und die Wunde schloß sich. Nun meditierte Alex etwa drei Minuten und erklärte dann, daß der Verbandstoff negative Schwingungen aufnehmen würde. Wenn sie beseitigt seien, werde das meine Energien stärken. Dann öffnete er den oberen Teil meiner Brust und entnahm den Verbandstoff, den er in die Bauchhöhle gelegt hatte. Er hatte sich mit Blutgerinnseln vollgesogen. Anschließend zog er die Hände wieder heraus.

Er behauptete, die linke Hand wirke auf materieller Ebene und müsse ständig im Leib des Patienten bleiben, um Schmerzen zu verhüten. Die rechte Hand wirke auf spiritueller Ebene, und mit ihr entferne er die negativen Blutgerinnsel, die durch Streß und negative Gedanken entstanden seien.

Bennett hörte zu und versuchte, das Gesagte mit der ihm vertrauten Begriffswelt in Einklang zu bringen.

Doch was jetzt geschah, werde ich nie vergessen.

Ich sprach mit Alex, während er einen meiner Freunde operierte, dessen Bauchwand er geöffnet hatte. Plötzlich ergriff Alex meine rechte Hand mit seiner rechten. Er schloß die Augen und konzentrierte sich. Dabei sagte er: »Konzentrieren Sie sich auf Gott. Ich werde Ihnen jetzt zeigen, was ich erlebe, wenn ich operiere.«

Ich konzentrierte mich auf das Gefühl der Liebe, auf das Licht und alles, was Gott für mich bedeutet. Die linke Hand von Alex blieb in der Bauchhöhle meines Freundes. Nach ein paar Minuten führte Alex meine rechte Hand über die Öffnung und hielt sie dort fest. »Nun gehen Sie mit Ihrer Hand in seinen Körper«, sagte er ruhig. Ich fürchtete, ohnmächtig zu werden.

»Seien Sie unbesorgt«, sagte Alex. »Die göttliche Energie fließt jetzt durch Ihre Hand. Tun Sie es bitte, dann werden Sie das alles besser verstehen können.«

Ich nahm meinen ganzen Mut zusammen, wie man es tut, wenn man etwas Ungewohntes berühren will. Ich sah meinen Freund an, aber er zuckte nur mit den Schultern (er spürte ohnedies nichts). Alex' rechte Hand führte meine Hand zu dem Körper des

Freundes, und ich steckte sie durch die Öffnung in der Bauchdecke. Das Gefühl, das ich in diesem Augenblick empfand, werde ich nie vergessen. Meine Hand war bis zum Handgelenk in seiner Bauchhöhle, und doch spürte ich körperlich absolut nichts! Es war, als ob ich träumte und meine Hand sich in einem warmen Nebel befände. Die Situation war mit völlig unerklärlich. Ich versuchte, meine Gefühle zu analysieren. »Das ist es, was auch ich erlebe«, sagte Orbito. »Ich fühle dabei nichts Physisches. Der Körper besteht nur aus ›Gedanken‹. Er ist nur das, was wir uns vorstellen. Wenn der Strom des Göttlichen durch ihn fließt, hat er keine Dichte.«

Als mir Zweifel kamen und ich Fragen stellen wollte, nahm Alex meine Hand wieder heraus. »Solche Gedanken wirken sich auf den Patienten aus«, warnte er. »Deshalb bete und meditiere ich jeden Morgen drei Stunden, damit mein Vertrauen gestärkt wird und ich die Verbindung nicht verliere.«

Ich betrachtete meine Hand. Sie war feucht, aber nicht blutig. Es war, als hätte die Hand ein eigenes Bewußtsein und als wäre die Verbindung zu meinem Gehirn abgeschaltet. Ich hatte etwas erfahren, das außerhalb meiner selbst lag; es war, als wäre ich mit dem Bewußtsein von Alex, aber nicht mit meinem eigenen Bewußtsein verbunden gewesen!

Alex erzählte, wenn er sich vor dem Operieren und Heilen hinsetze, um zu meditieren, könne er fühlen, wie die göttliche Kraft zu ihm herabstiege und seine Arme und Finger abkühle. Sie würden durch diese magnetische Kraft mit einer Energie angereichert, die es ihm ermögliche, die Moleküle des Gewebes voneinander zu trennen, ohne ein chirurgisches Instrument zu benutzen.

Manchmal nimmt er keine »chirurgischen« Eingriffe vor, sondern heilt seine Patienten nur durch Berührung.

Natürlich war ich sehr gespannt darauf, was Bennett sagen würde. »Es kommt mir so vor, als wäre der Körper selbst nichts anderes als eine Täuschung«, meinte er schließlich. »Eine physische Täuschung, die wir selbst erzeugen, um die Erfahrung des Lebens zu machen. Oder ist Orbito die Täuschung?«

Ich spürte deutlich, wie verwirrt Ted war. Hatte ich ihn nach New Mexico eingeladen, weil ich ihm einen Taschenspielertrick vorführen wollte? Oder hatten wir uns beide täuschen lassen?

Nachdem Bennett einige Tage mit Orbito zusammengewesen war, war er ziemlich schweigsam. Wir nahmen gemeinsam unsere Mahlzeiten ein, aber ich hatte das Gefühl, daß er dieses Thema bewußt vermied. Er schien nicht nur die Informationen, die er bekommen hatte, zu ordnen, sondern wollte sich wohl auch darüber klarwerden, weshalb ich ihn in eine so unhaltbare Lage gebracht hatte. Ich wußte nicht recht, was ich sagen sollte. Offenbar scheute sich Ted, mit mir darüber zu sprechen. Statt dessen unternahm er einsame Spaziergänge in die Wüste. Er hatte Orbitos Hände in den Körpern der Patienten gesehen. Er hatte das Blut gerochen und gesehen. Er hatte hinter, vor und neben diesem »spirituellen Chirurgen« von den Philippinen gestanden. Er hatte die Arbeit Orbitos mit den Augen eines Fachmanns beobachtet und dennoch nichts finden können, was auf Betrug oder Täuschung hinwies. Bennett hatte sogar gesagt, daß der menschliche Körper und nicht diese Operationen eine Illusion zu sein schienen.

»Ich bin zutiefst verwirrt«, sagte er endlich, »ich kann es nicht verstehen. Ich habe mein Leben damit zugebracht, anderen mein medizinisches Wissen zu vermitteln, aber was ich hier erlebt habe, scheint das alles in Frage zu stellen.« Das philosophische Dilemma, in das Bennett geraten war, zeigte mir die Bedeutung dessen, was ich getan hatte. Ich hatte ihn eingeladen herzukommen, und er hatte mir vertraut und war gekommen. Und dann hatte ich ihn unsichtbaren Wahrheiten und Naturkräften ausgesetzt, die sich wissenschaftlich nicht erklären lassen, und ihn damit als einen Menschen bloßgestellt, der keine Ahnung von metaphysischen Zusammenhängen hat. Fast spielerisch hatte ich sein traditionelles intellektuelles Bezugssystem in sich zusammenfallen lassen. Wenn ein so intelligenter, gutherziger und vernünftiger Mensch mit Dingen konfrontiert wird, die er mit seinem empirischen Wissen nicht erklären kann, muß man ihm Zeit lassen, seine Gedanken zu ordnen und seine Verwirrung zu bewältigen. Die Herausforderung für Ted bestand nun darin anzuerkennen, daß es komplexere Zusammenhänge gab, mit deren Hilfe eines Tages subtilere wissenschaftliche Erkenntnisse gewonnen werden könnten. Und schließlich hatte ich ihn gezwungen, die Verantwortung dafür zu übernehmen, was er gesehen hatte. Das war, glaube ich, die größte Zumutung. Wenn die spirituelle Chirurgie keine Täuschung war, was war sie dann?

Als Bennett abreiste, hatte er sich zu keiner klaren Stellungnahme durchringen können. Seither habe ich nicht wieder die Gelegenheit gehabt, mit ihm zu sprechen. Seither habe ich jedoch die Verantwortung, die darin liegt, andere Menschen Phänomenen auszusetzen, die ihren persönlichen Realitätssinn zu stark belasten, sehr viel ernster genommen. Die spirituelle Technologie ist kein Gesellschaftsspiel und kein Abenteuer, mit dem man seine Gäste auf einer Party unterhält.

16. KAPITEL

KINDLICHE SPIELE: BEGEGNUNG MIT STEPHEN HAWKING

Die großartigsten Dinge
werden leichten Herzens vollbracht:
Erlaube deiner Seele zu lächeln.

Seit meinem zwölften Lebensjahr wollte ich wissen, wie das Universum entstanden ist, welche Kräfte in ihm wirken und welche Rolle ich darin spiele. Diese Fragen waren in meiner Vorstellung eng miteinander verknüpft.

Ich glaubte, wenn ich wüßte, wie ich entstanden sei, dann würde ich auch mehr über die Entstehung und Bedeutung des Universums wissen und umgekehrt: Das Wissen über das Universum würde mir auch helfen, mich selbst zu begreifen.

Die für dieses Alter typischen tiefgründigen Fragen machen einen Menschen noch nicht zum Mystiker. Wie Mystiker aber kamen mir dann die Physiker vor, mit deren Überlegungen zu der Entstehung des Universums ich mich später beschäftigte.

Jetzt wollte ich endlich wissen, wie alles angefangen und sich dann weiterentwickelt hatte. Und die Physiker stellten sich die gleichen Fragen. Ich glaubte zu wissen, daß sich hinter diesem ganzen Geschehen eine große Harmonie verbarg. Sie suchten nach der gleichen Antwort. Einstein hat gesagt: »Das Unverständlichste am Universum ist, daß es verständlich ist.« Ein wunderbares Rätsel!

Aus welchem Grund konnten wir Menschen die Wahrheiten der großen unbekannten Sphäre, die uns umgab, sehen, fühlen und von ihnen träumen, ohne daß sie uns von irgend jemandem erklärt werden mußten?

Erinnerten wir uns an sie? Waren wir unauflöslich mit ihnen verwoben? Bestanden wir vielleicht sogar aus dem gleichen »Geiststoff«?

Im Zusammenhang mit diesen Fragen entstand in mir der Wunsch, einen Mann kennenzulernen, der mich zutiefst beeindruckte, seit ich ein Bild von ihm gesehen hatte. Es war Professor Stephen Hawking von der Universität Cambridge in England. Ihn als den brillanten Physiker und Mathematiker zu bezeichnen, der unter anderem wesentlich an der Erforschung der sogenannten »schwarzen Löcher« beteiligt gewesen war, wäre eine Herabsetzung der Bedeutung, die dieser Mensch für unsere Welt hat.

Er arbeitete gerade an dem Buch *Eine kurze Geschichte der Zeit. Die Suche nach der Urkraft des Universums*. Ich bat seinen Verleger, für mich ein Treffen mit ihm zu arrangieren. So durfte ich ihn in Cambridge besuchen.

Es war an einem typisch englischen Regentag. Die letzten Aufnahmen für meinen Film *Madame Sousatzka* waren beendet, und ich freute mich auf die lange erwartete Begegnung mit dem Professor. Doch die Reise nach Cambridge erwies sich als ebenso kompliziert wie die Fragen, die ich ihm stellen wollte.

Mein Wagen war von der Polizei abgeschleppt worden, weil ich ihn falsch geparkt hatte. Ein unerwarteter Verkehrsstau hatte zur Folge, daß ich meinen Zug versäumte, und als ich nach zweistündigem Warten den nächsten nahm, mußte ich bei meiner Ankunft in Cambridge feststellen, daß der Taxifahrer am Bahnhof die Adresse nicht kannte, die mir angegeben worden war. Ich dachte schon, das Treffen mit Hawking sollte aus irgendeinem Grund nicht zustande kommen.

Aber das alles änderte sich, als ich ihn schließlich mit seinen Studenten in einem Schnellrestaurant fand.

Zuerst sah ich den Rollstuhl und die Pflegerin, die ihn versorgte. Man hatte mich gewarnt und mir gesagt, sein Anblick würde mich zunächst erschüttern, denn er sei fast vollständig gelähmt. Er leidet an der Lou-Gehrigs-Krankheit und kann nur einen Finger an jeder Hand bewegen. Sogar beim Atmen hat er große Schwierigkeiten. Nicht vorbereitet war ich auf sein strahlend glückliches Gesicht und besonders sein gewinnendes Lächeln. Als ich ihn sah, traten mir die Tränen in die Augen – nicht aus Mitleid, sondern weil ein überwältigendes Gefühl der Liebe in meinem Herzen aufstieg. Ich konnte nicht verstehen, warum das geschah.

Da er als Folge einer Tracheotomie nicht sprechen konnte, betätigte er mit seinen beiden beweglichen Fingern einen Computer, der an seinem Rollstuhl angebracht war. Er blickte auf, sah mich an und gab seinem Computer die Worte ein: »Sie sind sehr schön. Darf ich Ihnen gleich den ersten Gang servieren lassen, oder wünschen Sie eine Vorspeise?« Offensichtlich war er nicht der Mann, der viele Worte macht, aber er war doch bereit, die gesellschaftlichen Höflichkeitsformen zu wahren.

Ich war noch etwas befangen und sagte, das Essen sei mir nicht so wichtig wie die Begegnung mit ihm, worauf er seine Antwort in den Computer eingab, der die geschriebenen Worte in die Robotersprache eines Lautsprechers übertrug: »Bitte entschuldigen Sie meinen amerikanischen Akzent!« Es war tatsächlich ein amerikanischer Akzent, denn der Computer war vor zwei Jahren von einem amerikanischen Fachmann aus Sunnyvale in Kalifornien erfunden und programmiert worden.

Hawking lächelte. »Manchmal verändert sich meine Stimme«, sagte er mir durch den Computer. »Wenn ich böse bin, verändert sich entweder meine Stimme, oder ich überfahre meine Studenten mit dem Rollstuhl.«

Ich mußte laut lachen, aber seine Fröhlichkeit angesichts der Tragödie seiner schweren Erkrankung verwirrte mich doch. Aber meine Befangenheit legte sich bald. Offensichtlich hatte er sich entscheiden müssen, wie er mit seinem Zustand fertigwerden wollte – ob mit einer positiven oder negativen Haltung. Und man sah ihm deutlich an, wie diese Entscheidung ausgefallen war.

Die Pflegerin schob ihm vorsichtig das Essen in den Mund. Er hatte Schwierigkeiten beim Schlucken, aber daß ihm manchmal Flüssigkeit über das Kinn lief und auf die Krawatte tröpfelte, störte ihn nicht. Er schien es sogar komisch zu finden. Dann sah er mich aufmerksam an und spürte offenbar, was ich dachte, denn seine beiden Finger betätigten mit großer Geschwindigkeit die Tasten des Computers. Bevor seine Worte im Lautsprecher hörbar wurden, erschienen sie auf dem Bildschirm: »Es kommt darauf an, daß man nicht aufgibt«, sagte er. Er wandte den Blick nicht von mir ab und wartete auf meine Reaktion. Ich blinzelte ihm zu und setzte mich.

Ich mußte zuerst einmal das verarbeiten, was ich in den ersten beiden Minuten meiner Begegnung mit einem menschlichen Wesen erlebt hatte, das dieses Versagen seines Körpers wie eine Unbequemlichkeit hinnahm, die mit dem Zustand seines Geistes kaum etwas zu tun hatte. Das erstaunlichste war, daß ich noch keinen Menschen kennengelernt hatte, der so viel Liebe ausstrahlte. War das wirklich nur ein Physikprofessor, ein Mathematiker, ein Wissenschaftler, der öffentlich erklärt hatte, er glaube an nichts, was sich nicht beweisen ließ? Ich habe im Laufe meines Lebens immer häufiger die Erfahrung gemacht, daß man die Menschen nicht bestimmten Kategorien zuordnen darf. So wartete ich gespannt darauf, was dieser Tag mir noch bringen würde.

Eine neben mir sitzende freundliche junge Frau mit ovalem Gesicht nahm mich bei der Hand. »Ich bin Stephens Frau«, sagte sie. »Wir freuen uns, daß Sie kommen konnten. Jetzt sollten Sie etwas essen.«

Sie schien ein ganz nüchterner und praktischer Mensch zu sein. Im Lauf des Essens wurden mir die Studenten vorgestellt, und das Gespräch vertiefte sich. Dabei konnte ich feststellen, daß die Beziehung zwischen Stephen (er bestand darauf, daß ich ihn mit seinem Vornamen anredete) und seiner Frau Jane die gleiche war wie bei jedem anderen Ehepaar. Sie waren eng miteinander verbunden, und man spürte deutlich, wie sehr sie sich liebten und achteten. Die durch die Pflegerin, den Rollstuhl und die Lähmung bedingten Störungen wurden als unwesentliche Unbequemlichkeit hingenommen.

Ich erinnere mich nicht mehr, wer das Gespräch auf die »Wahrheit jenseits des Beweisbaren« brachte. Um ehrlich zu sein, ich glaube nicht, daß ich es gewesen bin. Jedenfalls meinte Jane, die rationale und rein wissenschaftliche Auffassung Stephens von der Wahrheit bringe sie oft in Verlegenheit, weil sie der Auffassung sei, es gebe eine Erklärung für das Leben, die im Schoß Gottes und im Herzen des Menschen liege.

»Der Mystizismus gefällt mir nicht«, sagte Stephen durch den Lautsprecher seines Computers, »aber meine Frau und ich sind nicht immer der gleichen Meinung.« Er lächelte und sah dabei zuerst sie und dann mich an. »Aber ich brauche das Herz, denn die Physik ist nicht alles.«

Er zögerte einen Augenblick und fügte dann hinzu: »Ich brauche das Herz *und* die Physik. Aber ich glaube, wenn ich sterbe, dann sterbe ich, und alles wird zu Ende sein.«

Hawkings Krankheit hatte begonnen, als er Mitte Zwanzig war. Er sagte, seine Begegnung mit Jane und die Liebe zu ihr hätten es ihm ermöglicht, sein Leben fortzusetzen und die Hoffnung nicht zu verlieren. Jetzt könne er weiterleben, obwohl er wisse, daß es jeden Augenblick zu Ende gehen könne – solange er fähig sei weiterzuarbeiten.

Er sagte, er habe das Buch *Eine kurze Geschichte der Zeit* für das »breite Publikum« geschrieben und er wünsche sich, daß »die Leute es auf jedem Flughafen kaufen können, um es im Flugzeug zu lesen«. Es gebe keinen Grund, weshalb komplizierte physikalische Vorgänge nicht auch von Laien verstanden werden sollten, wenn sie in einfacher Form erklärt würden. »Ich kann einen Nachweis über die vergangenen fünfzehn Milliarden Jahre führen«, sagte er und meinte es sicher ganz ernst. »Deshalb habe ich es meinem Computer diktiert, und das hat fast ebenso lange gedauert wie das, was ich nachgewiesen habe. In jedem Fall ist es nur ein kurzer Augenblick gewesen.« Wieder lächelte er und wartete auf meine Reaktion.

»Gefällt Ihnen mein Akzent?« fragte er dann mit der Roboterstimme seines Computers. Ich nickte, zuckte mit den Schultern und sagte zögernd ja. Seine Augen blitzten auf, und er erzählte mir, er habe jetzt einen neuen Computer in seinem Büro und freue sich darauf, mit ihm zu experimentieren.

Jane, die Pflegerin und die Studenten begriffen, daß dies das Zeichen war, das Mittagessen zu beenden. Stephen drückte auf den Anlasser seines motorisierten Rollstuhls, der auf der Stelle wendete und zur Tür des Restaurants hinausfuhr. Die Studenten beeindruckte dieses geschickte Manöver nicht. Sie setzten ihre Diskussion über das physikalische Problem der Entropie fort, denn sie wußten, daß ihr Professor sie ohnedies überfahren würde. Die Pflegerin lief hinter ihm her, Jane ging ans Telefon, und ich hatte die Wahl, Stephen und der Pflegerin hinterherzulaufen, mit den Studenten über das zweite Gesetz der Thermodynamik zu diskutieren oder zu warten, bis Jane ihr Telefongespräch beendet hatte. Ich entschloß mich für das erste.

Das Restaurant befand sich im dritten Stock des Gebäudes. Stephen mußte also zunächst den Fahrstuhl erreichen und darin die drei Stockwerke hinunterfahren. An der offenen Tür angekommen, manövrierte er den Rollstuhl in den Lift, und die Tür schloß sich automatisch, bevor die Pflegerin sie erreichen konnte. Offensichtlich machte sich Stephen ein Vergnügen daraus, uns zu nekken.

Mit einem tiefen Seufzer wandte sie sich zur Treppe und lief hinunter, um ihn im Erdgeschoß abzufangen. Ich folgte und amüsierte mich innerlich über dieses Versteckspiel von Stephen Hawking.

Natürlich kam die Pflegerin zu spät, und auch ich war nicht schnell genug. Die Leute in der Halle schauten Hawking erschreckt nach, als er an ihnen vorbei zur Haustür hinaus auf das Kopfsteinpflaster der zum Glück wenig befahrenen Straße raste. Die Pflegerin spurtete hinterher, und ich konnte kaum mit ihr Schritt halten. Da Stephen über ein motorisiertes Fahrzeug verfügte, hatten wir keine Chance, das Wettrennen zu gewinnen. Das wußte er genau. So fuhr er in Schlangenlinien voraus, legte hin und wieder eine kleine Pirouette ein und zwang dabei die vorbeifahrenden Autos, das Tempo zu verringern. Doch offensichtlich hielt er es nicht für notwendig anzuhalten, weil die Bewohner dieser Universitätsstadt ihren verrückten Professor kannten und wußten, daß er sich wieder einmal einen Spaß erlaubte.

Abgesehen von alledem hat es meinen Sinn für theatralische Effekte besonders angesprochen, daß die ganze Episode im Regen stattfand! Die schlüpfrigen Pflastersteine glänzten feucht, und ich mußte mich vorsehen, um nicht auszurutschen und hinzufallen, während ich hinter der Pflegerin herlief. Im Gegensatz zu mir trug sie Schuhe mit Gummisohlen. Was Stephen betraf, so machte sie sich keine weiteren Sorgen, denn sie wußte, er hatte rutschfeste Reifen an seinem Rollstuhl.

Nach diesem Wettlauf über anderthalb Kilometer kamen wir lachend, aber ziemlich außer Atem in Stephens Büro in der Universität an. Er empfing uns mit glühendem Gesicht und einem unschuldig schelmischen Lächeln.

Stephens Sekretärin verzog keine Miene und fragte nur, ob er jetzt oder später mit seinem Computer spielen wolle. Seine Antwort war ein entschiedenes »Jetzt«.

So folgten die Pflegerin und ich Stephen pflichtschuldigst in sein Büro, um eine neue Demonstration seines kindlichen Übermuts zu erleben.

Mein erster Eindruck beim Betreten seines Büros war ein furchtbares Durcheinander. Auf seinem Schreibtisch und allen anderen Tischen und Regalen lagen Stapel von Büchern und Papieren. Auf dem Schreibtisch stand außerdem ein bis oben mit Manuskripten gefüllter Kasten. An der Wand hing ein Foto von Albert Einstein. Stephen fuhr mit seinem Rollstuhl hinter den Schreibtisch und setzte sich in Positur.

»Schauen Sie unter diese Papiere«, sagte er. Zögernd begann ich, sie durchzublättern.

»Wonach soll ich suchen?« Er lächelte. Ich suchte weiter, konnte aber in dieser Unordnung nichts finden, was mich interessiert hätte. Ich sah auf zahllosen Blättern nur komplizierte mathematische Gleichungen und Formeln.

»Fünfzehn Milliarden Jahre«, erklärte er.

»Was hat fünfzehn Milliarden Jahre gedauert?« fragte ich.

»Die Zeit«, antwortete er.

Nun wurde mir klar, daß er mir damit sagen wollte, daß sein Manuskript unter diesen Papieren lag. Dort fand ich es dann auch.

»Nehmen Sie es mit«, sagte er. »Ich kann ein zweites schreiben.« Ich brachte kein Wort heraus. »Nehmen Sie es. Sie werden meine Randbemerkungen sehen. Sagen Sie mir, ob Sie glauben, daß man dieses Buch in den Buchhandlungen der Flughäfen verkaufen kann.« Ich nahm das wertvolle Manuskript heraus und hielt den dicken Packen in den Händen.

»Das kann ich nicht tun«, sagte ich. »Ich werde so lange warten, bis Sie fertig sind, und es dann lesen. Das Manuskript gehört ohnedies in ein Museum.«

»In Ordnung«, sagte er ganz sachlich und erklärte mir dann, wie er das Buch auf dem Computer geschrieben hatte. Er erläuterte, wie das Gerät es ihm ermöglichte, seine Lehrtätigkeit fortzusetzen, Vorlesungen zu halten usw. Während er sprach, kam ein junges Mädchen ins Zimmer. Er blickte zu ihm auf, und aus seinen Augen strahlte die reine Liebe. Sie unterhielten sich mit Hilfe des Computers im Telegrammstil. Es handelte sich darum, daß das junge Mädchen am Abend ausgehen wollte. Es war seine Tochter, und das Gespräch zwischen Vater und Kind erinnerte mich lebhaft an die *Cosby Show*. Er wollte wissen, wann seine Tochter wieder zu Hause sein würde und mit wem sie ausgehen wollte. Nachdem er sie ein wenig aufgezogen hatte, gab er seinen Segen dazu. In fröhlicher, fast übermütiger Stimmung verließ sie das Zimmer.

Eigentlich hatte ich ihn fragen wollen, wie er mit seinem Leben fertig wurde, aber dann hörte ich mich sagen: »Was sehen Sie, wenn Sie die Augen schließen?« Ohne zu zögern antwortete er: »Sie meinen, ob ich dann das Weltall oder schöne Frauen sehe?«

Ich mußte lachen. »Ist das nicht das gleiche?«

»Oh«, sagte er, »ich weiß nicht, wer von beiden die meisten Kurven hat!«

Damit drehte er den Rollstuhl um und fuhr zur Tür. »Der Computer, mit dem ich spielen will, ist im Nebenzimmer«, sagte die mechanische Stimme, während er hinausfuhr.

Die Pflegerin und ich folgten ihm. Er führte uns in ein kleines Zimmer, wo zwei seiner Studenten, die mit einem hochkomplizierten Bildschirmgerät spielten, ihrem Professor ehrerbietig Platz machten. Stephen brachte den Rollstuhl zum Halten und betrachtete das technische Wunderwerk.

»Das ist mein neues Spielzeug«, sagte er. »Im Herzen bin ich immer noch ein achtjähriger Junge.« Das war angesichts dessen, was ich mit ihm erlebt hatte, eine überflüssige Bemerkung. »Dies ist kein verbraucherfreundliches Gerät, sondern ein Gegenstand zum Liebhaben.« Ich fragte mich, ob solche Sätze auch in dem Buch standen, das er auf den Flughäfen verkaufen wollte.

Eine plötzliche Anwandlung ließ ihn sagen: »Auch ich erlebe meine Höhen und Tiefen«, und dann wiederholte er, was er mir schon einmal gesagt hatte: »Es kommt nur darauf an, daß man nicht aufgibt.«

Jetzt verstand ich, wie wichtig dieses »Spielzeug« für sein Überleben war. Er schwelgte geradezu in den Möglichkeiten, die es ihm bot.

»Eines Tages werden diese Spielzeuge alles tun können, nur verlieben werden sie sich nie. Und ihre Intelligenz liegt darin, daß sie keinen Sex brauchen, um sich fortzupflanzen.«

Jetzt fing ich an, mir sehr viel persönlichere Gedanken über den Professor Stephen Hawking zu machen. Aber in dem Augenblick, als ich mir überlegte, welche übermütigen Scherze ich mit ihm treiben könnte, begann er ein Gespräch, auf das ich von Anfang an gehofft hatte.

»Die Menschen haben sich vor etwa einer Million Jahren unter ganz bestimmten Verhältnissen entwickelt«, sagte er. »Heute haben sich diese Verhältnisse entscheidend verändert.«

Das war mein Stichwort. »Entwickeln wir uns denn wirklich?« fragte ich. »Oder sind wir dabei, uns zu vernichten?«

»Es besteht durchaus die Möglichkeit, daß wir uns vernichten werden«, antwortete er. Ich fand, das war eine interessante Art, dieses Problem darzustellen. »Die Evolution ist ein sehr langsamer Vorgang. Die alten Griechen hätten die moderne Wissenschaft verstanden.«

»Aber werden sich die Verhältnisse wieder verändern, so daß sich vielleicht auch unser Verhalten verändern kann?« fragte ich.

Er tippte eine ganz klare Antwort in den Computer ein: »Die Verhältnisse werden sich verändern, wenn wir uns nicht schon vorher vernichten. Aber wir verhalten uns immer noch wie primitive Wilde.«

»Würde die drohende Vernichtung uns motivieren, unser Verhalten zu ändern?« fragte ich.

»Wissen Sie, bisher scheint sie kaum eine Wirkung gehabt zu haben«, sagte er. »Wenn Sie begriffen haben, welche Dimensionen das Weltall hat, dann erscheinen Ihnen die Streitigkeiten der Menschen recht unbedeutend.«

»Ja«, antwortete ich und überlegte mir, wie es wäre, wenn ich begreifen könnte, was er begriffen hatte.

»Das Universum«, fuhr er fort, »und alles, was es enthält, können durch klar definierte Gesetze erklärt werden.«

»Wollen Sie damit sagen, daß es keine Zufälle gibt?« fragte ich.

»Richtig.«

»Dann folgt also unser Verhalten auch klar zu definierenden Gesetzen?« fragte ich.

»Nein«, antwortete er. »Unser Verhalten ist Teil unserer menschlichen Natur.«

»Und wir haben das geerbt?«

»Ja.«

Ich hatte das Gefühl, daß ich jetzt zu verstehen begann. »Würden Sie sagen, das Weltall sei von Liebe beherrscht?« fragte ich. »Ich meine, Sie haben gesagt, alles lasse sich durch klar zu definierende Gesetze erklären.«

»Ja.«

»Nun, das heißt, im Universum vollzieht sich alles im Rahmen einer Harmonie, nicht wahr?«

»Ja.«

»Und ist harmonische Energie nicht das gleiche wie die Liebe?«

»Ich weiß nicht«, antwortete er, »ob Energie irgend etwas mit Liebe zu tun hat. Ich glaube nicht, daß ich das Weltall mit dem Wort Liebe in Verbindung bringen könnte.«

»Welches Wort wäre nach Ihrer Ansicht das richtige?«

Er dachte einen Augenblick nach. »Ordnung«, sagte er. »Das Universum ist klar definierte Ordnung.«

»So stellt sich also die Frage, wie wir den Begriff der Ordnung im Hinblick darauf definieren sollen, welches Bild wir uns von uns selbst und von unserem Verhalten machen?«

»Vielleicht«, antwortete er. »Was meinen Sie?«

Ich zögerte, denn ich mußte meine Gedanken noch einmal ordnen, bevor ich begann: »Nun, da wir alle fürchten, daß der natürliche Zustand unseres Lebens vielleicht das Chaos sei, könnte man sagen, daß der Glaube an eine im Universum herrschende Ordnung ein Gefühl der Liebe erzeugen kann, während der Glaube an das Chaos zur Vernichtung führen würde. Mit anderen Worten, unsere Vorstellungen von uns selbst entsprechen den Vorstellungen, die wir von dem ›natürlichen‹ Zustand des Universums haben, und wir sehen unsere Mitmenschen in diesem Licht.«

»Hier sehe ich keinen Zusammenhang.«

»Nun«, fuhr ich fort, »wenn wir glauben, das Weltall befinde sich in einem gefährlichen chaotischen Zustand, fühlen wir uns bedroht durch alles, was darin entsteht – einschließlich unserer Mitmenschen. Vielleicht ist unser Verhalten deshalb so chaotisch, bedrohlich und primitiv. Mit anderen Worten, unser eigenes Verhalten entspricht genau dem Bild, das wir uns vom Universum machen. Und da es die Aufgabe der Wissenschaft ist, dem gewöhnlichen Menschen das Universum zu erklären, ist die von der Wissenschaft ›erkannte‹ Realität der Maßstab für uns.« Stephen sah mich durchdringend an. »Wenn Sie uns nun erklären würden, daß im Universum Harmonie und Ordnung herrschen, würden wir uns vielleicht als Teile dieser Harmonie erkennen und im gleichen Licht sehen.«

Er lächelte. »Bisher sind wir bei der Verbrechensbekämpfung nicht sehr erfolgreich gewesen«, antwortete er.

»Vielleicht sind Sie und Ihre Kollegen in Ihrem Glauben an die Harmonie noch nicht weit genug gekommen. Ich möchte Sie fragen, was Sie als den Zweck Ihrer wissenschaftlichen Forschung ansehen?« Er sah mich aufmerksam an, antwortete aber nicht.

»Ich meine, ist die Wissenschaft nicht eine Methode, mit der wir versuchen, Gott zu begreifen?«

Stephen drückte auf einen Knopf an seinem Rollstuhl und wendete ihn.

»Kommen Sie«, sagte er.

Er fuhr wieder in sein Büro, ich folgte ihm, und die Pflegerin folgte uns beiden. Er steuerte den Rollstuhl wieder hinter den Schreibtisch.

»Schauen Sie auf die Wand dort«, sagte er. Hinter seinem Schreibtisch hing eine gerahmte Karikatur.

Stephen lächelte. Ich sah mir das Bild genauer an. Die Karikatur zeigte Hawking und den Wissenschaftler Hartle vor einer Tafel, auf der komplizierte Gleichungen und mathematische Symbole standen. Die beiden Männer waren offensichtlich damit beschäftigt, die Berechnungen zu überprüfen. Der Karikaturist hatte Stephen die folgenden Worte in den Mund gelegt: »Kein Zweifel, Hartle, hier haben wir den Zweck des Universums mathematisch ausgedrückt. Gad, wie faszinierend sind doch unsere wissenschaftlichen Entdeckungen.«

Ich mußte über die Karikatur lachen; dann wandte ich mich an Stephen und sagte: »Wirklich komisch wäre es, wenn Sie gesagt hätten: ›Gott, wie faszinierend sind doch unsere Entdeckungen‹, und nicht *Gad*«.

Ich hatte Stephen mit dieser Bemerkung eigentlich nur ein wenig aufziehen wollen, aber er faßte meine Worte ganz anders auf. Er sah mir eine volle Minute in die Augen, und dann wurde sein Gesicht durch ein glückliches Lächeln verklärt. Dann drückte er auf die Tasten seines Computers, und dann hörte ich die mechanische Stimme: »Der Mann, der diese Karikatur gezeichnet hat, kennt vielleicht meine Arbeit, aber mich kennt er nicht.«

Mir blieb die Luft weg. Ich schwieg, um diesen kostbaren Augenblick nicht zu entwerten, und sah ihn nur an. Stephen erwiderte meinen Blick. Die sanfte Intensität, die von ihm ausging, war so bewegend, daß es mir fast peinlich war. Dann betätigte Stephen noch einmal den Computer. Die Stimme sagte: »Kommen Sie her, und geben Sie mir einen Kuß.«

Ich ging zu ihm hinüber und beugte mich über seinen zerbrechlichen Körper. »Sind Sie mit einer toleranten Frau verheiratet?« neckte ich ihn.

Er strahlte. »Ich glaube schon«, sagte er. »Vielleicht können wir einmal zusammen ins Kino gehen.«

Den Rest des Nachmittags unterhielten wir uns über ganz »normale« Themen. Er wollte wissen, wie ich die »Magie« in meine Filme bringe, und ich fragte ihn, was die Magie des Lebens für ihn bedeute.

»Die gleiche Frage und das gleiche Ziel«, erwiderte er.

Und doch war er in keinem Augenblick bereit zuzugeben, daß in ihm oder in irgendeinem anderen Menschen das Geheimnis der universalen Realität zu finden sei. Ich gab mir keine Mühe, ihn von meinem Glauben zu überzeugen, den ich seit zwölf Jahren hatte. Das war auch gar nicht notwendig. Für mich war er der lebende Beweis dafür, daß ein kindliches Gefühl für die Wunder dieser Welt zu einem inneren Frieden führt, der höher ist als alle Vernunft.

Er war selbst der Beweis dafür, daß die Harmonie, die er ausstrahlte, das Ergebnis seines Verständnisses für die Harmonie im Universum war, die er untersucht und nachgewiesen hatte.

Ich versprach, bei meinem nächsten Aufenthalt in England mit ihm ins Kino zu gehen.

Als ich sein Büro verließ, gelobte ich mir, an meinen vor zwölf Jahren gewonnenen Überzeugungen festzuhalten. Wenn er der lebende Beweis für ihre Richtigkeit war, dann war das nicht nur die glücklichste, sondern wahrscheinlich die klügste und praktischste Entscheidung, die ich treffen konnte.

SCHLUSSAKKORD

WISSENSCHAFT UND GOTT?

Ohne Anfang ist das Gesetz am Werk.

Wenn das Leben, wie wir es heute kennen, die Folge des Urknalls ist, wie Hawking und viele andere Wissenschaftler es behaupten, dann waren auch wir am Beginn der Schöpfung gegenwärtig; und jedes Teilchen der Materie, der Energie, des Blutes, des Fleisches und des Denkens, das heute im Kosmos enthalten ist, könnte auf den Ursprung des Universums aus einem kleinen subatomaren Lichtpartikel zurückverfolgt werden. Damit sind wir alle Funken des gleichen Lichts, und jeder von uns ist ein Hologramm des gesamten Vorgangs. Die Energien, die sich voneinander getrennt und vervielfacht haben, während sich das junge Universum ausdehnte und abkühlte, wirken in unserem Herzschlag und in den Bewegungen unserer Körper ebenso fort wie in den Konstellationen und Verhaltensweisen der Sterne. Wir und die Sterne, alles und jedes, sind ein zusammenhängendes Ganzes. Das ist die Bedeutung der Worte »Wir sind *eins*«. Die Evolution des Universums vollzieht sich nicht nur außerhalb von uns, sondern auch in unserem Inneren. Unsere Gedanken, unsere Träume und unser Bewußtsein sind Teile dieses Universums, und das Physische und Spirituelle sind unauflöslich miteinander verbunden.

Die Wissenschaft sagt, sie verdanke der Religion und der Spiritualität sehr viel. Die moderne Wissenschaft begann in der Renaissance mit der Wiederentdeckung der alten griechischen Vorstellung, daß die Natur eine eigene Intelligenz besitzt. Sie ist ein einfaches System, beherrscht von ganz bestimmten Gesetzen. Viele Physiker erklären heute, daß alles, was ist oder sein kann, in jenem ersten Energiefunken enthalten war, der sich mit hoher Geschwindigkeit ausgedehnt hat und von einem einzigen Urgesetz beherrscht wird.

Was ist nun jenes Gesetz, und woher kam es? Wollen die Wissenschaftler sagen, daß alles aus einer Dimension, einer Zeit und einem Raum kam, von denen wir nichts wissen und wohin es zurückkehren wird?

Eines, erklären sie, sei absolut sicher. Jener erste aus Licht und Zeit bestehende Funke, der das Universum geschaffen hat, war die erste *Ursache* der Ausdehnung des Weltalls. Die Evolution hat sich seither nach den Gesetzen von Ursache und Wirkung vollzogen. Aber wie Thomas von Aquin gesagt hat: »Wenn wir den ersten Anstoß finden könnten, dann würden wir auch der ersten Ursache näherkommen... und sie ist Gott.« Wie eigenartig ist es doch, daß unsere größte Schwierigkeit die Existenz einer höheren Macht zu beweisen, darin liegt, einen Namen für diese höhere Macht zu finden!

Die Wissenschaft sagt, daß jenem ersten Lichtfunken nichts vorausgegangen sei – weil sich nichts finden lasse. Die Mystiker sagen, Gott habe vor jenem Lichtfunken existiert und Gott habe veranlaßt, daß sich dieser Funke zur Materie verdichtete. Gott sei ein unermeßliches oder sogar unvorstellbares Bewußtsein, weil dieses Bewußtsein buchstäblich alles sei.

Da sie den Ursprung des Lichtfunkens nicht kennt, stellt sich für die Wissenschaft zunächst die Frage: Wie kann ein Universum aus dem Nichts entstehen? Weshalb gibt es *etwas* anstelle des *Nichts*?

Es gibt ein Gebet, das ich als Kind oft gelesen habe:

> *Groß ist Gott, unser Herr. Groß ist seine Macht, und seine Weisheit hat kein Ende. Preise Ihn, o Himmel, und verherrlicht Ihn, Sonne, Mond und Planeten. Denn aus Ihm, durch Ihn und in Ihm sind alle Dinge, alle Wahrnehmung und alles Wissen.*

Dieses Gebet ist im 17. Jahrhundert nicht von einem Priester oder Mystiker, sondern von dem Astronomen Johannes Kepler aufgeschrieben worden, der die Gesetze entdeckt hat, welche die Bewegung der Planeten bestimmen.

Die Väter der modernen Wissenschaft – Kepler, Kopernikus, Isaac Newton und Galilei – waren in der Tat zutiefst spirituelle Männer. Sie *wollten* an die Existenz einer absoluten Harmonie glauben. Die moderne wissenschaftliche Forschung ist heute nahe daran zu beweisen, daß die ganze Schöpfung von einem einzigen unfehlbaren Prinzip beherrscht wird. Das ist die große Theorie der Einheit aller Dinge. Ist es das Prinzip des göttlichen Lichts? Ist es das Prinzip der Schönheit oder das Prinzip der Harmonie? Sie sagen, daß das Universum dem Gesetz von Ursache und Wirkung folgt, das die Evolution in Gang hält, und sie behaupten, das Weltall sei ein Kosmos und kein Chaos. Es zeige Symmetrie und erklärbare Verhaltensnormen. Es sei, wie Einstein gesagt hat, »begreifbar«. Die Wissenschaft hat erkannt, daß es sich ständig weiter ausdehnt. Deshalb dehnt sich auch seine *Begreifbarkeit* unaufhörlich aus.

Meiner Ansicht nach trifft das auch auf das menschliche Bewußtsein und auf meine Theorie zu, daß ich und das Universum eins sind.

Einstein und der amerikanische Astronom Edwin Hubbell sind zu dem Schluß gekommen, daß die Galaxien sich nicht in den schon bestehenden Raum hinein ausdehnen, sondern daß sich der Raum selbst ausdehnt und die Galaxien mitnimmt. Würde ich auf die Oberfläche eines Ballons Punkte malen und ihn dann aufblasen, dann würde ich sehen, daß sich jeder dieser Punkte von allen anderen entfernt, während sich der Ballon ausdehnt. Versetze ich mich nun selbst auf einen dieser Punkte, dann werde *ich* zum Mittelpunkt des kugelförmigen Ballons, und alle anderen Punkte bewegen sich von mir fort. Wenn ich jedoch die Luft aus dem Ballon herauslasse, dann kommen die Punkte meinem Punkt so lange näher, bis sie sich am Punkt Null vereinigen, wo sich dann alle Punkte gleichzeitig an einem Ort befinden. Blase ich den Ballon nun wieder auf, dann ist mein Punkt der Mittelpunkt, von dem die Ausdehnung ausgeht. Doch jeder, der sich auf irgendeinem anderen Punkt befindet, würde sich ebenso als Mittelpunkt des sich ausdehnenden *und* schrumpfenden Ballons erfahren. Deshalb ist jeder dieser Punkte und überhaupt jede Stelle auf der Oberfläche des Ballons der Mittelpunkt der Ausdehnung. Dieses Bild ist ein Gleichnis dafür, daß jeder von uns der Mittelpunkt eines sich ausdehnenden Universums ist.

Wir werden in diese Bewegung mitgenommen, und je deutlicher wir uns dieser Ausdehnung bewußt werden, desto harmonischer nehmen wir an der Beschleunigung und Bewegung selbst teil. Je mehr wir uns daher unserer selbst bewußt sind, desto mehr sind wir uns auch des Universums bewußt; denn wie das Experiment mit dem Ballon beweist, ist jeder von uns von Anfang an das Universum, bevor und nachdem es sich ausgedehnt hat.

Was ist der Mittelpunkt des Universums? Jeder Ort ist der Mittelpunkt. Wer ist dieser Mittelpunkt? *Jeder* ist der Mittelpunkt. Wo ist Gott? Gott und die Energie, aus der das alles geschaffen wurde, sind in allem, weil wir alle Erben jenes ersten Augenblicks sind, mit dem diese Schöpfung begann.

Hier leben wir nun im unermeßlichen Raum des Weltalls und erinnern uns auf einer uns zunächst nicht zugänglichen Ebene des Bewußtseins daran, daß wir vor etwa fünfzehn Milliarden Jahren geboren wurden. Wir können unsere Vergangenheit nicht sehen, aber wir können sie fühlen. Sie ist ein Teil unseres Bewußtseins, ein Teil unserer Körperlichkeit und unser Erbe. Sie ist das, was wir heute sind, und das, woher wir kommen und wohin wir gehen.

Wenn wir die Natur als eine Zusammensetzung aus subatomaren Strukturen von Materie und Energie und als die Manifestation fundamentaler Kräfte betrachten, die das Verhalten der subatomaren Partikel steuern, dann sehen wir, daß sie alle reflektierende Lichtpartikel sind. Es ist ein Licht, das eine Großartigkeit, eine Schönheit und eine unendliche Kraft widerspiegelt, welche von Anfang an das geschaffen hat, was wir heute die Geschichte der Menschheit nennen und natürlich die Geschichte des Kosmos. Aus einem einzigen leuchtenden Kern ist alles entstanden, was existiert: der Wasserstoff, das Helium, die Photonen, die Atome, Protonen, Elektronen und Neutronen. Die Naturwissenschaft, die Physik und Stephen Hawking haben das Universum bis zu einer

Zeit zurückverfolgt, als es etwa den 10^{-35}ten Teil einer Sekunde alt war. Damals erfolgte die Explosion, mit der aus dem »Nichts« das »Etwas« entstand. Was vorher gewesen ist, bleibt ein Mysterium.

Vielleicht werden wir, wenn wir »nach innen« gehen, die Antwort auf die Frage nach diesem »Etwas« intuitiv erfahren. Vielleicht liegt dort das Rätsel verborgen. Bisher haben wir außerhalb unserer selbst nach den Antworten gesucht. Vielleicht haben sie sich die ganze Zeit in dem weiten Bereich unseres eigenen Bewußtseins verborgen, das *weiß*, daß es irgendwie mit der großen motivierenden Kraft in Verbindung steht. Die Wissenschaft selbst ist durch den Glauben an den einen Gott, die eine Quelle, inspiriert worden. Vielleicht haben sich Alex Orbito, Gasparetto und Mauricio nur auf eine besondere Weise einen Zugang zu der Quelle verschafft, aus der sie kommen, und jeder von uns wäre fähig, solche physischen Phänomene zu erzeugen, wenn wir uns mit der spirituellen intuitiven Erinnerung öffnen würden, wer wir wirklich sind. Vielleicht ist es *das* gewesen, was ich in den Augen von Stephen Hawking gesehen habe und mit keinem anderen Wort beschreiben konnte als mit dem Wort »Liebe«. Vielleicht werden wir, je tiefer wir mit dem Gefühl der Liebe in unser eigenes Inneres gehen und dabei die uralten Techniken und Verfahren verwenden, die uns Farben, Energie und Töne bewußt machen, uns auch deutlicher daran erinnern, wer wir sind, und von der Wahrheit erleuchtet werden, daß wir alle Zeugen jenes Anfangs waren. Deshalb sind wir alle eins, und deshalb ist jeder von uns ein Teil Gottes. Deshalb streben wir von Natur aus nach Harmonie, und je deutlicher jeder einzelne diese Harmonie wahrnimmt, desto unmittelbarer werden wir den Gott in uns erkennen und als unser eigenes Wesen akzeptieren. Mit dieser tiefen Erkenntnis werden wir vielleicht dazu kommen, der liebenden und wohlgeordneten Magie dessen zu vertrauen, was wir sind und sein sollen, und unser Leben entsprechend einrichten.